AF820388

Nomos Universitätsschriften

Recht

Band 1004

Robert Praßler

Der ungewollte Vertrag im Schadensersatzrecht

Ein Beitrag zur Frage der Übertragbarkeit des individuellen Schadenseinschlags und des Gefährdungsschadens in den Bereich der informationellen Schadensersatzhaftung

Nomos

Onlineversion
Nomos eLibrary

Die Deutsche Nationalbibliothek verzeichnet diese Publikation in der Deutschen Nationalbibliografie; detaillierte bibliografische Daten sind im Internet über http://dnb.d-nb.de abrufbar.

Zugl.: Augsburg, Univ., Diss., 2022

u.d.T.: Der ungewollte Vertrag im Lichte des Schadensersatzrechts - Zugleich ein Beitrag zur Frage der Übertragbarkeit des individuellen Schadenseinschlags und des Gefährdungsschadens in den Bereich der informationellen Schadensersatzhaftung

ISBN 978-3-8487-7424-1 (Print)
ISBN 978-3-7489-1427-3 (ePDF)

1. Auflage 2022
© Nomos Verlagsgesellschaft, Baden-Baden 2022. Gesamtverantwortung für Druck und Herstellung bei der Nomos Verlagsgesellschaft mbH & Co. KG. Alle Rechte, auch die des Nachdrucks von Auszügen, der fotomechanischen Wiedergabe und der Übersetzung, vorbehalten. Gedruckt auf alterungsbeständigem Papier.

Vorwort

Die vorliegende Arbeit wurde im Wintersemester 2021/2022 von der Juristischen Fakultät der Universität Augsburg als Dissertation angenommen. Rechtsprechung und Literatur wurden bis Dezember 2021 eingearbeitet.

Danken möchte ich an allererster Stelle Herrn *Prof. Dr. Thomas Barnert* für die hervorragende Betreuung dieser Arbeit. Herrn *Prof. Dr. Christoph Becker* danke ich für die Erstellung des Zweitgutachtens. Neben meinen *Eltern* möchte ich zudem besonders meiner Frau *Steffi* danken, die stets hinter mir stand und mir den notwendigen Rückhalt für die Realisierung des Promotionsvorhabens gab. Ohne ihren Zuspruch, ihre Motivation und ihre Unterstützung wäre die Erstellung dieser Arbeit nicht möglich gewesen.

Augsburg, im Juni 2022 *Robert Praßler*

Inhaltsverzeichnis

Kapitel 1: Einführung und Zielsetzung der Arbeit

I. Anlass der Untersuchung

In jüngster Zeit waren eine Vielzahl von Gerichten mit Verfahren im sogenannten „Diesel-Abgasskandal" betraut. Thematisch handelte es sich um Klagen von Personen, die ein Kraftfahrzeug erwarben, in denen eine Software zur Manipulation der Motorsteuerung verbaut worden war, um im Testbetrieb bestehende Abgasnormen umgehen zu können. Diese Prozesse betrafen zum einen auf das kaufrechtliche Gewährleistungsrecht gestützte Klagen gegen die jeweiligen Verkäufer der Fahrzeuge[1], zum anderen jedoch zunehmend auch auf das Deliktsrecht gestützte Schadensersatzklagen unmittelbar gegen den Hersteller.[2] Insbesondere in den letztgenannten Verfahren sahen sich die Gerichte gehalten, ausführlich das Vorliegen eines (Vermögens-)Schadens zu begründen.[3] Die Gerichte waren hier deshalb vor erhebliche Probleme gestellt, weil sich eine objektiv-messbare Vermögenseinbuße – insbesondere nach Durchführung eines Software-Updates – durch den Erwerb der Fahrzeuge grundsätzlich nicht nachweisen ließ.[4]

Bei näherer Auseinandersetzung mit den ergangenen Judikaten fällt auf, dass zur Begründung des Schadens häufig auf Begrifflichkeiten zurückgegriffen wurde, die grundsätzlich aus den strafrechtsdogmatischen Fall-

---

1 Vgl. z.B. LG Hamburg, Urteil vom 07.03.2018 – 329 O 105/17 = BeckRS 2018, 2981; LG Neuruppin, Urteil vom 24.05.2017 – 1 O 170/16 = BeckRS 2017, 149178; grundlegend BGH, Beschluss vom 08.01.2019 – VIII ZR 225/17 = NJW 2019, 1133.

2 Nach *Hesse*, NJW 2021, 887 (887) sollen – unter Verweis auf einen Beitrag von *Votsmeie*r im Handelsblatt vom 02.01.2020 – allein innerhalb der ersten Klagewelle zwischen 2017 und 2019 (betreffend den Volkswagen-Motor EA 189) deutschlandweit über 206.000 rechtsschutzgedeckte Einzelklagen erhoben worden sein; nach *Heese*, JZ 2020, 178 (178) sollen sich daneben ca. 400.000 Personen an der Musterfeststellungsklage gegen die Volkswagen AG beteiligt haben.

3 Vgl. nur BGH, Urteil vom 25.05.2020 – VI ZR 252/19 = NJW 2020, 1962; OLG Dresden, Urteil vom 07.04.2020 – 9a U 2423/19 = BeckRS 2020, 5316; OLG München, Urteil vom 15.10.2019 – 24 U 797/19 = BeckRS 2019, 25424; LG Siegen Urteil vom 09.01.2019 – 1 O 36/18 = BeckRS 2019, 4038; LG Bonn, Urteil vom 07.03.2018 – 19 O 327/17 = BeckRS 2018, 3169.

4 Vgl. hierzu *Lorenz*, NJW 2020, 1924 (1925); *Gsell*, JZ 2020, 1142 (1145); *Riehm*, NJW 2019, 1105 (1106); *ders.*, NJW 2021, 1625 (1627).

gruppen des „individuellen Schadenseinschlags" und des „Gefährdungsschadens" bekannt sind. So begründeten das OLG München[5] und das OLG Dresden[6] einen Vermögensschaden mit der Erwägung, dass es sich bei dem erworbenen Gegenstand um ein *„bemakeltes"* Fahrzeug handle. Im medial viel beachteten Grundsatzurteil vom 25.05.2020[7] bejahte der BGH unter Übereinstimmung mit der Auffassung des OLG Karlsruhe[8] einen Vermögensschaden mit der Begründung, dass das vom Kläger erworbene Fahrzeug für dessen Zwecke nicht *„voll brauchbar"* sei, weil es einen verborgenen Mangel aufwies, der zu einer Betriebsuntersagung oder -beschränkung hätte führen können.[9] Auch das Kammergericht[10] und das OLG Koblenz[11] führen aus, dass eine *„drohende"* behördliche Stilllegung bereits für den Eintritt eines Vermögensschadens ausreiche. Das LG Bonn[12], das LG Wuppertal[13] oder auch das OLG Rostock[14] sprechen offen Parallelen zum strafrechtlichen Vermögensbegriff an.

Bereits gut zwei Jahrzehnte zuvor hatte der BGH – in diesem Falle nicht zur deliktischen Haftung, sondern zur culpa in contrahendo – judiziert, dass bei der Vermögensschadenbestimmung „eine Vergleichbarkeit zur strafrechtlichen Bewertung solcher Konstellationen im Rahmen des Betrugstatbestandes" bestehe.[15] Zwar stieß das Urteil in der rechtswissenschaftlichen Diskussion seinerzeit auf hohe Resonanz[16], jedoch wurde die Entscheidung damals nicht zum Anlass genommen, den zivilrechtlichen und strafrechtlichen Vermögensschadensbegriff einer eingehenden und dogmatisch fundierten Gegenüberstellung zuzuführen.

Als Begründungsansatz wurde von der Rechtsprechung bereits damals und auch nun in den „Diesel-Entscheidungen" schlagwortartig darauf

5 OLG München, Urteil vom 15.10.2019 – 24 U 797/19 = BeckRS 2019, 25424.
6 OLG Dresden, Urteil vom 07.04.2020 – 9a U 2423/19 = BeckRS 2020, 5316.
7 BGH, Urteil vom 25.05.2020 – VI ZR 252/19 = NJW 2020, 1962; so zuvor bspw. auch LG Siegen, Urteil vom 09.01.2019 – 1 O 36/18 = BeckRS 2019, 4038; OLG Köln, Urteil vom 01.03.2019 – 16 U 146/18 = BeckRS 2019, 5545.
8 OLG Karlsruhe, Beschluss vom 05.03.2019 – 13 U 142/18 = BeckRS 2019, 3395.
9 BGH, Urteil vom 25.05.2020 – VI ZR 252/19 = NJW 2020, 1962 (1967 f.).
10 KG, Urteil vom 26.09.2019 – 4 U 77/18 = BeckRS 2019, 22712.
11 OLG Koblenz, Urteil vom 12.06.2019 – 5 U 1318/18 = NJW 2019, 2237 (2243).
12 LG Bonn, Urteil vom 18.03.2020 – 10 O 301/19 = BeckRS 2020, 5908.
13 LG Wuppertal, Urteil vom 16.01.2018 – 4 O 295/17 = BeckRS 2018, 1446.
14 OLG Rostock, Beschluss vom 28.09.2021 – 1 UH 9/21 = BeckRS 2021, 28786.
15 BGH, Urteil vom 26.09.1997 – V ZR 29/96 = NJW 1998, 302 (304).
16 Vgl. nur *Lieb*, FS Medicus, S. 337; *Grigoleit*, NJW 1999, 900; *Fleischer*, AcP 200 (2000), 91; *Tiedtke*, DNotZ 1998, 355; *Lorenz*, ZIP 1998, 1053; *Wiedemann*, JZ 1998, 1176; *Ewers*, DStR 1999, 421; *Imping*, MDR 1998, 27.

verwiesen, dass der Schadensersatz dazu diene, „den konkreten Nachteil des Geschädigten auszugleichen“ und somit „im Ansatz subjektbezogen“ sei.[17] Dem Rechtsanwender, der seit jeher gewohnt ist, Vermögensschäden anhand der rechnerisch-kühlen Differenzhypothese zu ermitteln, wird dieser Ansatz jedenfalls erläuterungsbedürftig erscheinen. Diese oft nicht näher begründete Spruchpraxis der Gerichte, die durch die „Diesel-Problematik“ wieder in den Fokus gerückt ist, veranschaulicht ein allgemeines Problem innerhalb der zivilrechtlichen Schadensdogmatik. Es stellt sich zusehends die Besorgnis ein, dass bei der Rechtsfindung kein einheitlich gehandhabtes Schadenskonzept verfolgt wird, sondern Ergebnisse im Sinne eines anglo-amerikanischen case-law-Systems primär kasuistisch anhand von Präzedenzfällen gewonnen werden.

Obgleich die enorme Relevanz des Schadensrechts evident ist[18], hat sich der Gesetzgeber mit der Aufnahme der wenigen zentralen Vorschriften der §§ 249 ff. BGB in Zurückhaltung geübt und die nähere Justierung Wissenschaft und Praxis überlassen.[19] Die erfolgte Rechtsentwicklung wird jedoch überwiegend kritisch betrachtet. Dem Rechtsbereich wird in gewisser Drastik gar ein verworrener[20], desolater[21], krisenbehafteter[22] oder chaotischer[23] Zustand attestiert, der trotz über Jahrzehnte andauernder Anstrengungen in Rechtsprechung und Literatur nach wie vor eine Vielzahl erheblicher Schwierigkeiten mit sich bringe.[24] Das Schadensrecht sei – so der Vorwurf – nicht durch Systematik, sondern durch Kasuistik geprägt.[25] Schon nach der Grundkonzeption des BGB darf sich die Rechtsfindung jedoch nicht in einer Einzelfallkasuistik verirren, sondern bedarf dogmatisch stringenter Lösungen. Dem Bürgerlichen Gesetzbuch liegt gerade der Gedanke zugrunde, losgelöst vom Einzelfall in abstrahierend-generalisierender Form Lösungen

17 Vgl. nur BGH, Urteil vom 25.05.2020 – VI ZR 252/19 = NJW 2020, 1962 (1967 f.); OLG Karlsruhe, Urteil vom 27.05.2020 – 13 U 510/19 = BeckRS 2020, 24355; LG Passau, Urteil vom 26.06.2020 – 1 O 997/19 = BeckRS 2020, 16627; LG Koblenz, Urteil vom 04.12.2019 – 15 O 215/18 = BeckRS 2019, 31425.

18 Vgl. *Lange/Schiemann*, Schadensersatz, S. 1: *„Die Bestimmungen des BGB über den Inhalt der Schadensersatzschuld (§§ 249–255) gehören zu den wichtigsten des gesamten Bürgerlichen Rechts“.*

19 Vgl. Mot. II, S. 19 = *Mugdan* II, S. 10.

20 *Keuk*, Vermögensschaden und Interesse, S. 14.

21 *Lieb*, JZ 1971, 358 (358).

22 *Stoll*, Begriff und Grenzen des Vermögensschadens S. 5.

23 *Wagner*, Neue Perspektiven im Schadensersatzrecht, A 11.

24 *Honsell/Harrer*, JuS 1991, 441 (441).

25 *Martens*, AcP 209 (2009), 445 (457); *Wächter/Wollny*, NZG 2019, 801 (802): *„fehlende dogmatische Klarheit wird heute weniger vermisst als damals“.*

für den Rechtsanwender anbieten zu können.[26] Schon aus Gründen der Rechtsicherheit und Vorausschaubarkeit gerichtlichen Handelns ist das Bedürfnis nach einem handhabbaren Schadensrecht unabweisbar.

Die genannten gerichtlichen Entscheidungen zur „Diesel-Problematik" sollen zum Anlass genommen werden, die Vermögensschadensdogmatik des Zivil- und Strafrechts in der Fallgruppe des „Vertragsabschlussschadens" bzw. „Eingehungsschadens" einer umfassenden Gegenüberstellung zuzuführen. Angesichts der Tatsache, dass das Verhältnis von Strafrecht und zivilrechtlichem Schadensersatzrecht keineswegs geklärt ist und die Problematik allenfalls fragmentarisch in Rechtsprechung und Literatur aufgegriffen wird, wird im Rahmen dieser Arbeit – über die „Diesel-Fälle" hinaus – eine vertiefte Auseinandersetzung hierzu erfolgen.[27] Insbesondere soll in die Untersuchung mit einfließen, inwieweit sich die in der Strafrechtsdogmatik beheimateten Fallgruppen des individuellen Schadenseinschlags und des Gefährdungsschadens auf das Zivilrecht übertragen lassen und der Frage nachgegangen werden, in welchen Bereichen eine solche Übernahme bereits möglicherweise rein faktisch vollzogen wurde. Es soll eruiert werden, ob eine systematische Parallelität in der Dogmatik beider Gebiete besteht und sich womöglich eine Harmonisierung der Vermögensschadensbetrachtung anbietet. Die Arbeit soll daher einen Beitrag zur Konturierung und Weiterentwicklung des zivilrechtlichen Schadensbegriffs leisten.

II. Gang der Untersuchung

Um ausgehend vom Thema der Arbeit den *ungewollten Vertrag* einer Untersuchung zuführen zu können, bedarf es vorab einer Definition und Erläuterung dieses Begriffs, um im weiteren Verlauf der Ausarbeitung stets dieses einheitliche Verständnis zugrunde zu legen. Auch soll dabei insbesondere die Abgrenzung zum objektiv-wirtschaftlich nachteiligen Vertrag erfolgen. Diese Darstellung findet sich in *Kapitel 2*.

---

26 MüKoBGB/*Säcker*, BGB Einleitung Rn. 25.

27 Den Umstand der unzureichenden vergleichenden Erörterung der Begrifflichkeit des zivilrechtlichen und des strafrechtlichen Vermögensschadens stellte bereits *Dannecker* in NZG 2000, 243 (247) fest; auch *Denga* konstatiert in JA 2018, 833 (836), dass der strafrechtliche Vermögensschadensbegriff eine Vielzahl von Problemen in Bezug auf das Zivilrecht mit sich bringe; *Wächter/Wollny* beklagen in NZG 2019, 801 (802) ganz allgemein, dass in den letzten Jahrzehnten groß angelegte schadensrechtliche Arbeiten fehlten, die versuchten, dogmatische Lücken zu schließen.

In *Kapitel 3* wird sich dem Schadensbegriff des BGB, auch in dessen historischem und verfassungsrechtlichem Kontext, angenähert. Ausgehend vom natürlichen Schadensverständnis des BGB wird untersucht, ob ein Vertrag, der unter illegitimer Einflussnahme auf die Willensbildung zustande gekommen ist, zivilrechtlich als (immaterieller) Schaden begriffen werden kann. In *Kapitel 4* der Arbeit wird ausführlich aufgezeigt, weshalb bei der informationellen Schadensersatzhaftung ein immaterieller Vertragsabschlussschaden für einen Schadensausgleich nicht genügend ist und es stattdessen eines Vermögensschadens bedarf. Einen Schwerpunkt des Kapitels bildet dabei das rechtssystematische Spannungsverhältnis zwischen der Schadensersatzhaftung und den Anfechtungsvorschriften der §§ 119 ff. BGB. Doch auch darüber hinaus werden weitere Punkte aufgezeigt, die die Unausweichlichkeit des Vermögensschadensmerkmals bei der Informationshaftung[28] belegen.

Bevor untersucht wird, ob und unter welchen Prämissen sich ein Vertragsschluss im Zivilrecht als Vermögensschaden darstellen kann, soll in *Kapitel 5* geklärt werden, wie dieses Problem in der Strafrechtsdogmatik behandelt wird. Denn gerade dort wird seit jeher unter dem Stichwort des „Eingehungsbetrugs" breit diskutiert, nach welchen Kriterien sich bereits der Abschluss eines Vertrags als Vermögensbeschädigung begreifen lässt. Der ungewollte Vertragsschluss soll dabei im Lichte der einzelnen strafrechtlichen Vermögenslehren betrachtet werden. Besonderer Fokus soll dabei auf die herrschende wirtschaftliche Vermögenslehre gelegt werden und der Untersuchung, inwieweit dieses im Ausgangpunkt rein saldierende Vermögensverständnis durch die Fallgruppen des individuellen Schadenseinschlags und des Gefährdungsschadens normativ korrigiert wird.

Kapitel 6 der Arbeit widmet sich sodann der zivilrechtlichen Vermögensschadensbetrachtung. Zunächst werden dabei die Leitlinien aus Rechtsprechung und Literatur aufgezeigt, die der Vermögensschadensbestimmung zugrunde liegen. In Parallelität zur strafrechtlichen Betrachtung wird sodann herausgearbeitet, ob und wann die – auch im Zivilrecht vorherrschende – objektiv-wirtschaftliche Differenzbetrachtung wertungsjuristisch anzupassen ist. Nach Darstellung dieser allgemeinen Vermögensschadens-

---

28 Der Begriff der Informationshaftung im Sinne dieser Arbeit soll weit verstanden werden und allgemein die (schadensersatz-)rechtliche Verantwortlichkeit eines Rechtssubjekts für die ungewollte vertragliche Bindung eines anderen umfassen, die dieser aufgrund einer falschen, unzureichenden oder (pflichtwidrig) unterlassenen Information eingegangen ist; vgl. zum Begriff der Informationshaftung auch *Grigoleit*, Vorvertragliche Informationshaftung, S. 5; *Milanin*, Informationelle Fahrlässigkeitshaftung, S. 22 f.

dogmatik richtet sich die Betrachtung speziell auf den „ungewollten Vertrag“. Nachzugehen wird dabei insbesondere der Frage sein, ob und vor allem inwieweit eine funktional-subjektive Vermögensbetrachtung die Ergebnisse der allgemeinen Differenzhypothese abändern darf. Da sich aus der Rechtsprechung zur Kommerzialisierung von Nutzungsvorteilen auch für das Thema dieser Arbeit brauchbare Grundansätze zur Lösung dieser Problematik ergeben, wird das der Kommerzialisierungsthese zugrundeliegende dogmatische Konzept beleuchtet. Ferner werden abschließend in *allgemeiner* Form Parameter definiert, die vorliegen müssen, damit auch ein objektiv-wirtschaftlich neutraler Vertrag als Vermögensschaden kategorisiert werden kann.

In *Kapitel 7* der Arbeit wird zur *konkreten* Lösung der Problemstellung auf die aus der Strafrechtswissenschaft bekannten Grundsätze zurückgegriffen. Bevor auf die einzelnen Fallgruppen des individuellen Schadenseinschlags und des Gefährdungsschadens eingegangen wird, wird zunächst betrachtet, ob einer Implementierung dieser Fallgruppen in das Zivilrecht rechtsgebietsteleologische Hindernisse entgegenstehen. Anhand einer rechtsmethodischen Betrachtung wird eruiert, ob ein Verbot oder – im Gegenteil – gar eine Pflicht besteht, den Begriff des Vermögensschadens im Zivil- und Strafrecht homogen auszulegen. Sodann wird der individuelle Schadenseinschlag im Zivilrecht, insbesondere vor dem Hintergrund der hierzu ergangenen Leitentscheidung des Bundesgerichtshofs dargestellt. Nach Auswertung und dogmatischer Bewertung des Judikats werden weitere Anwendungsfelder aus der gerichtlichen Spruchpraxis aufgezeigt und analysiert. Im Anschluss widmet sich das Kapitel der schadensgleichen Vermögensgefährdung im Zivilrecht. Nach Darstellung der allgemeinen Rezeption der Rechtsfigur in Rechtsprechung und Wissenschaft, wird im Folgenden die strukturelle Parallelität zum – aus der Sachmängelhaftung bekannten – „Mangelverdacht“ beschrieben. Geklärt werden soll auch die Frage, ob für einen Schadensausgleich der „Gefährdungsschaden“ der Höhe nach zu beziffern ist. Wie beim individuellen Schadenseinschlag wird schließlich auch beim Gefährdungsschaden aufgezeigt, inwieweit die zivilgerichtliche Rechtpraxis dieses Rechtsinstitut in bestimmten Fallgruppen rein tatsächlich schon adaptiert hat.

In *Kapitel 8* werden abschließend die wesentlichen Ergebnisse der Untersuchung dargestellt. Insbesondere wird Stellung genommen, ob sich die strafrechtliche Vermögensschadendogmatik zum Eingehungsschaden in die zivilrechtliche Informationshaftung übertragen lässt und ob in der Kasuistik des Vertragsabschlussschadens zu einer einheitlichen, rechtgebietsübergreifenden Dogmatik übergegangen werden kann.

Kapitel 2: Der ungewollte Vertrag

Den nachfolgenden Ausführungen zugrunde gelegt wird die Begrifflichkeit des *ungewollten Vertrags*. Bereits an dieser Stelle soll deshalb der Begriff für diese Arbeit verbindlich definiert werden.

Unter dem Terminus des *ungewollten Vertrags* soll ein Vertrag verstanden werden, der (1) aufgrund einer rechtswidrigen Störung der Willensbildung zustande kam, (2) bei Kenntnis aller Umstände inhaltlich anders oder gar nicht geschlossen worden wäre und (3) für den Betroffenen jedoch keine objektiv-messbare finanzielle Schlechterstellung im Sinne einer negativen Vermögensdifferenz mit sich bringt. Als Synonym des „ungewollten Vertrags“[29] lässt sich auch der „nicht interessengerechte Vertrag“ nennen. Daneben werden in der Literatur auch die Formulierungen des „unerwünschten“[30], des „nicht erwartungsgerechten“[31], des „nicht voraussetzungsgemäßen“[32] oder des „wirtschaftlich neutralen, subjektiv aber lästigen Vertrags[33] gebraucht.

---

29 Auch der BGH spricht in seinem Grundsatzurteil zur Herstellerhaftung im „Diesel-Skandal“ von einer „*ungewollten*“ Verpflichtung, vgl. BGH, Urteil vom 25.05.2020 – VI ZR 252/19 = NJW 2020, 1962 (1968): siehe zur Terminologie auch *Weiler*, NZV 2019, 545; ähnlich *Kaiser*, Rückabwicklung, S. 218, die vom *„nicht oder so nicht gewollten Vertrag“* spricht.

30 Der Ausdruck geht zurück auf *Medicus*, Gutachten und Vorschläge zur Überarbeitung des Schuldrechts, S. 479 (519 ff.); siehe auch *Stoll*, FS Deutsch, S. 361 (361); *Lorenz* verwendet in seinem Werk „Der Schutz vor dem unerwünschten Vertrag“ den Begriff extensiver, indem er unter den Begriff auch objektiv-wirtschaftlich ungünstige Verträge fasst, vgl. S. 69 ff.

31 *Barnert*, Vertragsethik, S. 238; *Grunewald*, FS Wiedemann, S. 75 (75); *Lieb*, FS zur 600 Jahr-Feier der Universität Köln, S. 251 (252); *Kaiser*, Rückabwicklung, S. 25; *Milanin*, Informationelle Fahrlässigkeitshaftung, S. 141; *Schwab*, JuS 2002, 773 (774), *Fehling/ Faust/ Rönnau*, JuS 2006, 18 (22).

32 *Canaris*, AcP 200 (2000), 273 (307).

33 *Lorenz*, Der Schutz vor dem unerwünschten Vertrag, S. 73.

I. Die rechtswidrige Störung der Willensbildung

1. Der Grundsatz der eigenverantwortlichen Willensbildung

Der Vertrag ist in einer freiheitlichen Rechtsordnung das „Mittel zur Selbstbestimmung“.[34] Einem jeden Vertragsschluss ist dabei eine Willensbildung vorgelagert. Willensbildung meint den Prozess des Zustandekommens einer Entscheidung im Hinblick auf das „Ob“ und „Wie“ eines Vertrags. Ein Rechtssubjekt trifft damit vor Abschluss eines jeden Vertrags die Entscheidung, ob und mit welchem Inhalt mit einem anderen Rechtssubjekt kontrahiert werden soll. Diese vertragliche Abschluss- und Gestaltungsfreiheit – als Ausprägung der Privatautonomie – ist im BGB zwar nicht ausdrücklich kodifiziert, entspringt jedoch unmittelbar dem Verfassungsrecht.[35] Die Privatautonomie als Teil der Allgemeinen Handlungsfreiheit (Art. 2 Abs. 1 GG) ermöglicht dem Einzelnen damit die Gestaltung seiner Rechtsverhältnisse nach seinem individuellen Willen.[36]

Das Vertragsrecht des Bürgerlichen Gesetzbuchs geht im Grundsatz – zurückgehend auf die klassische römische Rechtstradition („ius est vigilantibus scriptum“[37]) – vom Leitbild des selbstverantwortlichen und urteilsfähigen Individuums aus.[38] Zugrunde liegend ist dabei der Gedanke, dass die Parteien selbst für einen gerechten Ausgleich ihrer Interessen im Sinne einer „iustitia commutativa“ sorgen.[39] Diesem liberalen Verständnis folgend, wurde allein die Fähigkeit eines Individuums zur Selbstbestimmung zwar als notwendige, jedoch auch als ausreichende Voraussetzung für das unbeschränkte Agieren im geschäftlichen Verkehr angesehen.[40] Leitgedanke war demnach ein rein *formelles* Verständnis der Privatautonomie, bei der es einem Rechtssubjekt selbst obliege, die vertragliche Gestaltung vor

34 *Habersack*, Vertragsfreiheit und Drittinteressen, S. 41.

35 *Musielak*, JuS 2017, 949 (949).

36 BVerfG, Beschluss vom 19.10.1993 – 1 BvR 567/89 = BVerfG, NJW 1994, 36 (38); BVerfG, Beschluss vom 13.05.1986 – 1 BvR 1542/84 = NJW 1986, 1859 (1860).

37 Übersetzt: „Das Recht ist für die Wachsamen geschrieben“.

38 MüKoBGB/*Säcker*, BGB Einleitung Rn. 33.

39 MüKoBGB/*Schubert*, BGB § 242 Rn. 527; vgl. auch *Horn*, NJW 2000, 40 (41).

40 Hierdurch und aufgrund des Verzichts auf die Kodifikation jeglicher sozialer Elemente stieß dieses Leitbild bereits bei Inkrafttreten des BGB durchaus auf Kritik, vgl. insbesondere *v.Gierke*, Der Entwurf des BGB und das deutsche Recht, S. 192: „*Von einem Schutze der Schwachen gegen wirtschaftliche Übermacht ist weniger als in irgend einem anderen Gesetzbuch zu spüren. Die Schranken der Vertragsfreiheit sind so viel wie möglich hinweggeräumt.*“

Vertragsschluss umfassend zu prüfen.[41] Auch das Reichsgericht judizierte (allerdings noch vor Inkrafttreten des BGB) zunächst im Sinne dieser ungezügelten formellen Vertragsfreiheit und in strikter Wahrung des Grundsatzes „pacta sunt servanda", dass es auch bei bestehender Unbilligkeit oder gar Ungerechtigkeit „mangels einer gesetzlichen Einschränkung der Vertragsfreiheit" an der rechtlichen Möglichkeit fehle, vertragliche Bestimmungen ihre Gültigkeit zu versagen.[42]

Zwar wird dieses strikt formale Verständnis in der heutigen Rechtsprechung nicht mehr vertreten, gleichwohl legt der BGH dieses Autonomieverständnis jedenfalls im *Ausgangspunkt* seiner Judikatur nach wie vor zugrunde. So sei es in der Regel die Sache einer jeden Partei, ihre Interessen selbst wahrzunehmen. Im Grundsatz sei jeder Vertragspartner für sein Handeln im Rechtsverkehr selbst verantwortlich und müsse sich vor Vertragsschluss die für die eigene Willensentscheidung erforderlichen Informationen selbst einholen.[43] Es bestehe – so der BGH – auch grundsätzlich keine allgemeine Pflicht, ungefragt auf sämtliche Umstände hinzuweisen, die für die Entscheidung des anderen Vertragsteils bedeutsam sein können.[44] Ungünstige Eigenschaften eines Vertrags brauchen daher im Grundsatz auch nicht ungefragt offen gelegt zu werden.[45]

2. Die materielle Vertragsethik als Korrektiv fehlender Vertragsparität

Mehr und mehr setzte sich nach Inkrafttreten des BGB die Erkenntnis durch, dass ein Vertrag nur dann als Instrument der Selbstbestimmung funktionieren kann, wenn sich beide Teile in etwa äquivalenter Machtposition gegenüberstehen.[46] Denn bei Vorliegen einer „gestörten Vertragsparität" macht der unterlegene Teil zwar formal von seiner Vertragsfreiheit nach wie vor Gebrauch, de facto handelt es sich dabei jedoch um einen „unfreien Akt".[47] Eine solche subjektive Imparität kann wirtschaftlicher,

41 *Barnert*, Vertragsethik, S. 11 ff. [formelle Vertragsfreiheit]; vgl. auch MüKoBGB/*Emmerich*, BGB § 311 Rn. 64: *„Jeder ist seines Glückes Schmied"*.

42 RG, Urteil vom 16.06.1883 – I 242/261/81 = RGZ 11, 100 (110).

43 Vgl. BGH, Urteil vom 11.08.2010 – XII ZR 192/08 = NJW 2010, 3362 (3362) m.w.N.

44 BGH, Urteil vom 13.07.1983 – VIII ZR 142/82 –, juris.

45 OLG München, Urteil vom 26.10.1966 – 7 U 1530/66 = NJW 1967, 158 (158).

46 Vgl. MüKoBGB/*Säcker*, BGB Einleitung Rn. 37.

47 *Larenz*, SchuldR AT, § 4 (S. 41).

intellektueller oder auch situationsbezogener Natur sein.[48] Es liegt auf der Hand, dass eine schrankenlose Privatautonomie von denjenigen zu ihrem Vorteil missbraucht werden kann, die aufgrund ihrer Macht- und Verhandlungsposition in der Lage sind, dem anderen Vertragsteil nachteilige Gestaltungen aufzuoktroyieren.[49] Nach dem *materiellen* Verständnis der Vertragsfreiheit kann ein Rechtssubjekt seine Interessen nur dann hinreichend verfolgen, wenn sich beide Parteien in einem „annähernden Kräfte- und Verhandlungsgleichgewicht“ befinden.[50]

Im „Bürgschaftsbeschluss" vom 19.10.1993[51] gab das BVerfG den Zivilgerichten auf, die grundrechtlich geschützte Privatautonomie aus Art. 2 Abs. 1 GG insbesondere bei der Auslegung und Anwendung von Generalklauseln zu beachten.[52] Für die Zivilgerichte ergebe sich eine Verpflichtung zur inhaltlichen Überprüfung von Verträgen, die einen der beiden Vertragsteile außergewöhnlich stark beeinträchtigen und „Ergebnis strukturell ungleicher Verhandlungsstärke“ sind.[53] Das BVerfG bekräftigte dabei, dass es im Vertragsrecht kein bedingungsloses „Recht des Stärkeren“ geben dürfe.[54] Die Privatautonomie ist damit nicht als eine an keinerlei Voraussetzungen gebundene, rein formale Freiheit zu begreifen. Stattdessen ist das Autonomieverständnis geprägt von der Selbstbestimmung beider Vertragspartner, durch die ein fairer und missbrauchsgeschützter Ausgleich der jeweiligen Interessen erreicht werden soll.[55]

---

48 *Leipold*, BGB AT, § 3 Rn. 19.

49 *Paulus/Zenker*, JuS 2001, 1 (2).

50 *Barnert*, Vertragsethik, S. 17 ff. [materielle Vertragsfreiheit]; vgl. auch *Habersack*, Vertragsfreiheit und Drittinteressen, S. 42, wonach Funktionsvoraussetzung der Vertragsfreiheit das Bestehen einer *„ausreichenden Macht zur Selbstbestimmung“* sei.

51 BVerfG, Beschluss vom 19.10.1993 – 1 BvR 567/89 = NJW 1994, 36.

52 Bereits im Lüth-Urteil vom 15.01.1958 – 1 BvR 400/57 = NJW 1958, 257 hatte das BVerfG festgestellt, dass sich der Rechtsgehalt der Grundrechte mittelbar durch die privatrechtlichen Vorschriften – insbesondere der Generalklauseln – entfalte; vgl. ferner auch BVerfG, Beschluss vom 10.06.1964 – 1 BvR 37/63 = NJW 1964, 1715 (1716); BVerfG, Beschluss vom 24.02.1971 – 1 BvR 435/68 = NJW 1971, 1645 (1647).

53 BVerfG, Beschluss vom 19.10.1993 – 1 BvR 567/89 = NJW 1994, 36.

54 BVerfG, Beschluss vom 19.10.1993 – 1 BvR 567/89 = NJW 1994, 36 (38); vgl. auch BVerfG, Beschluss vom 07.02.1990 – 1 BvR 26/84 = NJW 1990, 1469 (1470).

55 MüKoBGB/*Säcker*, BGB Einleitung Rn. 63 ff.

3. (Vor-)vertragliche Aufklärungspflichten als vertragsethische Konsequenz

Diese Abkehr von der rein liberalen Betrachtung hin zu einer sozialen Ausprägung zeigte sich speziell bei der Auslegung der Norm des § 242 BGB. Im Rahmen vertraglicher Beziehungen wurde die Vorschrift vermehrt als gesetzlicher „Ankerpunkt" für den Rechtsgedanken herangezogen, dass bei Verträgen nicht lediglich ein Leistungsbereich, sondern auch ein Vertrauensbereich vorhanden ist, der gegenüber dem anderen Teil Nebenpflichten konstituieren kann.[56] Zu diesen Nebenpflichten zählen nach heute allgemeiner Meinung insbesondere Aufklärungspflichten.[57] Diese Aufklärungspflichten werden teilweise auch als Anzeige-, Offenbarungs-, Warn-, Hinweis- oder Informationspflichten bezeichnet, ohne dass damit jedoch ein struktureller Unterschied einherginge.[58] Abgeleitet wird dabei die Pflicht, den anderen Teil – insbesondere bei Vorliegen einer überlegenen Fachkunde – dann unaufgefordert über entscheidungserhebliche Umstände zu unterrichten, wenn Risiken für dessen Leistungs- oder Integritätsinteresse gegeben sind, die der andere Teil nicht erkennt bzw. nicht erkennen kann.[59]

Allgemein wird dabei in der Rechtsprechung – freilich denkbar abstrakt – der Grundsatz vertreten, dass eine Rechtspflicht zur Aufklärung stets dann bestehe, wenn der (spätere) Vertragspartner „nach Treu und Glauben unter Berücksichtigung der Verkehrsanschauung redlicherweise die Mitteilung von Tatsachen erwarten durfte, die für die Willensbildung

56 Vgl. MüKoBGB/*Säcker*, BGB Einleitung Rn. 45.

57 Jauernig/*Mansel*, BGB, § 242 Rn. 19; Palandt/*Grüneberg*, BGB, § 242 Rn. 37; bei Abschluss eines eigenständigen Auskunfts- oder Beratungsvertrags stellen sich Aufklärungspflichten hingegen als vertragliche Hauptleistungspflicht dar, vgl. MüKoBGB/ *Heermann*, BGB § 675 Rn. 60.

58 *Pohlmann*, Aufklärungspflichten, S. 35: „*Mehr als die Vermeidung eines allzu eintönigen Sprachstils bezwecken diese Umschreibungsversuche jedoch nicht*"; vgl. auch *Grigoleit*, Vorvertragliche Informationshaftung, S. 5; *Römer*, VersR 1998, 1313: „*Die Inhalte überschneiden sich, die Grenzen sind fließend*"; anders jedoch *Weber*, Sanktionen, S. 56, die „*trotz unbestreitbarer Verbundenheit*" Unterschiede im Detail sieht; nach MüKoBGB/*Bachmann*, BGB § 241 Rn. 121 seien Aufklärungspflichten hingegen ein Unterfall von Informationspflichten.

59 BeckOK BGB/*Sutschet*, BGB § 241 Rn. 77.

des anderen Teils offensichtlich von ausschlaggebender Bedeutung sind".[60] Angesichts der dogmatischen Herleitung der Aufklärungspflichten wird ein Bedarf an Information des anderen Teils je eher anerkannt, je größer sich das Informationsgefälle zwischen den Parteien darstellt.[61]

Quasi im Sinne einer zur Aufklärung verpflichtenden „lex generalis"[62] ordnet nunmehr § 241 Abs. 2 BGB an, dass das Schuldverhältnis nach seinem Inhalt jeden Teil zur Rücksicht auf die „Rechte, Rechtsgüter und Interessen des anderen Teils" verpflichten kann. Durch die Bildung von Fallgruppen in Rechtsprechung und Literatur haben Inhalt und Umfang der Aufklärungspflichten Kontur gewonnen; die Entwicklung ist dabei jedoch keineswegs abgeschlossen. Mittlerweile hat der Gesetzgeber – zum Leidwesen der grundsätzlich abstrahierenden Regelungssystematik des BGB – daneben an vielfachen Stellen spezielle vorvertragliche oder vertragliche Informations- und Aufklärungspflichten in das Bürgerliche Gesetzbuch implementiert. Regelmäßig intendieren die Vorschriften einen verbesserten Verbraucherschutz und/oder dienen der Transformation europäischer Richtlinien in das nationale Recht.[63] Angesichts der immer detaillierter werdenden Vorgaben und der allgemein zunehmenden legislatorischen Extension wird diese Entwicklung jedoch zusehends auch kritisch betrachtet. Vermehrt wird die Sorge geäußert, dass der Umfang der Informationen von den Verbrauchern nicht mehr verarbeitet werden könne, die Grenzen des Sinnvollen überschritten seien und die „Flut an Information" gerade das Gegenteil ihrer eigentlichen Intension bewirke.[64]

4. Das Täuschungsverbot im Zivilrechtsverkehr

Unabhängig von der Frage, ob im konkreten Einzelfall vorvertragliche oder vertragliche Aufklärungspflichten anzunehmen sind, besteht jeden-

---

60 BGH, Urteil vom 11.08.2010 – XII ZR 192/08 = NJW 2010, 3362 (3362); BGH, Urteil vom 25.10.2007 – VII ZR 205/06 = NJW-RR 2008, 258 (259); siehe hierzu bereits RG, Urteil vom 07.07.1925 – II 494/24 = RGZ 111, 233 (234); vgl. auch *Pohlmann*, Aufklärungspflichten, S. 103 ff.

61 BeckOK BGB/*Sutschet*, BGB § 311 Rn. 74; MüKoBGB/*Emmerich*, BGB § 311 Rn. 69.

62 Vgl. Palandt/*Grüneberg*, BGB, § 241 Rn. 7: *„Blankettnorm"*; leges speciales sind beispielsweise die §§ 312d, 491a, 504a, 630e BGB.

63 Vgl. z.B. § 312d BGB zur Umsetzung von Art. 6 der Richtlinie 2011/83/EU oder § 491a BGB zur Umsetzung von Art. 5 ff. der Richtlinie 2008/48/EG und Art. 10 ff. der Richtlinie 2014/17/EU.

64 *Möller*, VuR 2017, 283 (284); BeckOK BGB/*Möller*, BGB § 491a Rn. 1.

falls die allgemeine Pflicht im Zivilrechtsverkehr, Dritten keine positiven Falschauskünfte zu geben.[65] Eine positive Falschinformation stellt sich stets als vorvertragliche oder vertragliche Pflichtverletzung dar.[66]

Im Falle einer vorsätzlichen Täuschung[67] des anderen Teils können daneben insbesondere auch deliktsrechtliche Normen (§ 823 Abs. 2 BGB i.V.m. § 263 Abs. 1 StGB, § 826 BGB) Relevanz gewinnen. Soweit dem anderen Teil Informationen vermittelt werden, muss jedenfalls stets redlich agiert werden, auch wenn die Auskunft freiwillig und ohne eine Rechtspflicht erfolgt.[68] Die Feststellung der „Rechtswidrigkeit der Irreführung" beschränkt sich daher nicht nur auf rechtgeschäftliche Sonderverbindungen, sondern stellt sich als allgemeiner Rechtsgedanke im zivilrechtlichen Verkehr dar.[69] Systematisch lässt sich dies bereits auch aus der Normkonzeption des § 123 Abs. 1 BGB ableiten, bei der der Gesetzgeber auf das zusätzliche Kriterium der „Rechtswidrigkeit" bei der arglistigen Täuschung (anders als bei der zweiten Tatbestandsvariante der „Drohung") aufgrund der Annahme verzichtet hat, dass eine jede Täuschung a priori rechtswidrig ist.[70]

II. Die Auswirkung auf den Willensbildungsprozess

1. Die Doppelrelevanz des Merkmals

Ein „ungewollter Vertrag" im Sinne der genannten Begriffsdefinition liegt nur dann vor, wenn die unterbliebene oder falsche Auskunft den anderen Teil tatsächlich in seiner vorvertraglichen Willensbildung beeinflusst hat.

---

65 HK-BGB/*Schulze*, § 241 Rn. 7.

66 Vgl. BGH, Urteil vom 20.09.1996 – V ZR 173/95 = NJW 1997, 938 (938); BGH, Urteil vom 06.12.2000 – IV ZR 28/00 = NJW-RR 2001, 314 (315); *Grigoleit*, Vorvertragliche Informationshaftung, S. 6; BeckOK BGB/*Sutschet*, BGB § 241 Rn. 79.

67 Der Begriff der „Täuschung" oder (als Synonym) der „Irreführung" beinhaltet keine Begrenzung auf ein vorsätzliches Handeln. Dies zeigt sich bereits daran, dass ansonsten die Aufnahme des „arglistigen" Verhaltens in den Normtext des § 123 Abs. 1 BGB redundant wäre; vgl. zum Begriff der „fahrlässigen" Täuschung bzw. Irreführung auch *Grigoleit*, Vorvertragliche Informationshaftung, S. 7 ff.

68 MüKoBGB/*Emmerich*, BGB § 311 Rn. 65.

69 Vgl. MüKoBGB/*Emmerich*, BGB § 311 Rn. 65.

70 Vgl. Mot. I, S. 208 = *Mugdan* I, S. 467; siehe auch *Lorenz*, Der Schutz vor dem unerwünschten Vertrag, S. 316 f.; zu Ausnahmen im Arbeitsrecht durch die Einräumung eines „Rechts zur Lüge" bei unzulässigen Fragen des Arbeitgebers, vgl. BAG, Urteil vom 21.02.1991 – 2 AZR 449/90 = NJW 1991, 2723 (2723).

Voraussetzung ist demnach, dass der Vertragspartner verleitet wird, sich auf einen Vertrag einzulassen, den er bei pflichtgemäßer Offenbarung der tatsächlichen Umstände inhaltlich anders oder gar nicht geschlossen hätte. Spiegelbildlich immanent ist daher die Prämisse, dass der Betroffene sich nicht auch bei gehöriger Aufklärung bzw. vollständiger Information in gleicher Weise auf den Vertrag eingelassen hätte.

Das Definitionsmerkmal der „Ungewolltheit" eines Vertrags spielt nicht nur beim Punkt des Schadens im Sinne einer „unfreiwilligen" Schlechterstellung eine Rolle.[71] Vielmehr ist die „Ungewolltheit" bei der Schadenersatzhaftung auch notwendige Voraussetzung für das Bestehen einer Kausalität. Erforderlich ist nämlich stets ein Ursachenzusammenhang zwischen dem Verhalten des Schädigers und dem eingetretenen Schaden. Das Merkmal weist somit eine gewisse Ambivalenz auf, auf deren Problematik noch an späterer Stelle zurückzukommen sein wird.[72] Die Frage des Vorliegens dieses notwendigen Ursachenzusammenhangs fordert dabei eine zweistufige Prüfung.[73] Zunächst muss die unterlassene Aufklärung oder die positive Falschinformation dazu führen, dass der andere Teil einem Irrtum unterliegt. Diese Fehlvorstellung muss dann ihrerseits den Abschluss der konkreten vertraglichen Verpflichtung bedingen.[74] Hinsichtlich des letztgenannten Aspekts des Vertragsschlusses sind jedoch grundsätzlich drei verschiedene Möglichkeiten denkbar, wie sich der andere Teil bei pflichtgemäßer Information verhalten hätte.[75] Zunächst ist möglich, dass der andere Vertragsteil den Vertrag auch ohne Informationsdefizit unverändert geschlossen hätte. Denn auch wenn der Vertragsschließende über mögliche Nachteile eines Vertrags informiert ist, ist es dennoch nicht ausgeschlossen, dass er die Vorteile des Vertrags höher als dessen Nachteile gewichtet und sich auf den Vertrag unverändert einlässt. Bei dieser Konstellation scheidet eine Schadenersatzhaftung a priori aus, da die Tat-

71 Vgl. hierzu *Wendehorst*, Anspruch und Ausgleich, S. 66, wonach für einen Schaden im Rechtssinne nicht bereits das Vorliegen einer Divergenz von aktuellem und hypothetischem Zustand ausreiche, sondern diese Divergenz auch *„unerwünscht"* sein müsse; ähnlich auch *Regenfus*, VersR 2017, 977 (983).

72 Siehe Kap. 4, Ziff. II.

73 *Milanin*, Informationelle Fahrlässigkeitshaftung, S. 141.

74 Eine Mitursächlichkeit ist grundsätzlich ausreichend, vgl. OLG Hamm, Urteil vom 28.09.2010 – 19 U 35/10 = BeckRS 2011, 28767; Palandt/*Grüneberg*, BGB, Vorb. v. § 249 Rn. 34 m.w.N.

75 Siehe hierzu *Lorenz*, Der Schutz vor dem unerwünschten Vertrag, S. 75 ff.; *Mankowski*, Beseitigungsrechte, S. 210.

bestandmerkmale der Kausalität[76] und des Schadens[77] nicht verwirklicht sind. Denkbar ist ferner die zweite Option, dass der Betroffene bei Kenntnis der Umstände von jeglichem Vertragsschluss abgesehen hätte *(dolus causam dans)*.[78] Die dritte Möglichkeit ist schließlich, dass der Betroffene bei zutreffender Information zwar nicht vollständig von einem Vertragsschluss abgesehen hätte, den Vertrag jedoch dann zu anderen Konditionen geschlossen hätte *(dolus causam incidens)*.[79]

2. Prozessuale Aspekte

Die vorgenannten drei Optionen sind hinsichtlich ihrer Eintrittswahrscheinlichkeit grundsätzlich identisch.[80] Der Nachweis des Kausalzusammenhangs zwischen einer unterbliebenen oder falschen Information und dem Vertragsschluss (in seiner konkreten Gestalt) erweist sich daher für den Getäuschten regelmäßig als problematisch. Denn bei der Vertragsentscheidung handelt es sich um einen inneren Prozess.[81] Die Kausalität wird rein psychisch vermittelt.[82] Aus der ex-post-Perspektive lässt sich empirisch nicht mehr nachvollziehen, wie sich die irregeführte Person bei rechtmäßigem Alternativverhalten des anderen Teils tatsächlich entschieden hätte. Weil die Motive für den Abschluss eines Vertrags vielfältig sein können und oft auf einer Abwägung der Vor- und Nachteile desselben beruhen, lässt sich der individuelle Verursachungsbeitrag einzelner Fehlvorstellungen für den Betroffenen kaum jemals in gesicherter Weise bestimmen.[83] Nach allgemeinen Beweislastregeln müsste jedoch – unabhängig von der konkret einschlägigen Haftungsnorm – grundsätzlich der Getäuschte den Nachweis führen, welche Entscheidung er bei ordnungsgemäßer Aufklä-

---

76 *Lorenz*, Der Schutz vor dem unerwünschten Vertrag, S. 75.

77 *Milanin*, Informationelle Fahrlässigkeitshaftung, S. 144 [Fn. 499].

78 *Lorenz*, Der Schutz vor dem unerwünschten Vertrag, S. 78 ff.; *Milanin*, Informationelle Fahrlässigkeitshaftung, S. 66 f., 144.

79 *Milanin*, Informationelle Fahrlässigkeitshaftung, S. 66 f., 144; *Lorenz*, Der Schutz vor dem unerwünschten Vertrag, S. 78 ff.

80 *Lieb*, FS zur 600 Jahr-Feier der Universität Köln, S. 251 (269); *Lorenz*, Der Schutz vor dem unerwünschten Vertrag, S. 75.

81 Vgl. hierzu *Spindler*, AcP 208 (2008), 283 (332).

82 *Lieb*, FS zur 600 Jahr-Feier der Universität Köln, S. 251 (255); *Milanin*, Informationelle Fahrlässigkeitshaftung, S. 142.

83 Vgl. MüKoBGB/*Emmerich*, BGB § 311 Rn. 207.

rung getroffen hätte.[84] Dieser Beweis wird sich wegen der genannten Schwierigkeiten jedoch regelmäßig nicht führen lassen.[85]

Aufgrund der Unbilligkeit, dass ein Ersatzanspruch häufig an diesem Erfordernis scheitern würde, wird vielfach ein Korrekturbedürfnis gesehen.[86] Die Rechtsprechung hilft dem Betroffenen mit der Rechtsfigur der „Vermutung aufklärungsgerechten Verhaltens".[87] Dabei wird der Ursachenzusammenhang zwischen dem Verstoß gegen die Beratungs- oder Aufklärungspflicht und dem Schaden vermutet und schlicht zugrunde gelegt, dass der Getäuschte bei gehöriger Aufklärung den Vertrag entweder gar nicht oder jedenfalls zu anderen Bedingungen geschlossen hätte.[88]

Innerhalb der Senate des BGH ist umstritten, ob es sich hierbei um einen (erschütterbaren) Anscheinsbeweis oder um eine echte Beweislastumkehr handelt. Der für die Anwalts- und Steuerberaterhaftung zuständige IX. Zivilsenat geht von einem Anscheinsbeweis aus.[89] Hingegen sieht der für das Bank- und Kapitalmarkt zuständige XI. Zivilsenat eine echte Beweislastumkehr als gegeben.[90] Der II. Zivilsenat und der V. Zivilsenat lassen die Frage hingegen offen.[91]

III. Das objektiv-wirtschaftliche Äquivalenzverhältnis

1. Die rechnerische Saldierung von Leistung und Gegenleistung

Drittes Definitionsmerkmal des „ungewollten Vertrags" ist schließlich die objektiv-wirtschaftliche Gleichwertigkeit von Leistung und Gegenleistung. Als (lediglich) ungewollter Vertrag ist daher eine solche vertragliche Beziehung zu verstehen, die für den Betroffenen zwar nicht interessengerecht

---

84 BGH, Urteil vom 08.06.1989 – III ZR 63/88 = NJW 1989, 2945 (2946) m.w.N.; *Mankowski*, Beseitigungsrechte, S. 210.

85 *Mankowski* spricht in Beseitigungsrechte, S. 211 von einer *„probatio diabolica"*.

86 Ausführlich *Schwab*, NJW 2012, 3274 (3274 ff.).

87 BGH, Urteil vom 05.07.1973 – VII ZR 12/73 = NJW 1973, 1688 (1688); BGH, Urteil vom 08.05.2012 – XI ZR 262/10 = NJW 2012, 2427 (2429).

88 Kritisch hierzu *Lieb*, FS zur 600 Jahr-Feier der Universität Köln, S. 251 (255).

89 BGH, Urteil vom 30.09.1993 – IX ZR 73/93 = DStR 1994, 227; BGH, Urteil vom 16.07.2015 – IX ZR 197/14 = NJW 2015, 3447.

90 BGH, Urteil vom 16.11.1993 – XI ZR 214/92 = DStR 1994, 329; BGH, Urteil vom 08.05.2012 – XI ZR 262/10 = NJW 2012, 2427.

91 BGH, Urteil vom 11.02.2014 – II ZR 273/12 –, juris; BGH, Urteil vom 15.07.2016 – V ZR 168/15 = NZG 2017, 542 (544).

ist, aus welcher sich jedoch kein „negativer Vertragssaldo“[92] für diesen ergibt. Stattdessen befinden sich beim „ungewollten Vertrag“ beide vertraglichen Leistungen rein objektiv-wirtschaftlich betrachtet im Äquivalenzverhältnis. Abzugrenzen ist der ungewollte Vertrag damit insbesondere vom objektiv-wirtschaftlich nachteiligen Vertrag, bei dem sich für den Betroffenen unter Anwendung der Differenzmethode, also bei Vergleich der Vermögenslagen vor und nach Vertragsschluss, ein rechnerisches, finanzielles Minus ergibt.

2. Der (wirtschaftlich) nachteilhafte Vertrag als Gegenbegriff?

Von *Lorenz* wird der ungewollte Vertrag als „wirtschaftlich neutraler Vertrag“ bezeichnet und vom „wirtschaftlich ungünstigen Vertrag“ abgegrenzt.[93] Während sich letzterer dadurch kennzeichne, dass sich eine Vermögensminderung mittels der Differenzhypothese feststellen lasse, sei für den wirtschaftlich neutralen Vertrag keine Äquivalenz-, sondern eine Zweckstörung charakteristisch.[94] Eine ähnliche Gegenüberstellung erfolgt auch von *Weiler*.[95] Dieser grenzt terminologisch den „ungewollten Vertrag“ vom „nachteilhaften Vertrag“ bzw. synonym hierzu vom „wirtschaftlich nachteilhaften Vertrag“ ab.[96]

Die Terminologie von *Lorenz* und *Weiler* erweist sich jedoch als problematisch. Denn mit der vorgenommenen Gegenüberstellung der Begriffe legen sie bereits die Prämisse zugrunde, dass der „ungewollte Vertrag“ stets (wirtschaftlich) nicht nachteilhaft sei. Dies würde jedoch implizieren, dass man die Bestimmung der (wirtschaftlichen) Nachteilhaftigkeit eines Vertrags ausschließlich anhand einer summenmäßigen Gegenüberstellung von Leistung und Gegenleistung festmachen müsse. Der Gedanke, dass ein rein wertmäßig ausgeglichener Vertrag für ein Individuum auch *subjektiv-wirtschaftlich* nachteilhaft sein kann, wird durch diese antithetische Begriffsbildung schon per definitionem unberücksichtigt gelassen. So suggeriert die Terminologie jedenfalls, dass wirtschaftliche Nachteile ausschließlich im Wege einer mathematischen Saldierung festzustellen seien und dem Fehlschlagen des Dispositionszwecks keine wirtschaftliche Relevanz beizumes-

---

92 Begriff nach *Grigoleit*, ZIP 2021, 1993 (1997).
93 *Lorenz*, Der Schutz vor dem unerwünschten Vertrag, S. 69, 72.
94 *Lorenz*, Der Schutz vor dem unerwünschten Vertrag, S. 2, 69 ff.
95 *Weiler*, NZV 2019, 545 (545 ff.).
96 *Weiler*, NZV 2019, 545 (545 ff.).

sen sei. Diese Umstände werden an späterer Stelle noch vertieft zu betrachten sein.[97] Bereits an dieser Stelle gilt es jedoch in begrifflicher Hinsicht zu konstatieren, dass dem „ungewollten Vertrag“ nicht der „wirtschaftlich ungünstige“ oder „nachteilhafte Vertrag“, sondern – terminologisch präziser – der „objektiv-wirtschaftlich nachteilhafte“ Vertrag gegenüberzustellen ist.

97 Kap. 6, Ziff. II.

Kapitel 3: Der ungewollte Vertrag als (immaterieller) Schaden in der Zivilrechtsdogmatik

I. Der natürliche Schadensbegriff des BGB

Eine Legaldefinition des Schadensbegriffs findet sich in den Bestimmungen des BGB – anders als in einigen ausländischen Rechtsordnungen[98] oder im früheren Allgemeinen Landrecht für die Preußischen Staaten[99] – nicht. Obgleich es als gesichert gilt, dass die Verfasser des BGB die gemeinrechtliche Schadenskonzeption vor Augen hatten[100] und wie bereits die Pandektisten von einem *natürlichen* Verständnis des Schadens ausgingen[101], sahen die Gründungsväter des Bürgerlichen Gesetzbuchs von der Aufnahme einer legislativen Begriffsbestimmung ab. Die nähere Konturierung sollte vielmehr Wissenschaft und Praxis überlassen werden.[102]

Dieses vorgenannte gemeinrechtliche Schadensverständnis ist untrennbar mit dem Namen *Friedrich Mommsen* verbunden. Der von ihm geprägte Schadensbegriff geht im Grundsatz auf sein im Jahr 1855 erschienenes Werk „Beiträge zum Obligationenrecht – Zur Lehre von dem Interesse“ zurück. Entscheidend zur Feststellung des Schadens sei nach *Mommsen* „die Differenz zwischen dem Betrage des Vermögens einer Person, wie derselbe in einem gegebenen Zeitpunkte ist, und dem Betrage, welchen

98 Nach österreichischem Recht (§ 1293 ABGB) ist Schaden *„jeder Nachtheil, welcher jemanden an Vermögen, Rechten oder seiner Person zugefüget worden ist“*.

99 Erster Theil, Sechster Titel, § 1: *„Schade heißt jede Verschlimmerung des Zustandes eines Menschen, in Absicht seines Körpers, seiner Freyheit, oder Ehre, oder seines Vermögens.“*

100 *Mertens*, Vermögensschaden, S. 21 f.; *Magnus*, Schaden und Ersatz, S. 9; *Keuk*, Vermögensschaden und Interesse, S. 11.

101 Siehe auch Prot. II, S. 593 = *Mugdan* II, S. 513, wonach die Ersatzform der Naturalrestitution nicht in Widerspruch zur *„natürlichen“* Auffassung und der rechtgeschichtlichen Entwicklung nach dem gemeinen Recht stehe.

102 Vgl. Mot. II, 19 = *Mugdan* II, S. 10; *Lange/Schiemann*, Schadensersatz, S. 26; BeckOGK/*Brand*, BGB § 249 Rn. 8.

dieses Vermögen ohne die Dazwischenkunft eines bestimmten schädigenden Ereignisses in dem zur Frage stehenden Zeitpunkte haben würde."[103]

Wie sich aus der Formulierung *Mommsens*, des Begründers dieser *Differenzhypothese*, ersehen lässt, hatte dieser lediglich den Vermögensschaden vor Augen.[104] Das Bürgerliche Gesetzbuch verfolgt hingegen eine zweispurige Schadenskonzeption, die zwischen Vermögensschäden und immateriellen Schäden trennt (vgl. § 253 Abs. 1 BGB).[105] Vor diesem Hintergrund erweist sich der Anwendungsbereich der Begrifflichkeit der „Differenzhypothese" als klärungsbedürftig. Nach verbreiteter Ansicht in der Literatur soll die Differenzhypothese generalistisch bei sämtlichen, also auch bei immateriellen Schäden Anwendung finden.[106] Zuzugestehen ist unbestritten, dass auch zur Feststellung immaterieller Schäden eine vergleichende Gegenüberstellung zweier Güterlagen zu erfolgen hat.[107] Die Art und Weise der Annäherung an den Schadensbegriff ist daher bei Vermögensschäden und Nichtvermögensschäden grundsätzlich identisch.[108] Bereits nach dem natürlichen Sprachgebrauch kann jedoch von einer „Differenz" nur bei saldierungsfähigen, quantifizierbaren Rechtsgütern gesprochen werden. Nichtvermögenschäden lassen sich jedoch gerade nicht in Geldeswert abbilden.[109] Daneben dient die Differenzhypothese nicht nur als Mittel zur Feststellung, ob ein Schaden vorliegt, sondern auch, in welcher Höhe

---

103 *Mommsen*, Lehre von dem Interesse, S. 3; vereinzelt wird in der Literatur darauf hingewiesen, dass *Mommsen* den aus dem römischen Recht stammenden Ausdruck *„id quod interest"* falsch verstanden habe, da dieser nicht auf eine Differenzbetrachtung hinweise. Der Begriff bedeute nicht *„was dazwischen liegt"*, sondern *„was daran liegt"*, siehe hierzu *Roberto*, Schadensrecht, S. 13, vgl. auch *Keuk*, Vermögensschaden und Interesse, S. 15 ff.; *Steffen*, NJW 1995, 2057 (2058).

104 Anders war jedoch das Allgemeine Preußische Landrecht von 1794 konzeptioniert, das den Schaden nicht auf Vermögensschäden beschränkte, hingegen zwischen unmittelbarer und mittelbarer Verursachung des Schadens unterschied, vgl. Erster Theil, 6. Titel, §§ 1 ff.

105 Das römische Recht beschrieb den ersatzfähigen Schaden hingegen noch als Objektschaden (*damnum emergens*) und entgangenen Gewinn (*lucrum cessans*), vgl. *Keuk*, Vermögensschaden und Interesse, S. 11; in bestimmten Fällen wie z.B. der *actio iniuriam* war jedoch auch ein Ersatz für die Beeinträchtigung immaterieller Interessen möglich, siehe *Honsell*, Römisches Recht, S. 55.

106 MüKoBGB/*Oetker*, BGB, § 249 Rn. 16 ff; Soergel/*Ekkenga/Kuntz*, BGB, Vor § 249 Rn. 28; Erman/*Ebert*, BGB, Vor § 249, Rn. 24; Staudinger/*Schiemann*, Neubearbeitung 2017, BGB, § 249 Rn. 5.

107 BGH, Urteil vom 02.04.2019 – VI ZR 13/18 = NJW 2019, 1741 (1742); *Brand*, Schadensersatzrecht, § 2 Rn. 8; HK-BGB/*Schulze*, vor § 249–253 Rn. 6.

108 *Zeuner*, AcP 163 (1963), 380 (383).

109 *Looschelders*, SchuldR AT, Rn. 881; *Förster*, JA 2015, 801 (801).

dieser besteht.[110] Diese zweite Funktion kann die Differenzhypothese bei immateriellen Schäden jedoch von vornherein nicht leisten. Im Sinne *Mommsens* ist daher die Begrifflichkeit der Differenzhypothese ausschließlich zur Bestimmung und zur Feststellung der Höhe von Vermögensschäden heranzuziehen.[111] Diesem Ansatz folgt auch die Rechtsprechung, die – soweit ersichtlich – den Begriff der Differenzhypothese bisher ausschließlich bei der Prüfung von Vermögensschäden bemüht hat.[112]

Soweit daher allgemein zu prüfen ist, ob durch einen Vertragsschluss ein Schaden im Sinne des BGB entstanden ist, ist der natürliche Schadensbegriff als Maßstab heranzuziehen.[113] Dieser natürliche Schadensbegriff ist nicht an einen konkreten Haftungstatbestand gekoppelt, sondern gilt grundsätzlich allgemein.[114] Schaden meint dabei jede unfreiwillige Einbuße, die jemand an seinen Rechtgütern erleidet.[115] Teilweise wird anstelle der Beeinträchtigung eines „Guts" oder „Rechtsguts" auch von der Verlet-

---

110 MüKoBGB/*Oetker*, BGB § 249 Rn. 18; *Roussos*, Schaden und Folgeschaden, S. 170 f. bezeichnet dies als *„Doppelinhalt"* der Differenzformel.

111 So auch Palandt/*Grüneberg*, BGB, vor § 249 Rn. 1; *Looschelders*, SchuldR AT, Rn. 881; *Brox/Walker*, SchuldR AT, § 29 Rn. 2; *Weiler*, SchuldR AT, § 44 Rn. 4; *Fuchs/Pauker/Baumgärtner*, Delikts- und Schadensersatzrecht, S. 380; *Förster*, JA 2015, 801 (801); *Regenfus*, VersR 2017, 977 (979).

112 Vgl. bspw. BGH, Urteil vom 05.02.2015 – IX ZR 167/13 = NJW 2015, 1373 (1374); BGH, Urteil vom 14.06.2012 – IX ZR 145/11 = NJW 2012, 3165 (3170); BGH, Urteil vom 06.06. 2013 – IX ZR 204/12 = NJW 2013, 2345 (2346); BGH, Urteil vom 18.01.2011 – VI ZR 325/09 = NJW 2011, 1962 (1963); BGH, Beschluss vom 09.07.1986 – GSZ 1/86 = NJW 1987, 50 (51); BAG, Urteil vom 26.09.2012 – 10 AZR 370/10 = NJW 2013, 331 (332).

113 Siehe *Grigoleit*, Vorvertragliche Informationshaftung, S. 19 f. [zu § 826 BGB]; die Differenzhypothese ist auch nicht notwendig mit diesem natürlichen Schadensverständnis verbunden, vgl. *Lange/Schiemann*, Schadensersatz, S. 27.

114 *Neuner*, Interesse und Vermögensschaden, AcP 133 (1931), 277 (291): *„Es wird allgemein angenommen, dass unser System einen einheitlichen Begriff des Schadens (...) hat, der für alle Fälle gleichartig ist."*, vgl. auch Palandt/*Grüneberg*, BGB, Vorb. v. § 249 Rn. 9, der vom *„Schadensbegriff des BGB"* spricht.

115 NK-BGB/*Magnus*, Vor §§ 249–255 BGB, Rn. 17; BeckOGK/Brand, BGB § 249 Rn. 8; *Palandt/Grüneberg*, BGB, Vor § 249, Rn. 9; *Looschelders*, SchuldR AT, Rn. 878; *Brox/Walker*, SchuldR AT § 29 Rn. 1; *Wollny*, DStR 2013, 2132 (2132); weitere Nachweise mit unterschiedlicher Formulierung, jedoch weitgehender inhaltlicher Kongruenz finden sich bei Staudinger/*Medicus*, BGB, 12. Auflage, Vor § 249 BGB Rn. 33; kritisch zum Begriff des natürlichen Schadens *Rüßmann*, in: jurisPK-BGB, § 249 BGB, Rn. 14.

zung eines „Interesses“[116] gesprochen.[117] Ein inhaltlicher Unterschied geht damit jedoch nicht einher.[118]

II. Illegitimer Eingriff in die Dispositionsfreiheit als zivilrechtlicher Schaden

Es ist grundsätzlich anerkannt, dass bereits im Abschluss eines Vertrags ein zivilrechtlicher Schaden liegen kann.[119] Dies gilt grundsätzlich unabhängig davon, ob die Haftung aus der culpa in contrahendo[120], aus vertraglicher Pflichtverletzung[121] oder aus dem Deliktsrecht[122] folgt. Schlagwort-

---

116 *Grigoleit,* Vorvertragliche Informationshaftung, S. 19; MüKoBGB/*Oetker,* BGB § 249 Rn. 16; vgl. auch *Roussos*, Schaden und Folgeschaden, S. 102 ff.

117 Der Begriff des *Interesses* wird in der Schadensersatzdogmatik jedoch auch in anderen Zusammenhängen verwendet. *Mommsen* verwendete den Begriff *Interesse* als Synonym zum Schaden, vgl. Lehre von dem Interesse, S. 3; bei *Keuk*, Vermögensschaden und Interesse, S. 13 wird zwischen einem objektiven und einem subjektiven Schaden differenziert, wobei letzterer mit dem *Interesse* gleichgesetzt wird. Daneben wird regelmäßig im Zusammenhang mit dem Vertrauensschaden vom zu ersetzenden *negativen Interesse* und beim Nichterfüllungsschaden vom zu ersetzenden *positiven Interesse* gesprochen, vgl. nur MüKoBGB/*Oetker*, BGB § 249 Rn. 127 ff.

118 *Brand*, Schadensersatzrecht, § 2 Rn. 1; BeckOGK/*Brand*, BGB § 249 Rn. 8.

119 Vgl. hierzu *Schumacher,* Vertragsaufhebung, S. 117 f.; *Lorenz*, Der Schutz vor dem unerwünschten Vertrag, S. 67 ff.: *„Daß der Vertrag selbst einen Schaden i.S.v. § 249 Satz 1 BGB darstellen kann, ist im Grundsatz unstreitig“* [Fn. 124]; *Grigoleit,* ZIP 2021, 1993 (1994): *„Es ist seit langem in Rechtsprechung und Literatur anerkannt, dass die unerwünschte Bindung an einen Vertrag einen ersatzfähigen Schaden darstellen und grundsätzlich im Wege der Naturalrestitution beseitigt werden kann.“*

120 BGH, Urteil vom 26.09.1997 – V ZR 29/96 = NJW 1998, 302 (304 f.); *Grigoleit,* NJW 1999, 900 (902); *Lorenz,* Der Schutz vor dem unerwünschten Vertrag, S. 69 ff.; *Horn*, JuS 1995, 379 (381); **a.A.** jedoch *Stoll*, FS Riesenfeld, S. 275 (281 f.); *ders.* in: FS Deutsch, S. 361 (365), der im Rahmen der c.i.c. den Schaden nicht im Vertrag selbst, sondern in den enttäuschten Erwartungen des irregeführten Vertragsteils sehen möchte.

121 Vgl. nur zum Kapitalanlagerecht: BGH, Urteil vom 26.02.2013 – XI ZR 498/11 = VuR 2013, 177 (178): *„Der Schadensersatzanspruch ist bereits mit Zeichnung der Fondsbeteiligung (...) entstanden.“*; BGH, Urteil vom 08.04.2014 – XI ZR 341/12 = NJW 2014, 2348 (2350): *„Bereits mit Vertragsschluss ist der Vermögensschaden eingetreten.“*

122 Siehe bereits RG, Urteil vom 10.11.1921 – VI 195/21 = RGZ 103, 154 (159): *„Der geschlossene Vertrag mit seinen Rechten und Pflichten ist bei einer als unerlaubte Handlung im Sinne der §§ 823 ff. BGB anzusehenden Täuschung die im Wege des*

artig wird vom „Vertragsabschlussschaden“gesprochen[123], der insoweit das zivilrechtliche Pendant zum strafrechtsdogmatischen „Eingehungsschaden“ darstellt.

Dieses Schlagwort besagt jedoch freilich nicht, wann konkret ein Vertrag auch als Schaden zu begreifen ist.[124] Zur Klärung der Frage, ob ein solcher Vertragsabschlussschaden vorliegt, ist auf den bereits dargestellten natürlichen Schadensbegriff abzustellen, wonach Schaden jede Einbuße meint, die jemand unfreiwillig an seinen Rechtsgütern respektive Interessen erleidet.

Der natürliche Schadensbegriff enthält ausweislich seiner Definition im Grundsatz keine inhaltliche Beschränkung auf bestimmte Rechtsgüter oder Interessen. Der BGH geht jedoch davon aus, dass ein Nachteil nur dann ein zivilrechtlicher Schaden sein könne, wenn die Rechtsordnung ihn auch als solchen anerkennt.[125] Erforderlich ist dabei eine Bewertung anhand der gesamten Rechtsordnung.[126] Wie bereits dargestellt, ist die Privatautonomie als substantielle Freiheit zur Selbstbestimmung zu verstehen, die verfassungsrechtlichen Schutz genießt.[127] Bereits aus dieser grundgesetzlichen Perspektive stellt die Privatautonomie damit in unserer Rechtsordnung unzweifelhaft ein zu schützendes Rechtsgut dar.[128] Es ist ständige verfassungsgerichtliche Rechtsprechung, dass die in den Grund-

---

Schadensersatzes wieder zu beseitigende Folge der unerlaubten Handlung“; BGH, Urteil vom 25.05.2020 – VI ZR 252/19 = NJW 2020, 1962 (1967 ff.); vgl. auch *Stoll*, FS Riesenfeld, S. 275 (280 f.).

123 BGH, Urteil vom 13.12.2011 – XI ZR 51/10 = NJW 2012, 1800 (1801); OLG Koblenz, Urteil vom 20.11.2019 – 10 U 731/19 Rn. 90 –, juris; im Bereich des Kapitalanlagerechts findet sich auch der Begriff des. „*Zeichnungsschadens*“, vgl. BGH, Urteil vom 14.07.2020 -VI ZR 208/19 = BeckRS 2020, 22976; OLG München, Urteil vom 02.02.2009 – 21 U 4127/08 = BeckRS 2010, 5480.

124 Kritisch zum Begriff des „Vertragsabschlussschadens“ daher *Mankowski*, Beseitigungsrechte, S. 203.

125 BGH, Urteil vom 02.04.2019 -VI ZR 13/18 = NJW 2019, 1741 (1742), wonach aus Art. 1 Abs. 1, Art. 2 Abs. 2 Satz 1 GG folge, dass ein Leben – auch ein leidensbehaftetes Weiterleben – keinen Schaden im Sinne des Zivilrechts darstellen könne; **a.A.** *Leitmeier*, NJW 2020, 2844 (2845 ff.).

126 Vgl. auch *Fuchs/Pauker/Baumgärtner*, Delikts- und Schadensersatzrecht, S. 379.

127 Vgl. nur BVerfG, Beschluss vom 19.10.1993 – 1 BvR 567/89 = NJW 1994, 36 (38).

128 Im Einzelfall kann der Schutz der Privatautonomie vorrangig vor Art. 2 Abs. 1 GG durch besondere Grundrechtsbestimmungen gewährleistet sein, vgl. BVerfG, Beschluss vom 04.06.1985 – 1 BvL 12/84 = NJW 1986, 243 (243) m.w.N.; siehe auch *Paulus/Zenker*, JuS 2001, 1 (1), die die dogmatische Verankerung der Privatautonomie allgemein in den Art. 1, 2, 9 und 14 GG sehen.

rechten enthaltenen Wertungen für alle Rechtsbereiche und damit auch für das Zivilrecht gelten und Rechtsnormen nicht in Widerspruch dazu stehen dürfen. Dieser grundrechtlichen „Ausstrahlungswirkung“ ist bei der Auslegung von Gesetzen und damit auch bei der Bestimmung des Tatbestandsmerkmals des Schadens hinreichend Rechnung zu tragen.[129] Die Beeinträchtigung der verfassungsrechtlich geschützten wirtschaftlichen Selbstbestimmung führt damit unter der notwendigen Beachtung der privatrechtsgestaltenden Bedeutung der Grundrechte auch zu einem Schaden im Sinne des Zivilrechts.

Dieses Ergebnis lässt sich nicht nur auf verfassungsrechtlicher, sondern auch auf einfachgesetzlicher Ebene begründen. Denn bereits die Existenz von § 123 BGB bezeugt, dass die ungestörte Willensbildung unter dem Schutz der Rechtsordnung stehen soll.[130] Die Rechtsnorm dient gerade dem Schutz der rechtsgeschäftlichen Entscheidungsfreiheit und beruht auf dem Gedanken, dass eine Willenserklärung nur dann als Ausdruck privatautonomer Selbstbestimmung begriffen werden kann, wenn die vorangegangene Willensbildung auch frei von illegitimer Einflussnahme auf dieselbe erfolgen konnte.[131] In konsequenter Anwendung des natürlichen Schadensbegriffs begründet damit jeder Vertrag, der aufgrund einer rechtswidrigen Störung der Willensbildung zustande gekommen ist, stets einen (jedenfalls immateriellen) Schaden im Rechtssinne.[132]

---

129 Zur Ausstrahlungswirkung der Grundrechte auf das Bürgerliche Recht grundlegend: BVerfG, Urteil vom 15.01.1958 – 1 BvR 400/57 = NJW 1958, 257 (258); vgl. auch *Hager*, JZ 1994, 373 (373 ff.).

130 *Grigoleit*, Vorvertragliche Informationshaftung, S. 20; *ders.*, NJW 1999, 900 (902); *Möllers*, WM 2003, 2393 (2395); *Lorenz*, Der Schutz vor dem unerwünschten Vertrag, S. 518; siehe hierzu auch Mot. I, S. 204 = *Mugdan* I, S. 465: „*Die Rechtsordnung kann nicht gestatten, daß die freie Selbstbestimmung auf rechtsgeschäftlichem Gebiete widerrechtlich beeinträchtigt wird.*“

131 BGH, Beschluss vom 21.09.2011 – IV ZR 38/09 = BeckRS 2011, 25937; BeckOK BGB/*Wendtland*, BGB § 123 Rn. 1.

132 Soergel/*Ekkenga/Kuntz*, BGB, Vor § 249 Rn. 65; *Grigoleit*, Vorvertragliche Informationshaftung, S. 20, 88; *ders.*, NJW 1999, 900 (902); *Lorenz*, Der Schutz vor dem unerwünschten Vertrag, S. 73; *ders.* ZIP 1998, 1053 (1055); *Nickel*, Rechtsfolgen der c.i.c., S. 185 ff.; *Schwarze*, Vorvertragliche Verständigungspflichten, S. 86; *Geibel*, Kapitalanlegerschaden, S. 96; *Schubert*, AcP 168 (1968), 470 (506); *Fleischer*, AcP 200 (2000), 91 (113); *Kersting*, JZ 2008, 714 (717); *Möllers/Leisch*, WM 2001, 1648 (1655); vgl. auch *Lehmann*, Vertragsanbahnung, S. 281 m.w.N., der Beeinträchtigungen der wirtschaftlichen Dispositionsfreiheit jedenfalls *grundsätzlich* als immateriellen Schaden begreift.

III. Gegenansichten in der Literatur

Die Möglichkeit, dass ein ungewollter Vertrag einen immateriellen Schaden darstellen kann, wird von bestimmten Autoren hingegen in Abrede gestellt.

Lieb[133] führt zur Begründung einer Schadensverneinung im Wesentlichen systematische Gründe an. Das geltende Recht unterscheide nach *Lieb* zwischen Willensfreiheit und Schaden und halte für die jeweilige Beeinträchtigung unterschiedliche Sanktionen bereit. Während Eingriffen in die Willensfreiheit (nur) mit den Anfechtungsvorschriften zu begegnen sei, sei der Ersatz von Schäden dem Schadensersatzrecht vorbehalten. Die Anerkennung eines immateriellen Schadens bei exogenen Störungen der Willensbildung verwische – jedenfalls bei der culpa in contrahendo – die Grenzen zum Anfechtungsrecht.[134] *Lorenz* ist dem mit dem Hinweis entgegengetreten, dass diese Thesen weder belegt, noch belegbar seien.[135] *Lieb*[136] replizierte hierauf, dass die Argumentationslast nicht bei ihm, sondern bei den Vertretern der Gegenansicht lägen, die abweichend von der „traditionellen Auffassung"[137] Beeinträchtigungen der rechtsgeschäftlichen Entscheidungsfreiheit als Schaden begreifen. Dies ist jedoch schon im Ansatz unrichtig. Eine Argumentationslast trägt in der Juristerei derjenige, der die Ausnahme von der Regel postuliert. Ausgehend von einem natürlichen Schadensverständnis lässt es sich jedenfalls nicht in Abrede stellen, dass Beeinträchtigungen der rechtsgeschäftlichen Entscheidungsfreiheit einen Schaden darstellen. Belege für eine angebliche Ausnahme hiervon kann *Lieb* nicht beibringen.[138]

---

133 *Lieb*, FS zur 600 Jahr-Feier der Universität Köln, S. 251 (258 ff.).

134 *Lieb*, FS zur 600 Jahr-Feier der Universität Köln, S. 251 (258 ff.); zustimmend auch *Stoll*, FS Deutsch, S. 361 (366 f.).

135 *Lorenz*, Der Schutz vor dem unerwünschten Vertrag, S. 69 ff., insb. S. 73.

136 *Lieb*, FS Medicus, S. 337 (345).

137 Konkrete Vertreter dieser Auffassung werden von *Lieb* jedoch nicht benannt. Auch in seinem Festschriftbeitrag zur 600 Jahr-Feier der Universität Köln, S. 251 ff. führt *Lieb* keine Nachweise an, bezeichnet dies jedoch gleichwohl als „herrschende Lehre", die nur deshalb nicht belegt werden könne, weil „Selbstverständlichkeiten solange nicht problematisiert, geschweige denn näher begründet werden, solange sie noch Selbstverständlichkeiten" seien (S. 260), siehe zu diesem Begründungsdefizit: *Lorenz*, Der Schutz vor dem unerwünschten Vertrag, S. 388 ff.

138 Siehe zur Zuweisung der wissenschaftlichen Begründungslast auch *Fleischer*, AcP 200 (2000), 91 (112).

Krüger[139] hingegen führt als Argument für eine Ablehnung eines immateriellen Vertragsabschlussschadens an, dass es bei immateriellen Schäden um Schäden ginge, die „eng mit der Person" verbunden seien, wie beispielsweise Wohlbefinden, Lebensfreude oder ideeller Genuss. Ein „Unmut", zu einem belastend empfundenen Vertrag verleitet worden zu sein, sei hingegen kein solches ideelles Schutzgut.[140] Die Argumentation *Krügers* ähnelt derjenigen von *Stoll*, der die Möglichkeit eines immateriellen Vertragsabschlussschadens mit der Begründung ablehnen will, dass sich hierfür „im geltenden Recht" keine Stütze finden ließe und dies auch nicht den „Kern" immaterieller Schäden träfe.[141]

Krüger verkennt, dass die Eingehung einer ungewollten Verbindlichkeit nicht nur ein bloßes „Unmutsgefühl" erzeugt, sondern es sich dabei um eine Beeinträchtigung der verfassungsrechtlich geschützten Dispositionsfreiheit handelt. Die Ausführungen *Krügers* werden damit der Bedeutung der Privatautonomie als „Grundpfeiler unserer Privatrechtsordnung"[142] nicht gerecht.[143] Widerlegt ist schließlich auch der Einwand von *Stoll*, dass sich „im geltenden Recht" keine Stütze für einen schadensrechtlichen Schutz der Willensbildung finde. Denn dass die Grundrechte – mitsamt ihrer privatrechtsgestaltenden Ausstrahlungswirkung – Teil des geltenden Rechts sind, bedarf keiner näheren Erläuterung. Dass die Privatautonomie grundrechtlich geschützt ist, ist ebenso unzweifelhaft.[144]

Auch das Argument von *Krüger* und *Stoll*, wonach die rechtgeschäftliche Entscheidungsfreiheit nicht der „Kern" immaterieller Schäden träfe, verfängt nicht. Aus der exemplarischen Nennung bestimmter für den immateriellen Schaden typischer Bereiche lässt sich nicht im Wege eines Umkehrschlusses folgern, dass die rechtgeschäftliche Entscheidungsfreiheit keinen immateriellen Schaden darstellen könne. Es bleibt schon unklar, anhand welcher Kriterien die Autoren bestimmen wollen, was zum „Kern" immaterieller Schäden gehören soll und was nicht. Einen (gesetzlichen) Anhaltspunkt dieser Behauptung können beide Autoren nicht nennen.

---

139 *Krüger*, FS Kollhosser, S. 329.

140 *Krüger*, FS Kollhosser, S. 329 (334 ff.).

141 *Stoll*, FS Deutsch, S. 361 (367).

142 *Paulus/Zenker*, JuS 2001, 1 (1).

143 Ebenso verkennt auch *Lieb*, in FS Medicus, S. 337 (345) die Wertigkeit der Privatautonomie, wenn dieser Beeinträchtigungen der rechtgeschäftlichen Entscheidungsfreiheit als bloßes *„Unlustgefühl"* betitelt.

144 Vgl. nur BVerfG, Beschluss vom 19.10.1993 – 1 BvR 567/89 = NJW 1994, 36 (38); BVerfG, Beschluss vom 13.05.1986 – 1 BvR 1542/84 = NJW 1986, 1859 (1860).

Letztlich erschöpfen sich die Ausführungen von *Krüger* und *Stoll* in einer rein subjektiven Betrachtung, die an legislativen Kriterien nicht festzumachen ist.

IV. Zwischenergebnis und Ausblick

Es bleibt festzuhalten, dass der ungewollte Vertrag ausgehend von einem natürlichen Schadensverständnis stets einen zivilrechtlichen (immateriellen) Schaden darstellt. Dadurch, dass die Beeinträchtigung eines jeden von der Rechtsordnung geschützten Interesses auch einen Schaden begründet, wird jedoch bereits die erhebliche Weite des natürlichen Schadensbegriffs sichtbar. Daraus folgt – wie sich in den folgenden Kapiteln noch zeigen wird – dass sich die zentralen Probleme des Schadensrechts nicht über den Begriff des (natürlichen) Schadens lösen lassen, sondern vielmehr die rechtliche *Ausgleichsfähigkeit* des Schadens im Vordergrund der Diskussion stehen wird.[145] Ob der immaterielle Vertragsschaden daher notwendigerweise auch ein „beseitigungsfähiger" Schaden ist[146], wird noch eingehend zu untersuchen sein. Denn insbesondere bei Schäden, die sich nicht in einer negativen Vermögensbilanz widerspiegeln, bedarf es auf Rechtsfolgenseite stets intensiver Betrachtung, ob eine Ersatzfähigkeit gegeben sein kann.[147] Auf die weitergehenden Ausführungen von *Lieb*[148], *Krüger*[149] *und Stoll*[150], die *an dieser Stelle* sehr wohl ihre Berechtigung haben, wird dabei noch zurückzukommen sein.

145 Vgl. hierzu allgemein auch Erman/*Ebert*, BGB, Vor § 249, Rn. 14; MüKoBGB/*Oetker*, BGB § 249 Rn. 17; *Lipp*, NJW 1992, 1913 (1914 ff.).

146 So *Grigoleit*, NJW 1999, 900 (902); *Möllers/Leisch*, WM 2001, 1648 (1655).

147 *Riehm*, NJW 2019, 1105 (1106).

148 *Lieb*, FS zur 600 Jahr-Feier der Universität Köln, S. 251; *ders.*, FS Medicus, S. 337.

149 *Krüger*, FS Kollhosser, S. 329.

150 *Stoll*, FS Riesenfeld, S. 275; *ders.*, FS Deutsch, S. 361.

Kapitel 4: Die Notwendigkeit des Vermögensschadens bei der Informationshaftung

I. Die Abgrenzung zum Anfechtungsrecht

1. Die Rechtsprechung des BGH zum Erfordernis eines Vermögensschadens bei der c.i.c.

Die Differenzierung zwischen Vermögensschäden und Nichtvermögensschäden erlangt grundsätzlich dann Relevanz, wenn die Frage der Gewährung einer Geldentschädigung nach § 251 Abs. 1 BGB im Raum steht. Primäre Rechtsfolge der schadensrechtlichen Informationshaftung ist jedoch die „Rückabwicklung" des unerwünschten Vertrags. Hierbei handelt es sich – im klassischen Zwei-Personen-Verhältnis – um eine Naturalrestitution im Sinne von § 249 Abs. 1 BGB.[151] Der Betroffene macht dabei sein negatives Interesse geltend[152], gerichtet auf Aufhebung des geschlossenen Vertrags und Rückzahlung seiner ggf. bereits erbrachten Leistung.[153] Es

---

151 Siehe hierzu ausführlich Kap. 4, Ziff. IV.

152 Der Getäuschte macht auch dann sein *negatives Interesse* geltend, wenn er am Vertrag festhalten will und als Schaden den Betrag geltend macht, um den er den Vertragsgegenstand bei Betrachtung des Werts von Leistung und Gegenleistung „zu teuer" erworben hat, vgl. BGH, Urteil vom 06.07.2021 – VI ZR 40/20 = WM 2021, 1652 (1654): *„kleiner Schadensersatz"*. In diesem Fall ist der Vertrag jedoch nicht (lediglich) „ungewollt" im Sinne der Begriffsdefinition dieser Arbeit, sondern „objektiv-wirtschaftlich" nachteilhaft.

153 Denkbar ist jedoch stattdessen auch, dass sich der Ersatzanspruch – außerhalb der Deliktshaftung – ausnahmsweise auf das *positive Interesse* erstreckt, wenn der Vertrag ohne die Irreführung (nachweislich) mit dem eigentlich erstrebten Inhalt geschlossen worden wäre, vgl. BGH, Urteil vom 06.04.2001 – V ZR 394/99 = NJW 2001, 2875; BGH, Urteil vom 06.07.2021 – VI ZR 40/20 = WM 2021, 1652 (1654). Relevant ist dies beispielsweise im Versicherungsvertragsrecht, wo der Versicherungsnehmer bei Bestehen vertraglich ungedeckter Risiken verlangen kann, schadensrechtlich so gestellt zu werden, als hätte er einen anderen Vertrag mit ausreichender Risikodeckung geschlossen (sog. *„Quasi-Deckung"*), vgl. hierzu *Rixecker*, NJW 2018, 1162 (1162); Prölss/Martin/*Dörner*, VVG § 59 Rn. 46 jew. m.w.N.

ist jedoch in Einklang mit den Motiven zum BGB[154] anerkannt, dass die Naturalrestitution nach § 249 Abs. 1 BGB grundsätzlich nicht vom Vorliegen eines Vermögensschadens abhängig ist.[155] Denn § 253 Abs. 1 BGB schließt bei immateriellen Schäden an sich nur den Geldersatz nach § 251 Abs. 1 BGB aus.[156] Dieser Grundsatz erfährt jedoch durch die Rechtsprechung des BGH zur Rückabwicklung von Verträgen über die culpa in contrahendo eine erhebliche Einschränkung. Der Bundesgerichtshof vertritt in gefestigter Rechtsprechung, dass die Aufhebung und Rückabwicklung eines Vertrags über die c.i.c. das Vorliegen eines *Vermögensschadens* voraussetzt.[157] An dieser Rechtsprechung hält der BGH auch nach der Schuldrechtsreform und der damit einhergehenden Kodifikation des Rechtsinstituts in den §§ 311 Abs. 2, 241 Abs. 2, 280 Abs. 1 BGB nach wie vor fest.[158]

Der V. Zivilsenat des BGH hat dies in seiner Leitentscheidung vom 26.09.1997[159] wie folgt begründet[160]: Zwar könne der durch Täuschung oder unzureichende Aufklärung zum Abschluss eines Vertrags verleitete Vertragspartner neben einer Anfechtung wegen arglistiger Täuschung nach § 123 Abs. 1 BGB auch die Rückabwicklung des Vertrags nach den Voraussetzungen der culpa in contrahendo verlangen. Während jedoch die

---

154 Mot. II, S. 23 = *Mugdan* II, S. 12: *„Zu bemerken, ist überdies, daß der Entwurf nur den Anspruch auf Entschädigung abspricht, nicht den auf Wiederherstellung des früheren Zustandes (§ 219), wann und soweit dieser in den in Betracht kommenden Fällen praktisch werden kann.“*

155 *Grigoleit*, NJW 1999, 900 (901); *ders*, ZIP 2021, 1993 (1994); BeckOK BGB/Flume, BGB § 249 Rn. 56; HK-BGB/*Schulze*, § 253 Rn. 1; Palandt/*Grüneberg*, BGB, Vorb. v. § 249 Rn. 10; BeckOK BGB/*Spindler*, § 253 Rn. 4; MüKoBGB/*Oetker*, BGB § 249 Rn. 321 (Fn. 1345); **a.A.** jedoch *Heese*, Beratungspflichten, S. 220.

156 Palandt/*Grüneberg*, BGB, § 253 Rn. 3.

157 Grundlegend BGH, Urteil vom 26.09.1997 – V ZR 29/96 = NJW 1998, 302; siehe auch BGH, Urteil vom 19.12.1997 – V ZR 112/96 = NJW 1998, 898; BGH, Urteil vom 18.09.2001 – X ZR 107/00 = NJW-RR 2002, 308 (310); offenlassend hingegen der VII. Zivilsenat, vgl. BGH, Urteil vom 07.09.2000 – VII ZR 443/99 = NJW 2001, 436 (438).

158 BGH, Urteil vom 30.03.2007 – V ZR 89/06 –, juris; BGH, Urteil vom 09.11.2007 – V ZR 281/06 –, juris; BGH, Urteil vom 17.01.2008 – III ZR 224/06 = NJW-RR 2008, 564 (565); aus der obergerichtlichen Rechtsprechung: OLG Düsseldorf, Urteil vom 19.04.2013 – I-4 U 151/11 –, juris; OLG Celle, Urteil vom 06.04.2006 – 11 U 191/05 –, juris; OLG Saarbrücken, Urteil vom 14.12.2004 – 4 U 478/02 –, juris; *Weiler* bezeichnet in NZV 2019, 545 (547) die Frage als *„höchstrichterlich geklärt“*.

159 BGH, Urteil vom 26.09.1997 – V ZR 29/96 = NJW 1998, 302.

160 BGH, Urteil vom 26.09.1997 – V ZR 29/96 = NJW 1998, 302 (304).

Anfechtung die freie, rechtsgeschäftliche Selbstbestimmung gegen „unerlaubte Mittel der Willensbeeinflussung und zwar unabhängig vom Eintritt eines Schadens" schütze, verlange die Rückabwicklung nach den Grundsätzen der culpa in contrahendo „auf der Tatbestandsseite den Eintritt eines Schadens".[161] Soweit man diese Unterschiede beider Rechtsinstitute nicht nivellieren und die „für Schadensersatzansprüche anerkannten Grundsätze" aufgeben wolle, so müsse man an der Voraussetzung festhalten, dass die Rückabwicklung eines Vertrags von einem entstandenen *Vermögensschaden* abhängen muss.[162]

2. Rechtsmethodische Untersuchung der Rechtsprechung

In der rechtswissenschaftlichen Literatur sind die Meinungen zum Vermögensschadenserfordernis bei der c.i.c. geteilt. Während die BGH-Judikatur durchaus auf zahlreiche Zustimmung stößt[163], wird diese von anderer Seite vielfach auch abgelehnt.[164] Im Folgenden wird daher anhand einer methodischen Auslegung untersucht, welcher der beiden Standpunkte überzeugen kann.

---

161 Ursprünglich begründete der BGH in seinem Urteil vom 31.01.1962 – VIII ZR 120/60 = NJW 1962, 1196 (1198 f.) die parallele Anwendbarkeit von § 123 BGB und der c.i.c. mit deren unterschiedlicher Wirkweise. Während sich der Schadensersatzanspruch in einem schuldrechtlichen Anspruch auf Aufhebung des Vertrags erschöpfe, wirke das Gestaltungsrecht der Anfechtung dinglich und damit auch Dritten gegenüber. Wie der BGH in seinem Urteil vom 26.09.1997 – V ZR 29/96 = NJW 1998, 302 (304) selbst einräumte, sind die Unterschiede jedoch nur konstruktiver Natur, da die mit der Nichtigkeit einhergehende Drittwirkung bei einer obligatorischen Rückabwicklung über die Norm des § 404 BGB ebenso erreicht werde; so zuvor bereits, *Medicus*, JuS 1965, 209 (212); *Schubert*, AcP 168 (1968), 470 (505).

162 BGH, Urteil vom 26.09.1997 – V ZR 29/96 = NJW 1998, 302 (304); der V. Zivilsenat führt im Urteil vom 19.12.1997 – V ZR 112/96 = NJW 1998, 898 (898) aus, dass das Erfordernis eines Vermögensschadens bei der c.i.c. *„schon immer die Rechtsprechung des Senats"* gewesen sei, jedoch vor der Entscheidung vom 26.09.1997 (V ZR 29/96) *„nicht stets deutlich hervorgetreten"* sei.

163 *Bork*, BGB AT, Rn. 886; *Köhler*, BGB AT, § 7 Rn. 67; *Geibel*, Kapitalanlegerschaden, S. 86 f.; *Krüger*, FS Kollhosser, S. 329 (331 ff.); *Staudinger/Ewert*, JA 2010, 241 (246); *Weiler*, NZV 2019, 545 (547).

164 Staudinger/*Feldmann*, 17. Auflage, BGB, § 311 Rn 178; Palandt/*Grüneberg*, BGB, § 311 Rn. 13; *Medicus/Petersen*, BürgerlR, Rn. 150; *Looschelders*, SchuldR AT, Rn. 195; *Grigoleit*, NJW 1999, 900 (901 f.); *Kersting*, JZ 2008, 714 (717 f.).

a) Systematische Betrachtung

Bei der systematischen Auslegung geht es darum, die Bedeutung von Rechtnormen unter Berücksichtigung ihres normativen Umfelds zu erfassen. Besondere Relevanz kommt hier dem Anliegen einer Einheit und Widerspruchsfreiheit des Rechts zu. Vorschriften sind dabei grundsätzlich so auszulegen, dass Wertungswidersprüche zu anderen Normen vermieden werden und der Regelungsgehalt anderer Normen nicht unterlaufen wird.[165] Das BGB hält eigenständige und ausdifferenzierte Regelungskomplexe zur Rückabwicklung von (gegenseitigen) Verträgen bereit. Zu nennen sind das infolge einer Anfechtung anzuwendende Bereicherungsrecht der §§ 812 ff. BGB sowie die rücktrittsrechtlichen Rückabwicklungsvorschriften der §§ 346 ff. BGB. Es muss daher ein Anliegen der systematischen Auslegung sein, dass durch die Anwendung der c.i.c. diese Vorschriften mit ihren jeweils engen Voraussetzungen nicht unterlaufen werden.[166]

Bei der Rückabwicklung ungewollter Verträge fristet das Rücktrittsrecht in der Rechtspraxis ein Schattendasein. Angesichts der Norm des § 324 BGB erscheint dies im Ausgangspunkt erstaunlich. Denn die Norm formuliert ein Rücktrittsrecht, wenn eine Partei Pflichten nach § 241 Abs. 2 BGB verletzt und dem anderen Teil ein Festhalten am Vertrag nicht mehr zuzumuten ist. Da unter § 241 Abs. 2 BGB nach allgemeiner Ansicht insbesondere auch Aufklärungspflichten zu fassen sind[167], läge die Vertragslösungsoption über diese Norm prima facie nahe, zumal das Rücktrittsrecht im Gegensatz zur c.i.c. sogar verschuldensunabhängig ausgestaltet ist.[168] Strittig ist jedoch, ob sich unter die Norm des § 324 BGB auch die Verletzung von *vorvertraglichen* Aufklärungspflichten subsumieren lässt. Gelegentlich wird dies bejaht, da die Rücktrittsmöglichkeit sonst lediglich vom zufälligen Zeitpunkt des Vertragsschlusses abhinge.[169] Die Gegenansicht verweist auf den Wortlaut („Verletzt der Schuldner *„bei“* einem gegenseitigen Vertrag“), die fehlende Bezugnahme auf § 311 Abs. 2 BGB sowie auf

---

165 *Schäfers*, JuS 2015, 875 (877 f.).

166 Vgl. *Lieb*, FS zur 600 Jahr-Feier der Universität Köln, S. 251 (262).

167 Jauernig/*Mansel*, BGB, § 242 Rn. 19; Palandt/*Grüneberg*, BGB, § 242 Rn. 37.

168 Vgl. auch *Weiss*, NJW 2014, 1212 (1215), der sich ausdrücklich dafür ausspricht, bei Täuschungen des anderen Vertragsteils auf § 324 BGB zurückzugreifen.

169 OLG Hamm, Urteil vom 19.11.2012 – I-2 U 71/12 = BeckRS 2013, 4858, BeckOK BGB/*Schmidt*, § 324 Rn. 7; MüKoBGB/*Ernst*, § 324 Rn. 6; *Medicus/Petersen*, BürgerlR, Rn. 150.

die Gesetzesbegründung.[170] In der Tat spricht insbesondere Letztere in besonderer Deutlichkeit gegen eine Anwendung der Norm im vorvertraglichen Stadium. Die Anwendbarkeit der Vorschrift vor Vertragsschluss sei demnach ein „Trugschluss und nicht zu vertretendes Ergebnis".[171] Doch auch bei der Verletzung vertraglicher Pflichten, bei denen sich also der Anwendungsbereich der Norm als gesichert darstellt, wird auf die Vorschrift kaum zurückgegriffen. So verwundert es nicht, dass der in der Praxis vorherrschende Standardkommentar davon spricht, dass für die Norm „kaum ein Bedürfnis" bestehe.[172]

Der BGH benennt in seinem Urteil die rechtssystematischen Unterschiede zum *Anfechtungsrecht*.[173] Der Gesetzgeber hat die Voraussetzungen der Anfechtungstatbestände allgemein an hohe Hürden geknüpft, um den Grundsatz „pacta sunt servanda" nicht über Gebühr zu strapazieren.[174] Gemeint sind damit insbesondere die engen Voraussetzungen des § 123 BGB. Der Getäuschte kann hier nur im Falle einer vorsätzlichen Fehlinformation den Vertrag anfechten. Bei der c.i.c. genügt hingegen für eine Rückabwicklung des Vertrags über die Naturalrestitution bereits eine fahrlässige Falsch- oder Fehlinformation.[175] Das Vorsatzerfordernis in § 123 Abs. 1 BGB wäre demnach verdrängt.[176] Ferner verjährt der Schadenser-

---

170 *Krüger*, FS Kollhosser, 329 (338 ff.); *Mankowski*, Beseitigungsrechte, S. 200 ff.; Jauernig/*Stadler*, BGB, § 324 Rn. 4.

171 BT-Drs. 14/7052, S. 186, 192 f.

172 Palandt/*Grüneberg*, BGB, § 324 Rn. 1.

173 BGH, Urteil vom 26.09.1997 – V ZR 29/96 = NJW 1998, 302 (303 f.); da die Norm des § 324 BGB erst mit der Schuldrechtsreform im Jahr 2002 eingeführt wurde, stellte sich damals die Frage einer potentiellen Kollision von § 324 BGB mit der c.i.c. von vornherein nicht.

174 *Lieb*, FS zur 600 Jahr-Feier der Universität Köln, S. 251 (252).

175 Kritisch zu dieser *„Niveauherabsetzung": Barnert*, Vertragsethik, S. 237.

176 Nach *Grigoleit*, Vorvertragliche Informationshaftung, S. 16 ff. ergäbe sich aus der Zusammenschau von § 123 BGB, § 823 Abs. 2 BGB i.V.m. § 263 StGB sowie § 826 BGB ein *„informationelles Vorsatzdogma"*. Hieraus folgert *Grigoleit* im Wege eines „Gesamtumkehrschlusses aus der Konzeption des BGB", dass eine Haftung für lediglich fahrlässige Fehl- oder Falschinformation grundsätzlich ausgeschlossen sei (S. 29 ff., 37). Gleichwohl spricht sich *Grigoleit* für eine *„Derogation des informationellen Vorsatzdogmas"* aus (S. 46 ff.), dass er u.a. auf einen „Wertungswandel nach Maßgabe der jüngeren Rechtsentwicklung" (S. 50 ff.) und der „gesteigerten Bedeutung vorvertraglichen Informationserwerbs (S. 71) stützt. Eine schadensrechtliche Aufhebung des Vertrags bei fahrlässiger Irreführung hält *Grigoleit* jedoch weiter für ausgeschlossen, spricht sich jedoch für eine Zulassung der Anfechtung nach § 123 Abs. 1 BGB bereits bei Fahrlässigkeit aus (S. 137 ff., 160).

satzanspruch erst innerhalb der regelmäßigen, dreijährigen Verjährungsfrist nach §§ 195, 199 BGB, sodass der Geschädigte im Vergleich zum Anfechtungsrecht nach § 123 Abs. 1 BGB erneut bessergestellt wird.[177] Ein weiteres Privileg genießt der Getäuschte im Recht der culpa in contrahendo – verglichen mit der Anfechtung nach § 123 Abs. 1 BGB – schließlich beim Prüfungspunkt der Kausalität.[178] Wie bereits dargestellt[179], greift die Rechtsprechung bei der Verletzung von Aufklärungspflichten auf die „Vermutung aufklärungsrichtigen Verhaltens" zurück, wonach zugrunde gelegt wird, dass sich der Betroffene bei ordnungsmäßiger Information „aufklärungsgerecht" verhalten hätte.[180] Bei § 123 Abs. 1 BGB trägt hingegen der Anfechtende grundsätzlich die volle Beweislast für sämtliche Voraussetzungen der Anfechtbarkeit und damit auch für den Ursachenzusammenhang zwischen Täuschung und Abgabe der Willenserklärung.[181]

Zusammengefasst ergibt sich daher für den Anspruchsteller bei der c.i.c. durch den (1) herabgestuften Verschuldensmaßstab, (2) die dreijährige Verjährungsfrist und (3) die unterschiedlichen Beweislastregeln eine *dreifache* Privilegierung zur Arglistanfechtung nach § 123 Abs. 1 BGB. Es lässt sich daher nicht leugnen, dass die uneingeschränkte Anwendung des

177 Gemäß § 124 Abs. 1 BGB kann eine Anfechtung nach § 123 BGB nur binnen Jahresfrist, gerechnet ab Kenntnis der Täuschung (vgl. § 124 Abs. 2 BGB), erfolgen; es handelt sich hierbei um eine materiell-rechtliche Ausschlussfrist, die – im Gegensatz zur Verjährungseinrede nach § 214 Abs. 1 BGB – auch von Amts wegen zu berücksichtigen ist, vgl. BeckOGK/*Rehberg*, BGB § 124 Rn. 20.

178 *Krüger*, FS Kollhosser, S. 329 (336).

179 Siehe Kap. 2, Ziff. II, Nr. 2.

180 BGH, Urteil vom 05.07.1973 – VII ZR 12/73 = NJW 1973, 1688 (1688); BGH, Urteil vom 08.05.2012 – XI ZR 262/10 = NJW 2012, 2427 (2429).

181 Vgl. BGH, Urteil vom 20.11.1995 – II ZR 209/94 = NJW 1996, 1051 (1051): *„Der BGH hat wiederholt entschieden, daß der ursächliche Zusammenhang zwischen Täuschung und Vertragsabschluß nicht mittels Anscheinsbeweises festgestellt werden kann"*; ebenso bereits BGH, Urteil vom 20.09.1968 – V ZR 137/65 = NJW 1968, 2139 (2139); großzügiger jedoch BGH, Urteil vom 12.05.1995 – V ZR 34/94 = NJW 1995, 2361 (2362); vgl. zu diesem Wertungswiderspruch auch *Milanin*, Informationelle Fahrlässigkeitshaftung, S. 149; *Nickel*, Rechtsfolgen der c.i.c., S. 226 ff.

Rückabwicklungsmechanismus nach § 249 Abs. 1 BGB eine „Aushöhlung" des Anfechtungsrechts mit sich bringt.[182]

Aufgrund dieser Wertungswidersprüche[183] werden in der Literatur eine Vielzahl von Ansätzen diskutiert, um eine Restriktion der Vertragsaufhebung über das Schadensersatzrecht zu erreichen. Oftmals wird als notwendiges Korrektiv einer unbeschränkten Rückabwicklung von Verträgen über das Schadensersatzrecht gefordert, die Anfechtungsfrist des § 124 Abs. 1 BGB bzw. § 121 Abs. 1 BGB bei der Schadensersatzhaftung analog heranzuziehen.[184] *Medicus* schlug im Jahr 1981 in seinem Gutachten zur Reform des Schuldrechts[185] unter Ausarbeitung eines konkreten Gesetzesvorschlags vor, die Problematik des Schadensersatzes bei fahrlässigen Täuschungen de lege ferenda in das BGB zu integrieren. Neben der Kodifizierung des richterrechtlich anerkannten Vorrangs des Gewährleistungsrechts, schlug auch *Medicus* vor, die Verjährung des Schadensersatzanspruchs an die Ausschlussfrist des § 124 Abs. 1 BGB anzugleichen. Die Aufnahme folgender Vorschrift wurde dabei von *Medicus* empfohlen:[186]

---

182 Keine unmittelbare Kollisionslage ergibt sich hingegen zu den Anfechtungstatbeständen der **§§ 119 Abs. 1, 120 BGB**, da diese Normen Irrtümer bei der *Willensäußerung* (und nicht bei der *Willensbildung*) erfassen, vgl. *Brox/Walker*, BGB AT, Rn. 411; problematisch ist jedoch wiederum das Verhältnis der c.i.c. zu **§ 119 Abs. 2 BGB**, wenn der Irrtum vom anderen Vertragsteil zurechenbar verursacht wurde. Durch die der Regelverjährung unterliegenden c.i.c. droht zunächst das Erfordernis „unverzüglicher" Anfechtung nach § 121 Abs. 1 BGB unterlaufen zu werden. Zudem folgt aus § 119 Abs. 2 BGB die grundsätzliche Unbeachtlichkeit von Motivirrtümern. Auch diese Wertung wäre konterkariert, wenn man über den Umweg der c.i.c. jedwede exogene Beeinträchtigung der Privatautonomie (also auch das fahrlässige Erregen bloßer Motivirrtümer) zur Beachtlichkeit verhelfen würde, vgl. hierzu die Kritik bei *Barnert*, Vertragsethik, S. 240: *„dekodifikatorischer Ansatz"*.

183 Vgl. hierzu *Kaiser*, Rückabwicklung, S. 216; *Schumacher*, Vertragsaufhebung, S. 23 ff., 118 f.; *Medicus*, JuS 1965, 209.

184 *Henrich*, AcP 162 (1962), 88 (104); BeckOGK/*Rehberg*, § 123 Rn. 194; MüKo-BGB/*Armbrüster*, § 123 Rn. 103; aus der Rspr.: OLG Hamm, Urteil vom 28.09.1993 – 7 U 110/92 = NJW-RR 1995, 205; **a.A.** die st. BGH-Rspr., vgl. BGH, Urteil vom 10.01.2006 – XI ZR 169/05 = NJW 2006, 845 (847); BGH, Urteil vom 18.09.2001 – X ZR 107/00 = NJW-RR 2002, 308 (310); BGH, Urteil vom 11.05.1979 – V ZR 75/78 = NJW 1979, 1983 (1984); BGH, Urteil vom 31.01.1962 – VIII ZR 120/60 = NJW 1962, 1196 (1198).

185 *Medicus*, Gutachten und Vorschläge zur Überarbeitung des Schuldrechts, S. 535 ff.

186 *Medicus*, Gutachten und Vorschläge zur Überarbeitung des Schuldrechts, S. 543.

„§ 305 e BGB (Schadensersatz wegen unerlaubter Bestimmung zum Vertragsschluß)
(1) Wer seinen Vertragspartner durch unrichtige Angaben oder durch Verletzung einer Aufklärungspflicht zum Abschluss eines Vertrages bestimmt, hat dem Partner den daraus entstehenden Schaden zu ersetzen. Die Ersatzpflicht tritt nicht ein, wenn der Bestimmende die unrichtigen Angaben oder die Pflichtverletzung nicht zu vertreten hat.
(2) Entsprechendes gilt, wenn der Vertragspartner durch einen Verstoß gegen § 305a Absatz 2 Satz 1 und 2 zum Vertragsschluß bestimmt worden ist. § 305a Absatz 3 ist nicht anzuwenden.
(3) Zu ersetzen ist der Schaden, den der Vertragspartner durch das Vertrauen auf das korrekte Verhalten des anderen Teils bei den Vertragsverhandlungen erlitten hat.
(4) Soweit sich der Ersatzanspruch auf Aufhebung oder Abänderung des Vertrags richtet, verjährt er in einem Jahr. Für die Frist gelten die Absätze 2 und 3 von § 124 entsprechend. Auch § 853 gilt entsprechend.
(5) Die Vorschrift gilt nicht im Bereich der Gewährleistung wegen Sachmängel und der Haftung auf Schadensersatz wegen Nichterfüllung.“

Nach anderer Ansicht soll die Anfechtung nach § 123 Abs. 1 BGB – über seinen Wortlaut hinaus – schon bei fahrlässiger Täuschung des anderen Teils möglich sein.[187] Nach einem anderen Ansatz soll zur Verhinderung von Friktionen, quasi spiegelbildlich zum Vorgenannten und entgegen § 276 Abs. 1 Satz 1 BGB, eine Rückabwicklung von Verträgen über den Schadensersatz nur bei Vorliegen einer vorsätzlichen Pflichtverletzung möglich sein.[188] Wieder andere vertreten die Auffassung, dass sich der Schadensersatzanspruch von vornherein nicht auf eine Vertragsaufhebung, sondern einzig auf einen Geldersatz richten könne.[189] Nach *Schumacher* soll zwar grundsätzlich eine schadensersatzrechtliche Naturalrestitution, gerichtet auf eine Vertragsaufhebung, in Betracht kommen, allerdings mit der Einschränkung, dass diese im Falle einer fahrlässigen Irreführung

---

187 *Grigoleit*, Vorvertragliche Informationshaftung, S. 137; *ders.*, NJW 1999, 900 (903).

188 *Kaiser*, Rückabwicklung, S. 216; ebenso *Medicus*, JuS 1965, 209 (212 ff.), der jedoch später nur noch auf die Problematik hinwies, ohne an seinem ursprünglichen Lösungsansatz ausdrücklich festzuhalten, vgl. *Medicus*, BGB AT, 10. Auflage, Rn. 450; siehe auch *Medicus/Petersen*, BürgerlR, Rn. 150.

189 *Weber*, Sanktionen, S. 198 ff.; *Lieb*, FS zur 600 Jahr-Feier der Universität Köln S. 251 (261 ff.).

nur „geschäftlich Unerfahrenen“ zugutekommen soll.[190] *Mertens* hingegen schlägt vor, Wertungswidersprüche durch strengere Anforderungen an das Bestehen einer Aufklärungspflicht („strukturelles Informationsgefälle“) abzumildern.[191] *Lorenz* wiederum will den Wertungswiderspruch auf der Ebene des Tatbestandmerkmals der Kausalität lösen. Eine Aufhebung des Vertrags über den Schadensersatz solle seiner Ansicht nach nur dann möglich sein, wenn der Getäuschte den Vertrag überhaupt nicht geschlossen hätte (dolus causam dans). Hingegen soll für eine Vertragsaufhebung nicht ausreichend sein, dass der Betroffene im Falle zutreffender Information den Vertrag zu anderen Konditionen geschlossen hätte (dolus causam incidens).[192]

Auch wenn die vielschichtigen Ansichten in der Lösung des Problems erheblich divergieren, ist man sich im Grunde doch darin einig, dass ein systematisches Kollisionsverhältnis besteht, das unreglementiert zu einer Untergrabung der Anfechtungsvorschriften führen würde. Wie dieses systematische Spannungsverhältnis aufzulösen ist, soll nach der Betrachtung der übrigen Auslegungsmethoden erfolgen, da dann insbesondere auch der *telos* der c.i.c. sowie der gesetzgeberische Wille in die Gesamtentscheidung mit einfließen kann.

b) Teleologische Betrachtung

Der BGH wies in seiner Entscheidung zwar auf die soeben beschriebene „Aushöhlung des Anfechtungsrechts“[193] durch eine unregulierte c.i.c. hin, stützte seine Entscheidung jedoch insbesondere auf die unterschiedliche *Teleologie* beider Bereiche. Die teleologische Betrachtung beim Schadensersatz ist deshalb von Bedeutung, weil die Frage des Bestehens und des Umfangs eines zu ersetzenden Schadens auch mit dem Schutzzweck der jeweiligen Haftungsnorm korreliert.[194] Während die Anfechtung nach dem BGH „die freie Selbstbestimmung auf rechtsgeschäftlichem Gebiet“ schütze, verlange die Schadensersatzhaftung auf der Tatbestandsseite einen Schaden, den der BGH mit einem *Vermögensschaden* gleichsetzt. Dieser

---

190 *Schumacher*, Vertragsaufhebung, S. 119 ff.

191 *Mertens*, AcP 203 (2003), 818 (848 f.).

192 *Lorenz*, Der Schutz vor dem unerwünschten Vertrag, S. 78 ff.; *ders.*, ZIP 1998, 1053 (1056 f.).

193 BGH, Urteil vom 26.09.1997 – V ZR 29/96 = NJW 1998, 302 (303 f.).

194 MüKoBGB/*Oetker*, BGB § 249 Rn. 120 ff.

Betrachtung immanent ist die Feststellung, dass die c.i.c. (nur) dem Vermögensschutz dient.

Ganz überwiegend wird als Grundgedanke der c.i.c. der auf *Ballerstedt*[195] und *Canaris*[196] zurückgehende Begründungsansatz der Inanspruchnahme eines besonderen Vertrauens herangezogen.[197] Auch die Rechtsprechung ist diesem Vertrauensgedanken grundsätzlich zugeneigt.[198] Bei der Zweckbetrachtung der c.i.c. muss jedoch Berücksichtigung finden, dass das Rechtsinstitut eine Vielzahl möglicher und erheblich divergierender Fallgestaltungen abdeckt. Neben der Haftung wegen der Verletzung von Aufklärungs- und Informationspflichten bestehen noch eine Reihe weiterer Fallgruppen, die zu einer potenziellen Haftung führen können. Zu nennen sind der (grundlose) Abbruch von Vertragsverhandlungen, die Verhinderung der rechtlichen Wirksamkeit eines Vertrags oder die Verletzung von Verkehrssicherungspflichten.[199]

Insbesondere *Lorenz* vertritt die Auffassung, dass der Schutzbereich der culpa in contrahendo grundsätzlich „umfassend“ sei und sich nicht auf einen Vermögensschutz beschränke.[200] Richtig ist dabei, dass speziell Aufklärungspflichten den Zweck haben, dem anderen Teil eine informierte, freie Entscheidung zu ermöglichen, damit dieser den für ihn sachgerechten vertraglichen Inhalt erkennen und seine Entscheidung über das „Ob“ und „Wie“ eines vertraglichen Kontrahierens frei treffen kann. Die vorvertraglichen Sorgfaltsanforderungen dienen daher grundsätzlich auch einer korrekten Willensbildung des Vertragspartners.[201] Hieraus kann jedoch noch nicht gefolgert werden, dass das Merkmal eines Vermögensschadens aus teleologischer Sicht verfehlt sei.[202] Denn eine solche Betrachtung ließe sich in dieser Absolutheit nur halten, wenn man Dispositionsfreiheit und Vermögen als *aliud* begreifen würde. Tatsächlich ist diese vermeint-

195 *Ballerstedt*, AcP 151 (1950/1951), 501.

196 Grundlegend *Canaris*, Vertrauenshaftung [1971]; siehe auch *ders.*, AcP 200 (2000), 273 (304 ff.).

197 **A.A.** *Pohlmann*, Aufklärungspflichten, S. 59 ff., der anführt, dass aufgrund der oft diametral entgegengesetzten Ziele der Parteien nicht von einem Vertrauensverhältnis gesprochen werden könne; auf ein potentiell eher vorliegendes Misstrauensverhältnis verweisen auch *Medicus/Petersen*, BürgerlR, Rn. 200a.

198 Vgl. BGH, Urteil vom 06.04.2001 – V ZR 394/99 = NJW 2001, 2875 (2876); BGH, Urteil vom 08.06.1978 – III ZR 48/76 = NJW 1978, 1802 (1804).

199 Fallgruppen nach MüKoBGB/*Emmerich*, § 311 Rn. 39; weitere Differenzierungen finden sich bei Staudinger/*Feldmann*, 17. Auflage, BGB, § 311 Rn. 102.

200 *Lorenz*, ZIP 1998, 1053 (1055 f.); zustimmend *Regenfus*, VersR 2017, 977 (980).

201 *Lorenz*, Der Schutz vor dem unerwünschten Vertrag, S. 72 ff.

202 So jedoch *Lorenz*, ZIP 1998, 1053 (1055 f.).

liche Gegensätzlichkeit nur vordergründig gegeben und beide Bereiche verfügen über erhebliche gemeinsame Schnittmengen.[203] Über den Vermögensschutz wird die Dispositionsfreiheit in weiten Teilen „mittelbar" bzw. „reflexartig" mitumfasst.[204] Die Frage ist daher nur, ob die Dispositionsfreiheit auch außerhalb dieser Überschneidungen geschützt werden soll. Mit anderen Worten: Will man die Willensfreiheit über die c.i.c. bereits um ihrer selbst willen schützen oder nur dann, wenn dadurch auch Vermögensinteressen tangiert werden?

Die Frage ist in letzterem Sinne zu beantworten.[205] Zunächst gewähren auch die übrigen anerkannten Fallgruppen der c.i.c. grundsätzlich nur Vermögensschutz, sodass der Schutz der reinen Entscheidungsfreiheit innerhalb desselben Rechtsinstituts Schutzgutfriktionen auslösen würde.[206] Daneben ist anzuerkennen, dass der rechtgeschäftliche Wille beim Abschluss eines Vertrags keinen intrinsischen Selbstzweck darstellt, sondern die ungestörte Willensbildung den Einzelnen primär vor dem Abschluss eines wirtschaftlich nachteilhaften Vertrags bewahren soll.[207] Die unbeeinträchtigte Willensentschließung hat bei entgeltlichen Verträgen damit vorrangig den Zweck, die *Vermögensinteressen* des Erklärenden zu sichern.[208]

---

203 Siehe zur strafrechtlichen Vermögensschadensdogmatik ausführlich Kap. 5; vgl. auch *Schlösser*, HRRS 2009, 19 (24), wonach die Begriffe des Vermögensschadens und der Dispositionsmöglichkeit „nur auf den ersten Blick" Gegensätze darstellen, jedoch tatsächlich „nicht unverbunden" nebeneinanderstünden.

204 *Schindler*, Rechtsgeschäftliche Entscheidungsfreiheit und Drohung, S. 192 f.

205 So auch *Schindler*, Rechtsgeschäftliche Entscheidungsfreiheit und Drohung, S. 192 f.; *Stoll*, FS Riesenfeld, S. 275 (281 f.); *Lieb*, FS zur 600 Jahr-Feier der Universität Köln, S. 251 (260 ff.); *ders.* in: FS Medicus, S. 337 (338 ff.); siehe insbesondere auch *Mankowski*, Beseitigungsrechte, S. 194 f.: *„Daß culpa in contrahendo und Arglistanfechtung beide die Verletzung von Aufklärungspflichten, also positiven Informationspflichten sanktionieren, belegt nicht zwingend, daß beide dasselbe Schutzgut haben. Gleiche Instrumente können durchaus dem Schutz unterschiedlicher Rechtsgüter dienen."*

206 *Mankowski*, Beseitigungsrechte, S. 195; *Sack*, GRUR 2004, 625 (628); anderes gilt nur dann, wenn der Gesetzgeber – wie in § 253 Abs. 2 BGB – explizit anordnet, dass ein Ersatz auch für immaterielle Schäden erfolgen kann; so kann bei einer Missachtung von (vorvertraglichen) Verkehrssicherungspflichten der Geschädigte bei Verletzung seines Körpers oder seiner Gesundheit (ausnahmsweise) Ersatz für seinen immateriellen Schaden nach §§ 280 Abs. 1, 241 Abs. 2, 311 Abs. 2 BGB i.V.m. § 253 Abs. 2 BGB verlangen, weil dies in diesem Falle dem ausdrücklichen Willen des Gesetzgebers entspricht.

207 Allgemein hierzu BeckOGK/*Rehberg*, BGB § 123 Rn. 3 f.

208 Vgl. zur Schutzzweckbetrachtung auch *Ahrens*, FS Huber, S. 1 (6).

c) Semantische Betrachtung

Mit dem zum 01.01.2002 in Kraft getretenen Gesetz zur Modernisierung des Schuldrechts[209] hat der Gesetzgeber das Rechtsinstitut der c.i.c. gesetzlich verankert. In § 241 Abs. 2 BGB hat dabei der Begriff der „Interessen" Eingang in das Gesetz gefunden.[210] In Teilen der Literatur wird vertreten, dass durch die Aufnahme des Interessenbegriffs die Spruchpraxis des BGH, die den Eintritt eines Vermögensschadens fordert, mit der geänderten Rechtslage nicht mehr im Einklang stehe.[211] Im Folgenden wird daher zunächst anhand des Wortlauts des Gesetzestextes und anschließend insbesondere anhand des Willens des Gesetzgebers geprüft, ob dieser Einwand stichhaltig ist.

§ 241 Abs. 2 BGB bestimmt, dass das Schuldverhältnis „nach seinem Inhalt jeden Teil zur Rücksicht auf die Rechte, Rechtsgüter und Interessen" des anderen Teils verpflichten kann. Eine Beschränkung auf vermögenswerte Güter findet sich im Wortlaut der Norm nicht. Der Begriff des „Interesses" ist nach allgemeinem Sprachgebrauch tendenziell weit zu verstehen. Da es sich bei der rechtsgeschäftlichen Dispositionsfreiheit auch um einen verfassungsrechtlich geschützten Belang handelt[212], wird man diese als vom reinen Wortlaut der Norm mitumfasst ansehen müssen.[213] Die rein semantische Betrachtung der §§ 241 Abs. 2, 311 Abs. 2, 280 Abs. 1 BGB bringt daher kein zwingendes Erfordernis eines Vermögensschadens mit sich.

d) Historische Betrachtung

Die Erkenntnis, dass bereits vor Abschluss eines Vertrags eine Sonderbeziehung bestehen kann, die die Beteiligten einer vertragsähnlichen Haftung unterwirft, war bereits lange vor der gesetzlichen Kodifizierung der c.i.c.

---

209 BGBl, 2001. Teil I, S. 3138.

210 Auch in § 311 Abs. 2 Nr. 2 BGB wird von *„Interessen"* gesprochen.

211 Palandt/*Grüneberg*, BGB, § 311 Rn. 13; BeckOK BGB/*Sutschet*, § 311 Rn. 44; NK-BGB/*Krebs*, § 311 Rn. 50; *Mertens*, AcP 203 (2003), 818 (847 f.).

212 Siehe Kap. 3, Ziff. II.

213 Vgl. auch *Lorenz*, JuS 2015, 398, (400); BeckOK BGB/*Sutschet*, § 311 Rn. 44; zweifelnd jedoch *Mankowski*, Beseitigungsrechte, S. 196, der anmerkt, dass man eine Entscheidungsfreiheit nicht jemand anderem im Sinne von § 311 Abs. 2 Nr. 2 BGB *„anvertrauen"* könne.

anerkannt.[214] Bereits im Allgemeinen Preußischen Landrecht von 1794 wurde auf diesen Rechtsgedanken zurückgegriffen.[215] Obgleich üblicherweise *Rudolf v. Ihering* als Begründer[216] oder Entdecker[217]der culpa in contrahendo mit seinen Beiträgen im Jahre 1861[218] genannt wird, empfiehlt es sich daher besser von einer „Wiederentdeckung" durch ihn zu sprechen.[219] In dogmatischer Sicht erfassten die von ihm bedachten Fälle jedoch nicht die Fallgestaltungen, die nach heutigem Verständnis unter das Rechtsinstitut der c.i.c. gefasst werden. Vielmehr beschäftige sich *v. Ihering* mit den rechtlichen Folgen der Irrtumsanfechtung, der Haftung des falsus procurators oder der Einstandspflicht des Verkäufers einer tatsächlich nicht vorhandenen Kaufsache.[220] Im Zuge der Kodifizierung des Bürgerlichen Gesetzbuchs wurden diese Grundsätze gesetzlich in den §§ 122, 179 und 307 a.F. BGB verankert. Obgleich der historische Gesetzgeber auch die übrigen Fälle der negativen Vertrauenshaftung als „nicht unwichtig" betrachtete, sah er von einer positiven Regelung ab und überließ die Frage der Wissenschaft.[221] Da somit eine einheitliche, umfassende Regelung für die Schadensersatzhaftung wegen der Verletzung vorvertraglicher Pflichten nicht bestand, entwickelte sich das Rechtsinstitut in den folgenden Jahrzehnten *praeter legem*[222] hin zu einer gewohnheitsrechtlichen Verdichtung. Dogmatisch wurde dies aus einer Gesamtanalogie der kodifizierten §§ 122, 179, 307 BGB a.F. abgeleitet.[223]

Angesichts der herausgehobenen Bedeutung sollte das Institut im Zuge der Schuldrechtsmodernisierung auch in der zentralen deutschen Zivilrechtskodifikation ihren textlichen Niederschlag finden, um über den

---

214 Vgl. BT-Drucks. 14/6040, S. 162.

215 Allgemeines Landrecht für die Preußischen Staaten (01.06.1794), Erster Theil, 5. Titel, § 284: „*Was wegen des bey Erfüllung des Vertrages zu vertretenden Grades der Schuld Rechtens ist, gilt auch auf den Fall, wenn einer der Contrahenten bey Abschließung des Vertrags die ihm obliegenden Pflichten vernachläßigt hat.*"

216 MüKoBGB/*Emmerich*, BGB § 311 Rn. 36.

217 *Lorenz*, JuS 2015, 398 (398).

218 *V. Ihering*, Culpa in contrahendo oder Schadensersatz bei nichtigen oder nicht zur Perfection gelangten Verträgen in: Jahrbücher für die Dogmatik des heutigen römischen und deutschen Privatrechts. Bd. 4, S. 1 ff.

219 Siehe hierzu auch BT-Drucks. 14/6040, S. 161.

220 BeckOGK/*Herresthal*, BGB § 311 Rn. 184; MüKoBGB/*Emmerich*, BGB § 311 Rn. 36.

221 Mot. II, S. 179 = *Mugdan* II, S. 98.

222 *Mertens*, AcP 203 (2003), 818 (819).

223 *Brox/Walker*, SchuldR AT, § 5 Rn. 1; *Looschelders*, SchuldR AT, Rn 181; **a.A.** *Larenz*, SchuldR AT, § 9 I (S. 107 f.) der jedenfalls aus § 122 BGB einen abweichenden Rechtsgedanken entnahm.

„wirklichen Bestand" des nationalen Schuldrechts Auskunft geben zu können.[224] Mit Inkrafttreten des Gesetzes zur Modernisierung des Schuldrechts[225] erfuhr das Rechtsinstitut in den §§ 280 Abs. 1, 311 Abs. 2, Abs. 3, § 241 Abs. 2 BGB schließlich eine gesetzliche Kodifikation. Um zu überprüfen, wie die Legislative die Vorschriften bei ihrer Einführung verstanden hat und welche Zielsetzung mit der Implementierung der Normen verbunden war, soll im Folgenden der gesetzgeberische Wille anhand der historischen Gesetzgebungsmaterialien nachvollzogen werden. Hierin[226] heißt es auszugsweise wie folgt:

> *„Allerdings sollte in Ergänzung des Vorschlags der Schuldrechtskommission nicht nur von „Rechten und Rechtsgütern", sondern zusätzlich auch von den „Interessen" des anderen Teils gesprochen werden, um deutlich zu machen, dass auch Vermögensinteressen sowie andere Interessen wie zum Beispiel die Entscheidungsfreiheit zu schützen sein können."*[227] *(…)*
> *„Das führt dazu, dass z. B. die Frage, unter welchen Umständen der Abbruch von Vertragsverhandlungen oder das Zustandekommen eines inhaltlich nachteiligen Vertrags zur Haftung führen, bewusst ausgeklammert bleiben."*[228]
> *„Im geltenden Recht ist das Verhältnis von Ansprüchen aus culpa in contrahendo zu Ansprüchen auf Erfüllung des Vertrags oder wegen Verletzung von vertraglichen Hauptpflichten sehr differenziert und auch nicht vollständig geklärt. Culpa in contrahendo wird oft Fälle erfassen, in denen es später nicht zu dem (in Aussicht genommenen) Vertragsschluss kommt. Anders liegt es im Fall der Verletzung von Verhaltens-, insbesondere von Informationspflichten im vorvertraglichen Stadium, die zu einem für den späteren Vertragspartner nachteiligen Vertragsinhalt führt. (…) Ob es genügt, wenn der Geschädigte auf dieser Grundlage unter Anwendung von § 249 die Lösung von dem Vertrag als Naturalrestitution zu verlangen, oder ob auch eine Modifikation der eingegangenen vertraglichen Verpflichtungen in Betracht kommt, soll offen und der Rechtsprechung überlassen bleiben."*[229]

Auf den Seiten 162 f. der Gesetzesbegründung wird zunächst ausgeführt, dass bei nachteiligen Verträgen eine Lösung vom Vertrag über die Natu-

---

224 BT-Drucks. 14/6040, S. 162; siehe auch *Canaris*, JZ 2001, 499 (519).
225 BGBl. I, Jahrgang 2001, S. 3138 ff.
226 BT-Drucks. 14/6040.
227 BT-Drucks. 14/6040, S. 126.
228 BT-Drucks. 14/6040, S. 162.
229 BT-Drucks. 14/6040, S. 162 f.

ralrestitution nach § 249 Abs. 1 BGB grundsätzlich in Betracht kommt. Jedoch wird nicht weiter erläutert, wann konkret ein Vertragsinhalt für den späteren Vertragspartner *nachteilig* ist und welcher Prüfungsmaßstab anzulegen ist. Es ist damit nicht klar, ob der Begriff des Nachteils entsprechend der damals schon bestehenden Rechtsprechung des BGH[230] mit dem Vermögensschaden kongruent sein soll.

Auf Seite 126 der Gesetzesbegründung wird die rechtsgeschäftliche Entscheidungsfreiheit ausdrücklich als potentiell zu schützendes Gut genannt. Teilweise wird die vorgenannte Formulierung deshalb so gedeutet, dass die rechtsgeschäftliche Entscheidungsfreiheit nach dem Willen des Gesetzgebers, unter bewusster Abkehr zur bisherigen Rechtsprechung des BGH, nunmehr stets von § 241 Abs. 2 BGB geschützt sein solle.[231] Diese Lesart kann jedoch nicht überzeugen. Aus der Gesetzesbegründung kann nämlich nicht gefolgert werden, ein Vermögensschaden sei verzichtbar. Stattdessen lassen sich die Ausführungen in der Gesetzesbegründung als Klarstellung begreifen, dass ein solcher Schaden eben auch mit einer Verletzung der Entschließungsfreiheit einhergehen *„kann"* (jedoch nicht zwangsläufig *„muss"*).[232] Dies folgt auch bei sauberer Lektüre der Gesetzesbegründung, in der es heißt, dass Interessen, wie zum Beispiel die Entscheidungsfreiheit, „zu schützen sein können" (nicht: „zu schützen sind"). Aus der Formulierung lässt sich erkennen, dass die Frage, wann ein Bedürfnis für den Schutz der Entscheidungsfreiheit tatsächlich vorhanden ist, Rechtsprechung und Literatur überlassen wird.[233]

Auch *Canaris*, auf dessen Anregung der Begriff der „Interessen" erst in den Gesetzestext aufgenommen wurde, stellte klar, dass durch den Interessenbegriff keinerlei gesetzliches Präjudiz geschaffen werden sollte, ob es bei der c.i.c. auf einen Vermögensschaden ankommen solle oder nicht.[234] Im bestehenden Meinungsstreit sollte bewusst nicht Partei ergriffen werden, sodass vor dem Hintergrund der Gesetzesbegründung der Streitpunkt um die Notwendigkeit eines Vermögensschadens nicht entschieden wurde.[235]

---

230 BGH, Urteil vom 26.09.1997 – V ZR 29/96 = NJW 1998, 302.

231 *Mertens*, AcP 203 (2003), 818 (847 f.); BeckOK BGB/*Sutschet*, § 311 Rn. 44; NK-BGB/*Krebs*, § 311 Rn. 50.

232 *Staudinger/Ewert*, JA 2010, 241 (246); vgl. auch *Schindler*, Rechtsgeschäftliche Entscheidungsfreiheit und Drohung, S. 193.

233 *Krüger*, FS Kollhosser, S. 329 (337 ff.); *Staudinger/Ewert*, JA 2010, 241 (246).

234 *Canaris*, JZ 2001, 499 (519).

235 So auch *Schwab*, JuS 2002, 773, (775); Soergel/*Harke*, BGB, § 311 Rn. 24; *Staudinger/Ewert*, JA 2010, 241 (246).

e) Zwischenergebnis

Unter Berücksichtigung der Tatsache, dass ein ungewollter Vertrag stets einen (immateriellen) Schaden darstellt[236] und auf Rechtsfolgenseite § 249 Abs. 1 BGB grundsätzlich auf jede Art von Schaden Anwendung findet, ließe sich die Vertragsaufhebung über die c.i.c. grundsätzlich auch ohne Vermögensschaden konstruktiv durchaus erwägen.[237] Deswegen und teilweise auch aufgrund einer Fehlinterpretation des Interessenbegriffs in seinem historischen Kontext wird die Notwendigkeit eines Vermögensschadens bei der culpa in contrahendo in der Lehre auch vielfach abgelehnt.[238]

Dabei wäre jedoch die Notwendigkeit einer Restriktion wegen der umfassenden Aushöhlung der Vorschriften über die Anfechtbarkeit von Willenserklärungen verkannt. Gesichert dürfte nämlich ausgehend von der ständigen Rechtsprechung[239] und der ganz h.L.[240] sein, dass die c.i.c. als Schadensersatzanspruch grundsätzlich neben dem Anfechtungsrecht nach § 123 Abs. 1 BGB Anwendung finden kann. Obgleich der BGH die Arglistanfechtung jedenfalls in manchen Entscheidungen als „gesetzliche Sonderregelung der culpa in contrahendo“[241] bezeichnet, wird letztere nicht von vornherein verdrängt. Allerdings lässt sich nicht von der Hand weisen, dass eine ungezügelte Anwendung der c.i.c die tatbestandlichen Voraussetzungen der Anfechtungsvorschriften – die nach der Konzeption des BGB gerade die Willensbildung schützen sollen – in wesentlichen Punkten aushebeln würde.

Gegen den Vorschlag, die Anfechtung nach § 123 BGB bereits bei Fahrlässigkeit zuzulassen, spricht der klare Wortlaut der Norm, der arglistiges

236 Siehe hierzu Kap. 3.

237 *Fleischer*, AcP 2000, 91 (112).

238 Staudinger/*Feldmann*, 17. Auflage, BGB, § 311 Rn. 178; Palandt/*Grüneberg*, BGB, § 311 Rn. 13; *Medicus/Petersen*, BürgerlR, Rn. 150; *Grigoleit*, Vorvertragliche Informationshaftung, S. 148; *ders.*, NJW 1999, 900 (901 f.); *Looschelders*, SchuldR AT, Rn. 195; *Kersting*, JZ 2008, 714 (717 f.);

239 BGH, Urteil vom 18.09.2001 – X ZR 107/00 = NJW-RR 2002, 308 (309 f.); BGH, Urteil vom 10.01.2006 – XI ZR 169/05 = NJW 2006, 845 (847).

240 Palandt/*Grüneberg*, § 311 Rn. 13; BeckOK BGB/*Sutschet*, § 311 Rn. 80; nach *Lorenz*, Der Schutz vor dem unerwünschten Vertrag, S. 331 sei eine *„Änderung nicht mehr zu erwarten“*; in Jus 2015, 398 (400) spricht *Lorenz* gar von *„Gewohnheitsrecht“*; einschränkend jedoch *Brox/Walker*, BGB AT, § 19 Rn. 16.

241 BGH, Urteil vom 08.12.1989 – V ZR 259/87 = NJW 1990, 1661 (1662); BGH, Urteil vom 17.04.1986 – III ZR 246/84 = NJW-RR 1987, 59 (60); **a.A.** BGH, Urteil vom 11.05. 1979 – V ZR 75/78 = NJW 1979, 1983 (1983); BGH, Urteil vom 31.01.1962 – VIII ZR 120/60 = NJW 1962, 1196 (1198).

Verhalten fordert. Spiegelbildlich steht auch der Wortlaut von § 276 Abs. 1 Satz 1 BGB Ansätzen entgegen, die c.i.c. unter ein Vorsatzdogma zu stellen. Die Rückabwicklung von Verträgen nur „geschäftlich Unerfahrenen“ zuzugestehen, findet ebenfalls keinerlei gesetzlichen Anhaltspunkt und wäre in seinen Voraussetzungen derart vage, dass dieser Vorschlag aus rechtspraktischer Sicht auch nicht handhabbar wäre.

Der Vorschlag, strengere Anforderungen an das Bestehen einer Aufklärungspflicht zu stellen, ist zwar vor dem Hintergrund des ursprünglich bestehenden liberalen Leitgedankens des BGB im Ansatz begrüßenswert, vermag jedoch einerseits kein wirkliches Korrektiv darzustellen und wäre anderseits auch zu vage. Denn zum einen sind eine enorme Zahl von Aufklärungspflichten, insbesondere im Verbraucherschutzrecht, mittlerweile bereits legislativ angeordnet und stehen daher erst gar nicht zur richterlichen Disposition. Zum anderen ist der allgemeine Verweis auf einer Reduzierung von Aufklärungspflichten auch schlicht zu pauschal. Bestimmte Bereiche, wie z.B. das Kapitalanlagerecht, sind von einer zunehmend hohen rechtlichen und wirtschaftlichen Komplexität geprägt, die für Laien kaum überblickbar ist. Eine weitgehende Reduzierung von Aufklärungspflichten in diesen Bereichen würde die materielle Vertragsethik zu weit zurückdrängen. Im Übrigen ginge das für eine Aufklärungspflicht dann verlangte Kriterium des „strukturellen Informationsgefälles“ mit einer enormen Rechtsunsicherheit einher. Denn insoweit bedürften sämtliche – teilweise in jahrzehntelanger Rechtsprechung austarierte – Leitlinien einer umfassenden Neubetrachtung. Inhalt und Grenzen der Aufklärungspflichten wären damit weitgehend unklar, gerichtliche Entscheidungen kaum mehr prognostizierbar. Auch der von *Lorenz* vorgeschlagene Weg einer stärkeren Differenzierung auf der Ebene der Kausalität kann nicht überzeugen. Denn anders als *Lorenz* meint, sind die tatbestandlichen Anforderungen an die Kausalität sowohl im Anfechtungsrecht als auch bei der schadensersatzrechtlichen Informationshaftung identisch. Hinweise, dass die Kausalitätsanforderungen bei der c.i.c. im Vergleich zum Anfechtungsrecht „wesentlich verfeinert“[242] wären, finden sich im Gesetz nicht.[243] Darüber hinaus erscheint es auch kaum weiterführend, das maßgebliche Differenzierungskriterium an einem Merkmal festzumachen, das sich regelmäßig empirisch nicht feststellen lässt. Denn wie sich der Betroffene im Falle zutreffender Information verhalten hätte, ist in der ex-post-Betrachtung

242 *Lorenz*, ZIP 1998, 1053 (1056).

243 Siehe hierzu auch *Krüger*, FS Kollhosser, S. 329 (336).

rein spekulativ. In der Rechtspraxis könnte der Getäuschte daher, wann immer es ihm beliebt, vom Vertrag Abstand nehmen.[244]

Dass die c.i.c. als Schadensersatzanspruch auf Tatbestandsseite hingegen einen Schaden voraussetzt, bedarf als Selbstverständlichkeit grundsätzlich keiner näheren Erörterung.[245] Der BGH hat sich zu dieser dogmatischen Klarstellung wohl nur deshalb veranlasst gesehen, weil diese an sich grundlegende Banalität sowohl in der Rechtsprechung[246] als auch in der Literatur[247] oft diskussionslos und vorschnell übersprungen wird, um verfrüht auf die §§ 249 ff BGB überzugehen.[248] Ganz allgemein leidet die schadensrechtliche Dogmatik darunter, dass vielfach nicht zwischen dem haftungsbegründenden Element des Schadens und dessen Ausgleich auf Rechtsfolgenseite sauber differenziert wird.[249]

---

244 Ablehnend daher auch *Krüger*, FS Kollhosser, S. 329 (336); *Geibel*, Kapitalanlegerschaden, S. 107 ff.

245 *Krüger*, FS Kollhosser, S. 329 (331); *Lieb*, FS zur 600 Jahr-Feier der Universität Köln, S. 251 (258): „*Schadensersatz ohne Schaden ist ein Widerspruch in sich.*“; siehe hierzu auch *Tiedtke*, DNotZ 1998, 355 (355); *Schulze*, NJW 1997, 3337 (3340 f.); verfehlt daher *Widemann*, JZ 1998, 1173 (1177), der meint, der BGH habe das Tatbestandsmerkmal des Schadens bei der c.i.c. „*zusätzlich*“ aufgestellt.

246 Der BGH führt im Urteil vom 26.09.1997 – V ZR 29/96 = NJW 1998, 302 (304) selbst an, dass es „zweifelhaft“ erscheine, „*ob diese an sich anerkannten Grundsätze bei der Prüfung von Schadensersatzansprüchen mit dem Ziel der Vertragsrückabwicklung in der Vergangenheit stets angewendet worden sind*“; als Negativexempel eignet sich bspw. BGH, Urteil vom 16.01.1985 – VIII ZR 317/83 = NJW 1985, 1769 (1771).

247 Mindestens missverständlich z.B.: *Grigoleit*, Vorvertragliche Informationshaftung, S. 19: „*Zur Ausfüllung des Merkmals der Schädigung im Sinne von § 826 BGB ist auf die allgemeinen schadensrechtlichen Regeln der §§ 249 ff. BGB zurückzugreifen*; ebenso problematisch *Lorenz*, Der Schutz vor dem unerwünschten Vertrag, S. 74, der anführt, eine „*sachgerechte Abgrenzung [Anm.: der c.i.c. zur Anfechtung] könne nicht über den Schadensbegriff, also auf der Rechtsfolgenseite*“ erfolgen; zutreffend dagegen: *Krüger*, FS Kollhosser, S. 329 (336).

248 Dies beklagt auch *Lieb*, FS zur 600 Jahr-Feier der Universität Köln, S. 251 (258); siehe hierzu auch *Imping*, MDR 1998, 27 (27): „*Der Anspruch auf Vertragsrückabwicklung setzt voraus, daß dem Verletzten tatsächlich ein Vermögensschaden entstanden ist. Diese Feststellung erscheint simpel, indes findet sich dieser Rechtssatz bei Lektüre der einschlägigen Rechtsprechung und Literatur gar nicht oder nur an versteckter Stelle*“.

249 Dogmatisch irreleitend ist dabei schon die gebräuchliche Formulierung des „*Schadens im Sinne von § 249 Satz 1 BGB*“, vgl. bspw. *Fleischer*, AcP 2000, 91 (120); *Lorenz*, Der Schutz vor dem unerwünschten Vertrag, S. 68 [Fn. 124]. Die Norm des § 249 BGB verfügt über keinen eigenen Schadensbegriff, ihre Anwendung setzt vielmehr einen bestehenden Schaden voraus.

Richtigerweise ist es auch das Merkmal des Schadens, bei dem das Kollisionsverhältnis zwischen Anfechtung und Schadenersatz zu lösen ist. Wie in Kapitel 3 ausgeführt, stellt der (lediglich) ungewollte Vertrag einen immateriellen Schaden dar. Ziel des Anfechtungsrechts ist es, diesen Schaden, der durch die rechtlich missbilligte Einflussnahme auf die Willensbildung des anderen Teils zustande gekommen ist, wieder zu beseitigen.[250] Das Gesetz hält somit für die Beseitigung dieses „immateriellen Vertragsabschlussschadens" einen eigenen Regelungskomplex vor, der in diesem Rahmen abschließend ist. Für die Rückabwicklung eines Vertrags über den Schadensersatz bedarf es somit eines „darüber hinausgehenden" Schadens.[251] Da das BGB (nur) die beiden Formen des immateriellen und materiellen Schadens kennt, kann dies logisch nur ein Vermögensschadenserfordernis bedeuten. Die Anfechtungsvorschriften stellen daher bei systematisch-teleologischer Betrachtung im Verhältnis zur culpa in contrahendo insoweit derogierende Spezialvorschriften dar, als durch die Aufklärungspflichtverletzung kein Vermögensschaden entstanden ist.

Mit der gesetzlichen Kodifikation der c.i.c. und der Aufnahme des Begriffs der „Interessen" in § 241 Abs. 2 BGB hat sich keine Änderung der Rechtslage ergeben. Anders als manche Stimmen meinen, hat sich der Gesetzgeber im Rahmen der Schuldrechtsmodernisierung nicht gegen das Vermögensschadenserfordernis ausgesprochen. Ganz im Gegenteil: In Kenntnis der schon damals bestehenden (eindeutigen) Rechtsprechung des BGH und der bestehenden Konkurrenzproblematik zur Anfechtung sah sich der Gesetzgeber auch im Rahmen der Schuldrechtsreform nicht veranlasst, in irgendeiner Form korrigierend einzugreifen.[252]

Es bleibt damit festzuhalten, dass – in Einklang mit der gefestigten und auch nach der Schuldrechtsreform fortgeführten Spruchpraxis des BGH[253] – die Rückabwicklung von Verträgen über die c.i.c. den Eintritt

---

250 *Schubert*, AcP 168 (1968), 470 (506).

251 *Schubert*, AcP 168 (1968), 470 (506).

252 *Krüger*, FS Kollhosser, S. 329 (337): *„Er [Anm.: der Gesetzgeber] hat damit, kurz gesagt, alles beim Alten gelassen."*; *Lorenz*, JuS 2015, 398 (398): *"Rechtsinstitut in § 311 II, III gesetzlich verankert, ohne dass er [Anm.: der Gesetzgeber] dabei die Absicht hatte, sachliche Änderungen herbeizuführen"*.

253 BGH, Urteil vom 26.09.1997 – V ZR 29/96 = NJW 1998, 302; BGH, Urteil vom 19.12.1997 – V ZR 112/96 = NJW 1998, 898; BGH, Urteil vom 18.09.2001 – X ZR 107/00 = NJW-RR 2002, 308 (310); BGH, Urteil vom 30.03.2007 – V ZR 89/06 –, juris, BGH, Urteil vom 09.11.2007 – V ZR 281/06 –, juris; BGH, Urteil vom 17.01.2008 – III ZR 224/06 = NJW-RR 2008, 564 (565).

eines Vermögensschadens voraussetzt.[254] Auf haftungsausfüllender Seite ist damit eine Ausgleichsfähigkeit des Schadens nur bei Vorliegen eines Vermögensschadens gegeben. Methodologisch hat dies durch eine tatbestandliche Reduktion des § 249 Abs. 1 BGB zu erfolgen, mit der Folge, dass die Norm in der Fallgruppe des Vertragsabschlussschadens allein bei Vorliegen eines Vermögensschadens Anwendung finden kann.

3. Anwendbarkeit der Rechtsprechung auf die Vertrags- und Deliktshaftung

Die vorstehenden Erwägungen beziehen sich auf die Schadensersatzpflicht aus culpa in contrahendo. Auch wenn hierdurch bereits ein besonders relevantes Feld abgedeckt wird, gibt es jedoch innerhalb der bürgerlichrechtlichen Informationshaftung noch weitere potentiell haftungsbegründende Tatbestände. Zu nennen sind zunächst vertragliche Ersatzansprüche im Rahmen von Beratungsverträgen, durch die der Getäuschte zum Abschluss eines ungewollten Folgevertrags (Transaktionsvertrags) verleitet wird. Ferner kann bei vorsätzlicher Irreführung des anderen Teils auch eine deliktische Informationshaftung in Betracht kommen (§ 823 Abs. 2 BGB i.V.m.§ 263 Abs. 1 StGB; § 826 BGB). Es gilt daher zu prüfen, ob das Erfordernis eines Vermögensschadens auch auf diese Tatbestände übertragbar ist.

a) Vertragliche Schadensersatzhaftung

Aufklärungs- und Beratungspflichten müssen sich nicht stets als vorvertragliche Nebenpflichten darstellen. Vielmehr steht es den Parteien auch frei, einen eigenständigen Auskunfts- oder Beratungsvertrag zu schließen.[255] Die Beratungspflicht stellt dann die vertragliche Hauptleistungspflicht dar.[256] Bei Lektüre des Wortlauts von § 675 Abs. 2 BGB erscheint diese Konstruktion auf den ersten Blick atypisch zu sein. Die Vorschrift geht

---

254 Ebenso *Schubert*, AcP 168 (1968), 470 (504 ff.); *Geibel*, Kapitalanlegerschaden, S. 86 f.; *Bork*, BGB AT, Rn. 886; *Köhler*, BGB AT, § 7 Rn. 67; *Staudinger/Ewert*, JA 2010, 241 (246); *Krüger*, FS Kollhosser, S. 329 (331 ff.); *Weiler*, NZV 2019, 545 (547).

255 Allgemein hierzu Palandt/*Sprau*, BGB, § 675 Rn. 35 ff.

256 MüKoBGB/*Heermann*, BGB § 675 Rn. 60.

nämlich von dem gesetzlichen Regelfall aus, dass die Erteilung eines Rats oder einer Empfehlung[257] grundsätzlich eine bloße Gefälligkeit ist.[258] Dieses Regel-Ausnahmeverhältnis lässt sich jedoch auf weite Teile des wirtschaftlichen Verkehrs nicht übertragen und darf in seiner Bedeutung nicht überbewertet werden.[259] Der Aussagegehalt der Norm ist allein deklaratorischer Natur[260] und besagt lediglich, dass – wie auch sonst – nach allgemeinen Grundsätzen zu prüfen ist, ob zwischen den Parteien nur ein bloßes Gefälligkeitsverhältnis oder eine vertragliche Bindung besteht.[261] Maßgeblich ist schlicht, ob bei den Beteiligten der notwendige Rechtsbindungswille vorhanden ist.[262] Dies ist bei Vereinbarung einer eigenständigen Vergütung für die Auskunft bzw. Beratung grundsätzlich anzunehmen.[263] Auch dann, wenn die Auskunft für den Anfragenden von hoher Bedeutung ist und dieser sie zur Grundlage wesentlicher Vermögensdispositionen machen möchte, ist in aller Regel von einem Rechtsbindungswil-

257 Auch wenn der Begriff der „Auskunft" in § 675 Abs. 2 BGB nicht ausdrücklich erwähnt ist, entspricht es allgemeiner Ansicht, dass auch dieser von der Norm erfasst ist, vgl. *Koch*, AcP 204 (2004), 59 (59); *Heese*, Beratungspflichten, S. 92 m.w.N.

258 Staudinger/*Martinek/Omlor*, Neubearbeitung 2017, BGB § 675, Rn. C 5 ff.; bereits im römischen Recht handelte es sich um einen bloßen Rat (*consilium*), aus dem für beide Teile keine Verbindlichkeiten herrührten, wenn das Geschäft lediglich im Interesse des Beauftragten lag (*mandatum tua gratia*), vgl. *Jörs/Kunkel/Wenger*, Römisches Recht, S. 336.

259 Hiervon geht auch der Gesetzgeber mittlerweile selbst aus, vgl. BR-Drs. 163/99 v. 19.03.1999, S. 34, wonach die Norm „*weitgehend überholt*" sei.

260 MüKoBGB/*Heermann*, BGB § 675 Rn. 119; auch nach *Heese*, Beratungspflichten, S. 92, 106 f. habe die Norm keinen „eigenständigen Regelungsgehalt", sodass sich dieser sich *de lege ferenda* für eine Streichung der Vorschrift ausspricht.

261 Auch im römischen Recht war nicht jede Erteilung eines Rats per se rechtlich bedeutungslos, entscheidend war vielmehr die konkrete Interessenlage, vgl. hierzu MüKoBGB/*Heermann*, BGB § 675 Rn. 116; daher sprechen auch die Gesetzgebungsmaterialien zum BGB von einer Übereinstimmung der Norm mit dem „*richtig verstandenen römischen und gemeinen Rechte*", vgl. Mot. II, S. 554 = *Mugdan* II, S. 310.

262 BGH, Urteil vom 18.12.2008 – IX ZR 12/05 = NJW 2009, 141 (142).

263 Palandt/*Sprau*, BGB, § 675 Rn. 36; MüKoBGB/*Bachmann*, BGB § 241 Rn. 169; siehe auch Mot. II, S. 555 = *Mugdan* II, S. 310: „*Vorbehalten müssen aber die Fälle werden, in welchen die besonderen Umstände eine weitergehende Haftung begründen. Dahin gehört zunächst der Fall, wenn der Rath oder die Empfehlung auf Grund eines ausdrücklichen oder stillschweigenden Vertrages, vielleicht sogar gegen Entgelt ertheilt ist und eine umfassendere Haftung aus den für Verträge geltenden allgemeinen Grundsätzen sich ergiebt.*"

len der Parteien auszugehen.[264] Schließlich bilden auch eine besondere Sachkunde des Auskunftgebers sowie dessen eigenes wirtschaftliches Interesse naheliegende Indizien für einen Vertragsschluss.[265] Auch die Rechtsprechung verfährt in langer Tradition sehr großzügig bei der Annahme konkludenter Auskunftsverträge.[266] Bei Personen, die beruflich eine Beratung anbieten, erfolgt diese daher in aller Regel auf vertraglicher Grundlage.[267] Aufklärungs- bzw. Beratungspflichtverletzungen können dann nach allgemeinen Grundsätzen Schadensersatzansprüche nach sich ziehen.[268]

Richtigerweise gilt auch hier uneingeschränkt das Erfordernis eines Vermögensschadens. Der Rechtsgedanke der Vermeidung einer „Aushöhlung" des Anfechtungsrechts lässt sich ohne weiteres übertragen. Denn für die Anwendung des § 123 Abs. 1 BGB ist es irrelevant, ob die Beeinflussung der Willensbildung im Rahmen einer quasivertraglichen Vertrauensbeziehung oder im Rahmen eines eigenständigen Beratungsvertrags erfolgt. Im Hinblick auf das systematische Spannungsverhältnis zum Anfechtungsrecht ergeben sich keine Unterschiede zur culpa in contrahendo.

---

264 BGH, Urteil vom 27.06.1989 – XI ZR 52/88 = NJW 1989, 2882 (2884) m.w.N.

265 Palandt/*Sprau*, BGB, § 675 Rn. 36 m.w.N.; kritisch hierzu *Medicus/Petersen*, BürgerlR, Rn. 371; *Schwab*, JuS 2002, 872 (875 ff.); die Kriterien der Vertragshaftung ähneln stark denjenigen, die zu einer Haftung des Beraters aus §§ 311 Abs. 3, 241 Abs. 2, 280 Abs. 1 BGB führen. Denn in beiden Fällen ist die Grundlage der Haftung letztlich das besondere Vertrauen des Auskunftssuchenden auf die Richtigkeit und Vollständigkeit der Auskunft, das Bestehen einer besonderen Expertise beim Auskunftgeber sowie dessen eigenes finanzielles Interesse, vgl. *Koch*, AcP 204 (2004), 59 (67). Wegen der grundsätzlich identischen Rechtsfolgen bei Pflichtverletzungen verliert die Kategorisierung – jedenfalls aus rechtspraktischer Sicht – an Bedeutung, vgl. Baumbach/Hopt/ *Hopt*, HGB, § 347 Rn. 17; *Buck-Heeb/Dieckmann*, BKR 2020, 425 (427); *Heusel*, JuS 2013, 109 (109).

266 Siehe bereits RG, Urteil vom 27.10.1902 – VI 201/02 = RGZ 52, 365 (366 f.); übernommen durch BGH, Urteil vom 29.10.1952 – II ZR 283/51 = NJW 1953, 60 (60), seitdem st. Rspr., vgl. die Nachweise bei *Koch*, AcP 204 (2004), 59 (61) [Fn. 6].

267 Jauernig/*Mansel*, BGB, § 675 Rn. 14, 16 ff.; siehe auch Mot. II, S. 555= *Mugdan* II, S. 310: *„Zu diesen Vertragsfällen gehören auch diejenigen, in welchen Rath und Empfehlung kraft Gewerbes oder Berufes ertheilt ist"*; nach Erman/*Berger*, BGB, § 675 Rn. 126 beschränkt sich die Anwendung des § 675 Abs. 2 BGB auf den *„von einem Privatmann erteilten, einfachen Rat"*.

268 Vgl. nur BGH, Urteil vom 08.03.2005 – XI ZR 170/04 = NJW 2005, 1579 (1580); OLG Hamm, Urteil vom 28.01.2004 – 25 U 144/02 –, juris; LG Köln, Urteil vom 25.10.2011 – 21 O 902/10 –, juris; vorbehaltlich einer spezialgesetzlichen Anspruchsgrundlage (z.B. § 6 Abs. 5 VVG, § 63 VVG) kann der Schadensersatzanspruch unmittelbar auf § 280 Abs. 1 BGB gestützt werden.

Auch die zur c.i.c. dargelegten Schutzzweckbetrachtungen (Vermögensschutz statt intrinsischem Dispositionsschutz) lassen sich vollumfänglich auf die Vertragshaftung transferieren. Das Vermögensschadenserfordernis gilt daher – wie auch die Rechtsprechung ausdrücklich klargestellt hat[269] – ebenso bei einer fehlerhaften Beratung im Rahmen von Vertragsverhältnissen.

b) Deliktische Schadensersatzhaftung

Als denkbare Anspruchsgrundlagen für eine deliktische Informationshaftung kommen grundsätzlich § 823 Abs. 2 BGB (i.V.m. § 263 Abs. 1 StGB) sowie § 826 BGB in Betracht.[270] Eine Haftung aus Delikt ist jedenfalls im reinen Zwei-Personen-Verhältnis wegen der höherliegenden tatbestandlichen Hürden von geringerer praktischer Relevanz. Als Nachteile, die sich sowohl bei § 823 Abs. 2 BGB i.V.m. § 263 Abs. 1 StGB als auch bei § 826 BGB ergeben, lassen sich die Beschränkung auf vorsätzliche Täuschungen, einhergehend mit der zusätzlichen Beweislast des Geschädigten für dieses qualifizierte Verschulden nennen.[271] Ein Bedürfnis für einen Rückgriff auf das Deliktsrecht ließe sich nur dann erkennen, wenn sich das Erfordernis eines Vermögensschadens umgehen ließe. Da die genannten deliktischen Tatbestände wie auch das Anfechtungsrecht nach § 123 Abs. 1 BGB unter einem „Vorsatzdogma"[272] stehen, ließe sich argumentieren, dass ein Wer-

---

269 BGH, Urteil vom 30.03.2007 – V ZR 89/06 –, juris – 2. Leitsatz: *„Ein Anspruch wegen der Verletzung vorvertraglicher Pflichten oder wegen Verletzung von Pflichten aus einem selbstständigen Beratungsvertrag kann auf die Freistellung von den Pflichten aus dem Kaufvertrag gegen Rückübertragung des Kaufgegenstands gerichtet werden, wenn dem Käufer durch die Pflichtverletzung ein Vermögensschaden entstanden ist.*"

270 Eine Haftung nach § 823 Abs. 1 BGB besteht hingegen grundsätzlich nicht, da es an der Verletzung eines absoluten Rechtsguts mangelt. Insbesondere meint die „Freiheit" im Sinne von § 823 Abs. 1 BGB allein die (körperliche) Bewegungsfreiheit, nicht aber die rechtsgeschäftliche Entscheidungsfreiheit, vgl. *Lorenz*, Der Schutz vor dem unerwünschten Vertrag, S. 383 f.; HK-BGB/*Staudinger*, § 823 Rn. 11; BeckOK BGB/*Förster*, BGB § 823 Rn. 117; Palandt/*Sprau*, BGB, § 823 Rn. 6; *Neuner*, JuS 2015, 961 (964); für ein erweitertes Begriffsverständnis jedoch *Eckert*, JuS 1994, 625 (630 f.).

271 Vgl. zur deliktischen Beweislastverteilung: MüKoBGB/*Wagner*, BGB § 823 Rn. 617, § 826 Rn. 55 jew. m.w.N; im Rahmen der vorvertraglichen und vertraglichen Haftung wird das Verschulden gemäß § 280 Abs. 1 Satz 2 BGB hingegen grundsätzlich gesetzlich vermutet.

272 Vgl. *Grigoleit*, Vorvertragliche Informationshaftung, S. 16 ff.

tungswiderspruch, aus dem sich das Erfordernis eines Vermögensschadens rechtfertigen ließe, nicht bestehe.

Dies griffe jedoch nicht die Gesamtheit der Problematik auf. Denn auch bei der Deliktshaftung genießt der Getäuschte Privilegien im Vergleich zu § 123 Abs. 1 BGB. Dieser muss sich beim Schadensersatz nur die dreijährige Verjährungsfrist des § 195 BGB entgegenhalten lassen, während die Anfechtung nach § 124 Abs. 1 BGB bereits nach Ablauf der Jahresfrist ausgeschlossen ist.[273] Eine weitere Friktion ergibt sich daraus, dass Rechtsprechung[274] und Literatur[275] zunehmend die „Vermutung aufklärungsrichtigen Verhaltens" auch im Deliktsrecht heranziehen. Um eine Umgehung der strengeren Anfechtungsvoraussetzungen zu verhindern, muss schon deshalb auch bei der deliktischen Haftung das Vermögensschadenserfordernis gelten. Ferner lassen sich auch die teleologischen Unterschiede zwischen dem Anfechtungsrecht und der Schadensersatzhaftung auf die Deliktshaftung aus § 823 Abs. 2 BGB (i.V.m. § 263 Abs. 1 StGB) und § 826 BGB übertragen. Bei § 823 Abs. 2 BGB bestimmt sich die Frage, ob ein ersatzfähiger Schaden vorliegt, nach einer Schutzzweckbetrachtung des verletzten Gesetzes.[276] Das Schutzgesetz determiniert damit mittelbar auch die Voraussetzungen, die an die Annahme eines Schadens zu stellen sind.[277] Wenn also § 263 StGB nach nahezu allgemeiner Ansicht (allein) das Vermögen schützt[278], bedarf es auch bei der zivilrechtlichen Schadensbetrachtung eines Vermögensschadens.[279] Nichts anderes gilt im Anwendungsbereich des § 826 BGB, der ebenfalls nicht einem Schutz der

---

273 Vgl. hierzu *Weiler*, NZV 2019, 545 (549).

274 Der Sache nach jedenfalls BGH, Urteil vom 25.05.2020 – VI ZR 252/19 = NJW 2020, 1962 (1968); OLG Hamm, Urteil vom 01.04.2020 – 30 U 33/19 = BeckRS 2020, 11615; **a.A.** OLG München, Beschluss vom 29.04.2020 – 21 U 50/20 = BeckRS 2020, 7302; zurückhaltender auch noch BGH, Urteil vom 04.06.2013 – VI ZR 293/12 = BeckRS 2013, 11217.

275 *Lorenz*, NJW 2020, 1924 (1926); *Heese*, NJW 2019, 257 (261).

276 BGH, Urteil vom 14.07.2020 – VI ZR 208/19 = BeckRS 2020, 22976; NK-BGB/*Katzenmeier*, § 823 Rn. 530; *Lorenz*, ZIP 1998, 1053 (1056).

277 MüKoBGB/*Wagner*, BGB § 823 Rn. 614.

278 Schönke/Schröder/*Perron*, StGB § 263 Rn. 2; Lackner/Kühl/*Kühl*, StGB § 263 Rn. 2; BeckOK StGB/*Beukelmann*, StGB § 263 Rn. 1 jew. m.w.N.

279 Der Schadensersatzanspruch § 823 Abs. 2 BGB i.V.m. § 263 Abs. 1 StGB verlangt neben dem Eintritt eines strafrechtlichen Vermögensschadens, der für die tatbestandliche Verwirklichung des Schutzgesetzes gegeben sein muss, auch den Eintritt eines (eigenen) zivilrechtlichen (Vermögens-)Schadens, siehe hierzu MüKoBGB/*Wagner*, BGB § 823 Rn. 614 ff.

rein intrinsischen Willensbetätigungsfreiheit dient, sondern stattdessen das Vermögen des Getäuschten protektieren soll.[280]

Diese Feststellungen zur Deliktshaftung liegen auch auf der Linie der BGH-Rechtsprechung. Denn dieser hat seine Ausführungen im Urteil vom 26.09.1997 nicht nur auf die Rückabwicklung von Verträgen nach „c.i.c.-Grundsätzen" beschränkt, sondern – was oft übersehen wird – ausdrücklich auch auf die Rückabwicklung von Verträgen *„aufgrund deliktsrechtlicher Normen"* erstreckt.[281]

c) Abweichende Betrachtung in Drei-Personen-Verhältnissen?

Sofern ein „Dritter" eine Täuschung verübt, ist das Rechtsgeschäft nach § 123 Abs. 2 Satz 1 nur dann anfechtbar, wenn der Erklärungsempfänger die Täuschung kannte oder jedenfalls kennen musste. Nach überwiegender Ansicht ist „Dritter" derjenige nicht, bei dem besonders enge Verbindungen zum Täuschenden bestehen oder wenn sonstige Umstände eine Zurechnung billigerweise erfordern. Vereinfacht gesagt erfolgt die Zurechnung der Täuschung dann, wenn der Dritte im „Lager" des Erklärungsempfängers steht.[282] Exemplarisch lässt sich dies bei der Vermittlung von Versicherungsverträgen darstellen (vgl. § 59 VVG). Wird im Zuge der Vertragshandlungen der (spätere) Versicherungsnehmer arglistig vom *Versicherungsvertreter* (§ 59 Abs. 2 VVG) getäuscht, muss sich dies der (spätere) Versicherer zurechnen lassen. Der Getäuschte kann den Versicherungsvertrag dann nach § 123 Abs. 1 BGB anfechten.[283] Es besteht in diesen

280 OLG Köln, Urteil vom 18.03.1994 – 6 U 184/93 = NJW-RR 1995, 51 (52); *Ahrens*, FS Huber, S. 1 (3 ff.); *Stoll*, FS Deutsch, S. 361 (363); *Mankowski*, Beseitigungsrechte, S. 195; Gegenteiliges ergibt sich auch nicht aus Mot. II, S. 756 = *Mugdan* II, S. 422. Dort ist beschrieben, dass der Getäuschte berechtigt ist, statt auf die Anfechtung – insbesondere auch nach Ablauf der einjährigen Präklusionsfrist – auf den obligatorischen Restitutionsanspruch zurückzugreifen. Hieraus folgt jedoch allein, dass beide Rechte gleichrangig – also ohne Derogation – nebeneinanderstehen, nicht hingegen, dass sich beide Rechte auch tatbestandlich vollständig decken müssten; **a.A.** *Grigoleit*, Vorvertragliche Informationshaftung, S. 20 f.; für einen reinen Dispositionsschutz bei § 826 BGB auch *Lorenz*, Der Schutz vor dem unerwünschten Vertrag, S. 384; *ders.*, NJW 2020, 1924 (1925).

281 BGH, Urteil vom 26.09.1997 – V ZR 29/96 = NJW 1998, 302 (303).

282 BGH, Urteil vom 20.11.1995 – II ZR 209/94 = NJW 1996, 1051 (1051); *Arnold*, JuS 2013, 865 (868); *Leipold*, BGB AT, § 19 Rn. 11.

283 Prölss/Martin/*Dörner*, VVG, § 59 Rn. 33 m.w.N.

Fällen wertungsmäßig kein Unterschied zum bereits dargestellten Zwei-Personen-Verhältnis.

Etwas komplexer stellt sich die Lage in Drei-Personen-Verhältnissen dar, bei denen sich der spätere Vertragspartner des Transaktionsvertrags die Täuschung des Auskunftgebers nicht zurechnen lassen muss. Um thematisch im Versicherungsvertragsrecht zu bleiben, sei als Gegenbeispiel die Vermittlung eines Versicherungsvertrags durch einen *Versicherungsmakler* (§ 59 Abs. 3 VVG) genannt. Der Makler ist als „Dritter" im Sinne von § 123 Abs. 2 BGB zu betrachten, sodass das spätere Vertragsverhältnis mit dem Versicherer vom Getäuschten auch nicht anfechtbar ist.[284] *Möllers/Leisch* vertreten die Ansicht, dass in einem solchen Fall ein „klärungsbedürftiges Konkurrenzverhältnis zum Anfechtungsrecht" nicht bestehe und ein Vermögensschaden damit auch nicht vorliegen müsse.[285]

Bei dieser Betrachtung wird jedoch übersehen, dass der Gesetzgeber die Fälle der reinen Störungen der vertraglichen Dispositionsfreiheit in den Anfechtungstatbeständen – auch für Mehrpersonenverhältnisse – erschöpfend geregelt hat. Wie *Weiler*[286] richtigerweise ausführt, darf auch die Norm des § 123 Abs. 2 BGB über den Schadensersatzanspruch nicht ausgehebelt werden. Aus der § 123 Abs. 2 BGB zu entnehmenden Risikoverteilung folgt, dass die arglistige Einflussnahme eines Dritten auf die Willensbildung grundsätzlich dem „allgemeinen Lebensrisiko" zuzuordnen ist.[287] Der Eingriff des Dritten in die Entscheidungsfreiheit räumt dem Getäuschten daher nach Vorgabe des Gesetzgebers kein Recht ein, eine Beseitigung des Vertrages zu erreichen. Wenn man jedoch dem Getäuschten über den „Umweg" des Schadensersatzanspruchs gestatten würde, ohne Bestehen eines Vermögensschadens eine wirtschaftliche Rückabwicklung des Vertrags zu erzwingen, läge ein Wertungswiderspruch zu § 123 Abs. 2 BGB vor.[288]

Der Schutz der reinen rechtsgeschäftlichen Willensfreiheit obliegt unabhängig davon, ob es sich um ein Zwei- oder Mehrpersonenverhältnis

---

284 Prölss/Martin/*Dörner*, VVG, § 59 Rn. 96.

285 *Möllers/Leisch*, WM 2001, 1648 (1655); thematisch betreffen deren Ausführungen die Haftung von Vorständen gegenüber Anlegern wegen falscher Ad-hoc-Mitteilungen; dogmatisch ist die Haftungskonstellation jedoch identisch, da die Aktienkäufer den Kaufvertrag – mangels dem Verkäufer der Wertpapiere zurechenbarer Täuschung – nicht anfechten konnten; vgl. hierzu auch *Teichmann*, JuS 2006, 953 (955).

286 *Weiler*, NZV 2019, 545 (550).

287 *Weiler*, NZV 2019, 545 (550).

288 *Weiler*, NZV 2019, 545 (550).

handelt, allein dem Anfechtungsrecht. Soweit es die Normen der §§ 119 ff. BGB daher nicht ausnahmsweise erlauben, den Grundsatz der Vertragsbindung zu durchbrechen, darf diese legislatorische Entscheidung nicht mittels eines Schadensersatzanspruchs konterkariert werden. Auch der BGH differenziert in seiner Judikatur zum Vermögensschadenserfordernis richtigerweise nicht zwischen Zwei- und Mehrpersonenverhältnissen.[289]

II. Die Differenzierung von Kausalität und (ersatzfähigem) Schaden

1. Das Bedeutungsgebot der einzelnen Tatbestandsmerkmale

Wenn man den ungewollten Vertrag bereits aufgrund seiner Eigenschaft als immateriellen Schaden[290] für ersatzfähig hielte, würde dies das für einen jeden Schadensersatzanspruch zentrale Tatbestandmerkmal des Schadens letztlich nivellieren. Denn die bloße Ungewolltheit des Vertrags ist einerseits Voraussetzung für die Annahme einer Kausalität und wäre andererseits auch alleiniges Kriterium für die Annahme eines (ersatzfähigen) Schadens.[291] Es entstünde bei Bejahung der Kausalität ein Haftungsautomatismus unter vollständiger Preisgabe der eigenständigen Tatbestandsvoraussetzung des Schadens selbst.[292] Kausalität und Schaden würden ineinander aufgehen, mithin vollständig miteinander „verschleifen".

Bei der privatrechtlichen Schadensersatzhaftung wäre dies umso gravierender, als die Rechtsprechung im Rahmen der Informationshaftung vermutet, dass sich der Betroffene bei vollständiger und zutreffender Information anders entschieden hätte.[293] Im Sinne eines Anscheinsbeweises[294] oder gar einer Beweislastumkehr[295] wird also vermutet, dass die vertragliche Bindung „ungewollt" ist. Damit wären sowohl das Kausalitäts- als auch

289 Vgl. zur Rechtsprechung in Mehrpersonenverhältnissen bspw. BGH, Urteil vom 25.05.2020 – VI ZR 252/19 = NJW 2020, 1962 (1967 f.) – zur Herstellerhaftung im „Diesel-Skandal"; BGH, Urteil vom 08.07.2010 – III ZR 249/09 = NJW 2010, 3292 (3294) – zur vertraglichen Haftung bei Anlageberatungsfehlern.

290 Siehe hierzu Kap 3.

291 Siehe zur Doppelrelevanz des Kriteriums der „Ungewolltheit": Kap. 2, Ziff. II.

292 Vgl. *Weiler*, NZV 2019 545 (548); *Jaensch*, jM 2020, 322 (324).

293 BGH, Urteil vom 05.07.1973 – VII ZR 12/73 = NJW 1973, 1688 (1688); BGH, Urteil vom 08.05.2012 – XI ZR 262/10 = NJW 2012, 2427 (2429).

294 So BGH, Urteil vom 30.09.1993 – IX ZR 73/93 = DStR 1994, 227; BGH, Urteil vom 16.07.2015 – IX ZR 197/14 = NJW 2015, 3447.

295 So BGH, Urteil vom 16.11.1993 – XI ZR 214/92 = DStR 1994, 329; BGH, Urteil vom 08.05.2012 – XI ZR 262/10 = NJW 2012, 2427.

das Schadensmerkmal von dieser faktisch kaum erschütter- bzw. widerlegbaren Vermutungswirkung umfasst.

Im Strafrecht ist vor dem Hintergrund des Art. 103 Abs. 2 GG anerkannt, dass einzelne Tatbestandsmerkmale nicht so weit ausgelegt werden dürfen, dass sie „vollständig in anderen Tatbestandsmerkmalen aufgehen", also „zwangsläufig mit diesen mitverwirklicht werden".[296] Zwar gilt das Bestimmtheitsgebot des Art. 103 Abs. 2 GG nicht unmittelbar für zivilrechtliche Ausgleichsansprüche[297], jedoch ergibt sich auch für das Zivilrecht die Vorgabe, gesetzgeberische Differenzierungen nicht unzulässigerweise zu überspielen. Wenn also der Gesetzgeber mit der Kausalität und dem Schaden zwei eigenständige Tatbestandsmerkmale bestimmt hat, gilt es, diesen gesetzgeberischen Willen zu respektieren und die einzelnen Merkmale nicht beliebig zu entgrenzen.[298]

2. Die Gefahr der Einführung eines „Reuerechts"

Bei Vermengung von Kausalität und Schaden bedürfte es für den Erfolg einer Klage allein das Bestehen einer (schuldhaften[299]) Pflichtverletzung bzw. (deliktischen) Tathandlung.[300] Dies würde jedoch de facto zur Implementierung eines vom Gesetzgeber so nicht vorgesehenen „Reuerechts" führen.[301] Denn auch viele Jahre nach Vertragsschluss müsste der Vertragsschließende einen (auch nur völlig unbedeutenden) Aspekt des Vertragskonstrukts benennen, über den nicht aufgeklärt wurde, um sich von die-

296 BVerfG, Beschluss vom 23.06.2010 – 2 BvR 2559/08 = NJW 2010, 3209 (3211) m.w.N.

297 Dreier/*Schulze-Fielitz*, GG, Art. 103 Abs. 2 Rn. 22.

298 Vgl. *Weiler*, NZV 2019, 545 (548); *Jaensch*, jM 2020, 322 (324).

299 Das Verschulden wird gemäß § 280 Abs. 1 Satz 2 BGB gesetzlich vermutet. Auch die Exkulpationsmöglichkeit stellt kein wirkliches Korrektiv für den Schadensersatzanspruch dar, da bei Nichtweitergabe angabepflichtiger Tatsachen zumindest Fahrlässigkeit angenommen wird, vgl. auch *Grigoleit*, Vorvertragliche Informationshaftung, S. 8: *„keine einzige Entscheidung ersichtlich, in der die Informationshaftung nach der Feststellung einer Informationspflichtverletzung wegen mangelnden Verschuldens abgelehnt worden wäre"*; siehe hierzu auch: Assmann/Schütze/Buck-Heeb/*Edelmann*, KapAnlR-HdB, § 3 Rn. 117 mit zahlreichen Nachweisen zur Rspr. im Kapitalanlagerecht.

300 Vgl. *Regenfus*, VersR 2017, 977 (980).

301 *Lieb*, FS zur 600 Jahr-Feier der Universität Köln, S. 251 (255).

sem „bereuten“ Vertrag nunmehr wieder lösen zu können.[302] Der Grundsatz „pacta sunt servanda“ mit seiner überragenden Bedeutung für die Privatrechtsordnung wäre damit stark beschädigt.[303] Diejenigen, die die reine Dispositionsstörung als *ersatzfähigen* Schaden anerkennen, betrachten den Schutz der Privatautonomie zumeist nur einseitig. Denn auch der Grundsatz der Vertragstreue ist eine zentrale Stütze der Privatautonomie, der bei nahezu müheloser Möglichkeit einer haftungsrechtlichen Abstandnahme vom Vertrag über Gebühr beeinträchtigt wäre.[304]

III. Das Erfordernis der sachlichen Kongruenz bei der Vorteilsausgleichung

Sobald ein gegenseitiges Vertragsverhältnis beiderseits in Vollzug gesetzt wurde, sind beim getäuschten Vertragsteil nicht nur Nachteile (regelmäßig die Entrichtung des Vertragsentgelts), sondern auch Vorteile eingetreten. Diese Besserstellungen können mannigfaltiger Natur sein. Möglich sind beispielsweise Gebrauchsvorteile durch die Benutzung einer Kaufsache[305],

302 *Einsiedler* weist in NJ 2015, 51 (55) mit Recht darauf hin, dass daraus das paradoxe Ergebnis folgt, dass derjenige *„Glück“* hätte, der schlecht beraten wurde. Denn während beispielsweise ein ordnungsgemäß beratener Kapitalanleger das Risiko eines Wertverlusts der Anlage grundsätzlich selbst trägt, könnte der fehlberatene Anleger bei negativer Wertentwicklung seiner Anlage das Geschäft unter Berufung auf die Pflichtverletzung – die noch nicht einmal in einem Zusammenhang mit dem Wertverlust stehen bräuchte – über den Schadensersatzanspruch wieder rückabwickeln.

303 Hinzu kommt, dass auch die Verjährungseinrede des § 214 Abs. 1 BGB wegen seiner hohen subjektiven Hürden in § 199 Abs. 1 BGB kein wirksames (zeitliches) Korrektiv für eine ungezügelte Vertragslösung darstellen kann. Der Nachweis einer Kenntnis bzw. grob fahrlässigen Unkenntnis der anspruchsbegründenden Umstände wird für den Anspruchsgegner nur in den seltensten Fällen zu führen sein, zumal die Rechtsprechung bei der Verjährungsfrage sehr restriktiv verfährt, vgl. BGH, Urteil vom 27.09.2011 – VI ZR 135/10 = NJW 2011, 3573 (3574): *"Hierbei trifft den Gläubiger generell keine Obliegenheit, im Interesse des Schuldners an einem möglichst frühzeitigen Beginn der Verjährungsfrist Nachforschungen zu betreiben; vielmehr muss das Unterlassen von Ermittlungen nach Lage des Falles als geradezu unverständlich erscheinen, um ein grob fahrlässiges Verschulden des Gläubigers bejahen zu können“.*

304 Vgl. *Lieb*, FS zur 600 Jahr-Feier der Universität Köln, S. 251 (255); auch *Grigoleit* bestätigt in ZIP 2021, 1993 (1994 f.), dass die Bindung der Schadensbestimmung an *objektivierte* Kriterien die Stabilität von Verträgen schützt und die Vertragsautonomie dadurch insgesamt gestärkt wird.

305 Vgl. bspw. BGH, Urteil vom 25.05.2020 – VI ZR 252/19 = NJW 2020, 1962 (1970).

steuerliche Begünstigungen[306] oder bereits bezogene Leistungen aus einem Versicherungstarif.[307] Es ist allgemein anerkannt, dass sich der Geschädigte diejenigen Vorteile, die ihm „in adäquatem Zusammenhang mit dem Schadensereignis zugeflossen sind", nach dem Grundsatz der Vorteilsausgleichung (vorbehaltlich normativer Korrekturen) auf den Schadensersatzanspruch anrechnen lassen muss.[308] Die Vorteilsausgleichung *(compensatio lucri cum damno)* ist Konsequenz des schadensrechtlichen Bereicherungsverbots, welches besagt, dass ein eingetretener Schaden zwar wieder behoben werden soll, der Geschädigte aber nicht besser stehen darf, als er ohne das schädigende Ereignis stünde.[309] Sind Nachteil und Vorteil gleichartig, erfolgt die Vorteilsausgleichung durch Anrechnung auf den Anspruch. Der Vorteil wird dann (ohne dass es einer rechtsgestaltenden Erklärung oder eines Antrags bedürfte)[310] vom Schadensersatzanspruch abgezogen. Bei fehlender Gleichartigkeit von Vor- und Nachteil ist der Schädiger zur Ersatzleistung nur „Zug um Zug" gegen Herausgabe des Vorteils verpflichtet.[311] Der Anspruch richtet sich dann grundsätzlich auf Ersatz der geleisteten Zahlungen (samt etwaiger Folgeschäden), Zug-um-Zug gegen Übertragung der aus dem Vertrag erworbenen Rechtsposition.[312]

Die Notwendigkeit der Vorteilausgleichung ist auch bei denjenigen anerkannt, die den rein ungewollten Vertrag als ersatzfähigen immateriellen Schaden begreifen.[313] Eine Vorteilsausgleichung erfordert jedoch, dass Vorteil und Nachteil inhaltlich kongruent sind. Vor diesem Hintergrund entspricht es der ganz herrschenden Ansicht, dass bei immateriellen Schä-

306 MüKoBGB/*Oetker*, BGB § 249 Rn. 247 ff.

307 Palandt/*Grüneberg*, Vorb. v. § 249 Rn. 83.

308 St. Rspr.; BGH, Urteil vom 25.05.2020 – VI ZR 252/19 = NJW 2020, 1962 (1970); BGH, Urteil vom 06.08.2019 – X ZR 128/18 = NJW 2020, 40 (41); BGH, Urteil vom 30.09.2014 – X ZR 126/13 = NJW 2015, 553 (554); siehe auch: MüKoBGB/*Oetker*, BGB § 249 Rn. 228 ff; Palandt/*Grüneberg*, Vorb. v. § 249 Rn. 67 ff.

309 *Brox/Walker*, SchuldR AT, § 31 Rn. 21; das Erfordernis der Vorteilsausgleichung folgt auch unmittelbar aus dem bei der Differenzhypothese vorzunehmenden Gesamtvermögensvergleich, vgl. *Weiler*, SchuldR AT, § 44 Rn. 8.

310 *Grigoleit*, Vorvertragliche Informationshaftung, S. 112; Staudinger/*Schiemann*, Neubearbeitung 2017, BGB, § 249 Rn. 142; MüKoBGB/*Oetker*, BGB § 249 Rn. 279 jew. m.w.N.

311 BGH, Urteil vom 13.11.2012 – XI ZR 334/11 = NJW 2013, 450 (451) m.w.N.

312 Siehe bspw. Palandt/*Grüneberg*, BGB, § 280 Rn. 32 m.w.N.

313 Vgl. nur *Lorenz*, Der Schutz vor dem unerwünschten Vertrag, S. 73; *ders.* ZIP 1998, 1053 (1055).

den eine Anrechnung vermögenswerter Vorteile zu unterbleiben hat.[314] Die eingangs genannten Fallgruppen stellen jedoch allesamt materielle Besserstellungen dar. Die Durchführung der Vorteilsausgleichung würde damit dogmatische Inkonsistenzen provozieren.[315]

Diese Friktionen bestünden unabhängig davon, ob die Vertragsleistungen bereits ausgetauscht wurden oder nicht. Denn wenn man den ungewollten Vertrag mit seinen gegenseitigen Leistungspflichten als immateriellen Schaden kategorisiert, muss dies für die störungsfreie Durchführung dieses Vertrags ebenso gelten. *Kaiser* hat hierzu zutreffend ausgeführt, dass die ausgetauschte Leistung zwar nicht den Primärschaden, jedoch den Folgeschaden darstellt, der den Grundschaden quasi „verfestigt".[316] Die mit dem Vertrag eingegangene Dispositionsstörung setzt sich also in der Vertragserfüllung fort und wird durch den Leistungsaustausch vertieft. Konsequent müssten daher beim rein ungewollten Vertrag auch die erbrachten Vertragsleistungen als immaterieller Schaden eingestuft werden, da die Parameter für die Schadensbestimmung bei Betrachtung des Vertrags einerseits und der Vertragsdurchführung andererseits die gleichen sind.[317] Die unstreitig vorzunehmende Vorteilsausgleichung wäre jedenfalls nicht widerspruchsfrei begründbar, da ein immaterieller Schaden mit materiellen Vorteilen zu „verrechnen" wäre. Die Konstruktion würde dogmatische Fragezeichen hinterlassen.[318]

IV. Die Pflicht zur Anwendung von § 251 Abs. 1 BGB im Mehrpersonenverhältnis

Im Mehrpersonenverhältnis folgt die Notwendigkeit des Vermögensschadens bei der Informationshaftung – zusätzlich zu den bereits genannten Punkten – auch unmittelbar aus der Norm des § 251 Abs. 1 BGB. Um den strukturellen Unterschied zur schadensrechtlichen Vertragsrückabwicklung im Zwei-Personen-Verhältnis nach § 249 Abs. 1 BGB deutlich zu machen, soll diese zuvor dargestellt werden.

---

314 *Krüger*, FS Kollhosser, S. 327 (335); *Pauge* VersR 2007, 569 (576); MüKo-BGB/*Oetker*, BGB § 249 Rn. 240; NK-BGB/*Magnus*, Vor §§ 249–255 Rn. 126; Staudinger/*Schiemann*, Neubearbeitung 2017, BGB, § 249 Rn. 141.

315 *Krüger*, FS Kollhosser, S. 327 (335).

316 *Kaiser*, Rückabwicklung, S. 218 ff.

317 Vgl. auch *Grigoleit*, Vorvertragliche Informationshaftung, S. 111: „*Vertragsschluß und Leistung sind parallele Folgen der schädigenden Handlung.*"

318 *Krüger*, FS Kollhosser, S. 327 (335).

1. Die Vertragsrückabwicklung im Zwei-Personen-Verhältnis nach § 249 Abs. 1 BGB

Die Rechtsfolgen eines Schadensersatzanspruchs ergeben sich aus den §§ 249 ff. BGB. Gemäß der Grundnorm des § 249 Abs. 1 BGB hat derjenige, der zum Schadensersatz verpflichtet ist, den Zustand herzustellen, der bestehen würde, wenn der zum Ersatz verpflichtende Umstand nicht eingetreten wäre. Wenn der getäuschte Vertragsteil den Vertrag bei gehöriger Aufklärung nicht oder jedenfalls nicht mit diesem Inhalt geschlossen hätte, besteht der kausale Schaden im Abschluss des konkreten Vertrags.[319] Nach dem Grundsatz der Naturalrestitution ist die Rechtsfolge des Schadensersatzanspruchs daher grundsätzlich die Aufhebung dieses Vertrags.[320] Dogmatisch erfolgt dies über einen Aufhebungsvertrag, an dessen Mitwirkung der Schädiger verpflichtet ist.[321] Der Geschädigte hat gegen den Schädiger einen Anspruch auf Abgabe einer entsprechenden Willenserklärung.[322] Es besteht für den Schädiger damit ein Kontrahierungszwang.[323]

---

319 Allgemein hierzu *Kaiser*, Rückabwicklung, S. 217 f.

320 Grundlegend BGH, Urteil vom 31.01.1962 – VIII ZR 120/60 = NJW 1962, 1196 („*Kreissägenfall*"); *Kaiser*, Rückabwicklung, S. 217 ff.; *Geibel*, Kapitalanlegerschaden, S. 76; *Lorenz*, Der Schutz vor dem unerwünschten Vertrag, S. 68; *Grigoleit*, ZIP 2021, 1993 (1995 ff.).

321 Vgl. *Grigoleit*, ZIP 2021, 1993 (1995); *ders.*, Vorvertragliche Informationshaftung, S. 88; *Milanin*, Informationelle Fahrlässigkeitshaftung, S. 160: Aufhebungsvertrag als „*actus contrarius*" zu dem auf der Falschinformation beruhenden Vertrag; so zur deliktischen Haftung bereits Mot. II, S. 756 = *Mugdan* II, S. 422: „*Der Betrogene ist aber auch berechtigt, statt vom Rechte der Anfechtung Gebrauch zu machen, nach Maßgabe der Vorschriften über den Schadensersatz aus unerlaubten Handlungen (§§ 705, 704, 219) aus obligatorischem Wege von dem Betrüger die Wiederaufhebung der rechtlichen Wirkungen der durch Betrug veranlaßten Willenserklärung und Ersatz des sonstigen negativen Interesses zu verlangen*".

322 BGH, Urteil vom 31.01.1962 – VIII ZR 120/60 = NJW 1962, 1196 (1198): „*schuldrechtlicher Anspruch auf Befreiung von seiner Verpflichtung, die er ohne die Täuschung nicht eingegangen wäre*"; siehe auch *Medicus*, JuS 1965, 209 (212); *Lorenz*, Der Schutz vor dem unerwünschten Vertrag, S. 68; der Sache nach ebenso, wenn auch terminologisch unpräzise: *Kaiser*, Rückabwicklung, S. 219: "*Einwilligung des Täuschenden in die Aufhebung des Vertrags*"; in prozessualer Hinsicht wäre eine solche Willenserklärung bei Stattgabe einer Leistungsklage gemäß § 894 ZPO mit der Rechtskraft des Urteils fingiert, vgl. *Geibel*, Kapitalanlegerschaden, S. 76; *Grigoleit*, Vorvertragliche Informationshaftung, S. 88.

323 *Milanin*, Informationelle Fahrlässigkeitshaftung, S. 160.

Jedoch wird es dem Getäuschten in der Praxis auf diesen „formalen" Akt der Vertragsaufhebung nicht zuvörderst ankommen.[324] Denn dem Getäuschten geht es in aller Regel primär um die Rückgewähr der auf den Vertrag geleisteten Zahlung(en).[325] Die ausgetauschte Leistung stellt dabei nicht den Primär-, sondern den Folgeschaden dar.[326] Der Leistungsaustausch führt damit zu einer Schadensvertiefung.[327] Dogmatisch folgt die Rückzahlungsverpflichtung dieser schadensvertiefenden Geldleistung ebenfalls (allein) aus § 249 Abs. 1 BGB[328] und insbesondere nicht aus den §§ 346 ff. BGB analog[329] oder den §§ 812 ff. BGB[330]. Einheitlich lässt sich der Anspruch des Geschädigten auf Aufhebung des Vertrags und Rückzah-

---

324 Bei einer tatsächlichen Inanspruchnahme aus dem Vertrag könnte sich der Geschädigte nämlich auf die aus § 242 BGB folgende Einrede *„dolo agit qui petit quod statim redditurus est"* berufen, vgl. *Geibel*, Kapitalanlegerschaden, S. 78; *Lorenz*, Der Schutz vor dem unerwünschten Vertrag, S. 68; *Medicus*, JuS 1965, 209 (212); *Grigoleit*, Vorvertragliche Informationshaftung, S. 89: *„Aufhebungseinrede"*; bei deliktischen Ansprüchen gilt diese Einrede gemäß § 853 BGB sogar über den Zeitpunkt der Verjährung des Schadensersatzanspruchs hinaus, vgl. *Lorenz*, ZIP 1998, 1053 (1054); nach *Grigoleit*, NJW 1990, 900 (903) und *Milanin*, Informationelle Fahrlässigkeitshaftung, S. 171 soll die Norm des § 853 BGB auch außerhalb des Deliktsrechts (analoge) Anwendung finden.

325 Der *„Zwischenschritt"* der vorherigen Vertragsaufhebung ist hierfür nicht zwingend notwendig, vgl. *Lorenz*, Der Schutz vor dem unerwünschten Vertrag, S. 68; *ders.*, ZIP 1998, 1053 (1054); *Grigoleit*, Vorvertragliche Informationshaftung, S. 89; *Geibel*, Kapitalanlegerschaden, S. 80; **a.A.** *Kaiser*, Rückabwicklung, S. 218.

326 *Kaiser*, Rückabwicklung, S. 218.

327 *Kaiser*, Rückabwicklung, S. 220: *„ Schaden verfestigt"*; siehe auch BGH, Urteil vom 27.07.2021 – VI ZR 151/20 = WM 2021, 1661 (1663), wonach sich der Schaden in der Vertragserfüllung *„fortsetzt"*; dies entspricht auch der Ansicht der Rechtsprechung in der strafrechtlichen Vermögensschadensdogmatik, vgl. BVerfG, Beschluss vom 20.05.1998 – 2 BvR 1385–95 = NJW 1998, 2589 (2590); *„Die dem Vertragsabschluß nachfolgende Erfüllung des Vertrags durch den Getäuschten stellt (...) nur noch die Vertiefung des bereits mit Vertragsabschluß eingetretenen Vermögensschadens dar"*; siehe hierzu auch BGH, Urteil vom 14.08.2009 – 3 StR 552/08 = NJW 2009, 3448 (3465).

328 BGH, Urteil vom 13.11.2012 – XI ZR 334/11 = NJW 2013, 450; BGH, Urteil vom 18.10.2018 – III ZR 497/16 = NJW 2019, 215; *Geibel*, Kapitalanlegerschaden, S. 79 ff.; *Lorenz*, Der Schutz vor dem unerwünschten Vertrag, S. 68; *Milanin*, Informationelle Fahrlässigkeitshaftung, S. 168.

329 So jedoch *Kaiser*, Rückabwicklung, S. 221 ff.; für eine Analogie fehlt es jedoch bereits an einer planwidrigen Regelungslücke.

330 So jedoch *Mankowski*, Beseitigungsrechte, S. 207 f.; *Grigoleit*, Vorvertragliche Informationshaftung, S. 109; diese Konstruktion wäre dann denkbar, wenn man über den Schadensersatzanspruch allein die Aufhebung des Vertrags zuließe

lung der erbrachten (Geld-)Leistung im Zwei-Personen-Verhältnis auf die schadensersatzrechtliche Grundnorm des § 249 Abs. 1 BGB stützen.[331]

2. Die wirtschaftliche (nicht rechtliche) „Vertragsrückabwicklung" im Mehrpersonenverhältnis nach § 251 Abs. 1 BGB

Eine Naturalrestitution nach § 249 Abs. 1 BGB kann, wie sich aus einem Rückschluss zu § 251 Abs. 1 BGB ergibt, nur dann erfolgen, wenn diese auch möglich ist. Der Begriff der Unmöglichkeit im Sinne von § 251 Abs. 1 BGB ist grundsätzlich weit zu fassen[332] und kann wie bei § 275 Abs. 1 BGB entweder aus tatsächlichen oder aus rechtlichen Gründen folgen. Letzteres kommt in Betracht, wenn die Naturalherstellung in Rechte Dritter eingreifen würde, der Dritte jedoch hierin nicht einwilligt.[333] Angesichts der Tatsache, dass in Drei-Personen-Verhältnissen der Täuschende (z.B. der Berater oder Vermittler) nicht Vertragspartner des späteren Folgevertrags wird, steht es grundsätzlich auch nicht in dessen Rechtsmacht, diesen Vertrag im Wege der Naturalrestitution wieder aufzuheben.[334] Dies folgt ohne weiteres aus dem Grundsatz der Relativität eines Schuldverhältnisses als bipolare Beziehung der Vertragspartner zueinander.[335] Die restitutio in integrum nach § 249 Abs. 1 BGB, gerichtet auf die Aufhebung des Transaktionsvertrags, ist damit ohne Einverständnis des Dritten nicht möglich.

---

und die Vertragsleistungen als in der Folge rechtsgrundlos erbracht ansieht (§ 812 Abs. 1 Satz 2 Alt. 1 BGB). Diese Konstruktion ist jedoch unnötig, weil die erbrachten Leistungen ihrerseits einen (vertiefenden) Schaden darstellen, die den Weg zu den §§ 249 ff. BGB eröffnen. Im Übrigen würde die Konstruktion in Drei-Personen-Verhältnissen ohnehin versagen, da der Täuschende den Vertrag mit dem Dritten rechtlich grundsätzlich nicht aufzuheben vermag und der Täuschende auch das Vertragsentgelt (des Transaktionsvertrags) nicht selbst erlangt; zurecht ablehnend daher auch *Kaiser,* Rückabwicklung, S. 222 f.; *Geibel,* Kapitalanlegerschaden, S. 77 ff.

331 Was jedoch nichts am Erfordernis eines Vermögensschadens ändert, siehe Kap. 4, Ziffern I, II und III.

332 OLG Koblenz, Urteil vom 07.02.1991 – U 1725/90 = NJW-RR 1991, 944 (946).

333 Vgl. BGH, Urteil vom 15.02.2008 – V ZR 17/07 = NZM 2008, 377 (378); *Heese,* Beratungspflichten, S. 222; BeckOK BGB/*Flume,* BGB § 251 Rn. 16.

334 Vgl. auch *Regenfus,* NJW 2018, 2225 (2227), der zutreffend darauf hinweist, den Beratungsvertrag und den später geschlossenen Folgevertrag nicht unzulässigerweise zu vermischen.

335 *Stoll,* FS Deutsch, S. 361 (369); vgl. zur Relativität schuldrechtlicher Beziehungen allgemein *Looschelders/Makowsky,* JA 2012, 721 (721).

Die Unmöglichkeit der Naturalrestitution gilt jedoch nicht nur für die Aufhebung des Vertrags, sondern auch für den Wiedererhalt der erbrachten Vertragsleistung. Denn wenn der Primärschaden einer Naturalrestitution nicht zugänglich ist, kann auch beim Ausgleich der Vertiefung dessen nunmehr nicht systemwidrig auf § 249 Abs. 1 BGB abgestellt werden. Dies wird deutlich, wenn man sich vor Augen führt, dass es sich bei einer Inanspruchnahme des Beraters trotz der oftmals verwendeten – jedoch irreführenden – Terminologie nicht um eine „Rückzahlung" handelt. Denn das Vertragsentgelt wird gerade nicht an den Berater, sondern an den Vertragspartner des Transaktionsvertrags erbracht. Der Getäuschte macht gegenüber dem Berater stattdessen sein reines Wertinteresse geltend, das seine dogmatische Verankerung in § 251 Abs. 1 BGB findet. Auch das OLG Hamm[336] ging dogmatisch stringent davon aus, dass die (wirtschaftliche) „Rückabwicklung" eines Kaufvertrags im Wege einer Naturalrestitution nicht möglich sei, wenn eine Partei nicht über die tatsächlichen oder rechtlichen Möglichkeiten verfügt, eine Rückübertragung zu bewirken. Rückabgewickelt werden könne ein Vertrag nur im Verhältnis der Vertragsparteien. Weil die Naturalrestitution im Mehrpersonenverhältnis nicht möglich sei, stehe dem falsch beratenen Anspruchsteller innerhalb dieser eigenen Vertragsbeziehung auch allein ein gemäß § 251 Abs. 1 BGB auf Zahlung von Geld gerichteter Schadensersatzanspruch zu.[337]

Dass es sich nicht um eine Naturalrestitution handeln kann, ergibt sich zudem auch bei der Betrachtung der Position des Schuldners des Schadensersatzanspruchs bei Durchführung des Schadensausgleichs. Dieser ist dem Geschädigten bei fehlender Gleichartigkeit von Leistung und Gegenleistung zur Ersatzleistung nur Zug um Zug gegen Herausgabe des beim Geschädigten verbliebenen Vorteils verpflichtet.[338] Beispielsweise bei Kapitalanlagen steht damit die Ersatzpflicht des Anlageberaters gegenüber dem Geschädigten unter dem Vorbehalt der Übertragung der Gesellschaftsanteile an ihn.[339] Diese Gesellschaftsanteile standen jedoch zuvor niemals dem Anlageberater zu. Durch die Übertragung wird daher auch nicht der ursprüngliche status in integrum hergestellt. Dies wäre nur der Fall, wenn die Anlage nicht an den Anlageberater, sondern an den Anlagenge-

336 OLG Hamm, Urteil vom 23.10.2007 – 19 U 8/07 –, juris.

337 OLG Hamm, Urteil vom 23.10.2007 – 19 U 8/07 –, juris, Rn. 41.

338 BGH, Urteil vom 13.11.2012 – XI ZR 334/11 = NJW 2013, 450 (451) m.w.N.; siehe hierzu bereits Kap. 4, Ziff. III.

339 *Geibel*, Kapitalanlegerschaden, S. 111 f. m.w.N.

ber zurückübertragen würde.[340] Der Schadensersatz kann damit in diesen Mehrpersonenverhältnissen auch nicht auf die Naturalrestitution gestützt werden, sondern findet seine Verankerung in § 251 Abs. 1 BGB.[341] Damit korreliert auch das Erfordernis eines Vermögensschadens. Wie sich aus einem Rückschluss aus § 253 Abs. 1 BGB ergibt, wird von der Norm stets ein Vermögensschaden vorausgesetzt.[342]

Der BGH vertritt hingegen losgelöst vom faktischen Restitutionsbegriff einen rein ökonomisch orientierten Restitutionsbegriff. Naturalrestitution könne nach Auffassung des BGH auch durch eine rein wirtschaftliche Wiederherstellung des Vermögens bewirkt werden. So nimmt der BGH beispielsweise an, dass auch im Falle der Zerstörung eines gebrauchten PKW die Beschaffung eines gleichwertigen gebrauchten Fahrzeugs eine mögliche Form der Naturalherstellung gemäß § 249 Abs. 1 BGB darstelle.[343] Auch in Konstellationen der Informationshaftung zieht der BGH im Mehrpersonenverhältnis ebenfalls § 249 Abs. 1 BGB heran.[344] Dies sogar

---

340 *Geibel*, Kapitalanlegerschaden, S. 113, der richtigerweise darauf hinweist, dass es sich weder aus § 249 Abs. 1 BGB noch aus den Gesetzesmaterialien ergibt, dass für die Annahme einer Naturalrestitution allein die Sicht des Geschädigten maßgebend sei.

341 Für den Fall, dass der Getäuschte seine vertragliche Leistungspflicht aus dem Transaktionsvertrag noch nicht oder jedenfalls nicht vollständig erbracht hat, steht dem Geschädigten gegen den Schädiger ein *Freistellungsanspruch* zu, vgl. nur Palandt/Grüneberg, § 249 BGB, Rn. 4 m.w.N. Da jedoch die Freistellungsverpflichtung im Innenverhältnis zwischen Schädiger und Geschädigtem grundsätzlich nichts an der Leistungspflicht des Geschädigten im Außenverhältnis ändert, wird der Ursprungszustand dadurch gerade nicht „wiederhergestellt." Der Freistellungsanspruch folgt damit dogmatisch auch nicht aus § 249 Abs. 1 BGB, sondern aus einer analogen Anwendung von § 257 Satz 1 BGB, vgl. hierzu auch BeckOK BGB/*Lorenz*, BGB § 257 Rn. 1: „*§ 257 [BGB] ist Ausdruck eines allgemeinen Rechtsgedankens, so dass er auch für andere Befreiungsansprüche gilt, wie zB bei einem Schadensersatzanspruch*"; **a.A.** BGH, Urteil vom 17.02.2011 – III ZR 144/10 = NJW-RR 2011, 910 (912).

342 Das Vermögensschadenserfordernis bei § 251 Abs. 1 BGB entspricht allgemeiner Meinung, vgl. nur BeckOK BGB/*Flume*, BGB § 251 Rn. 4; *Looschelders*, SchuldR AT, Rn. 959.

343 BGH, Urteil vom 15.10.1991 – VI ZR 314/90 = NJW 1992, 302 (302 f.); BGH, Urteil vom 08.12.1998 – VI ZR 66–98 = NJW 1999, 500 (501) jew. m.w.N; mit beachtlichen Gründen ablehnend: MüKoBGB/*Oetker*, BGB § 251 Rn. 10; *Reiff*, NZV 1996, 425 (426 f.); *Haug* VersR 2000, 1329 (1333 ff.).

344 Vgl. bspw. zur deliktischen Herstellerhaftung im „Diesel-Skandal" BGH, Urteil vom 25.05.2020 – VI ZR 252/19 = NJW 2020, 1962 (1962 ff.); OLG Brandenburg, Urteil vom 24.06.2020 – 4 U 147/19 = BeckRS 2020, 17103, vgl. allgemein hierzu auch Palandt/*Grüneberg*, BGB, § 280 Rn. 32.

dann, wenn der Kläger offen vorträgt, dass er bei Kenntnis der maßgeblichen Umstände von einem Vertragsschluss abgesehen hätte, dann jedoch am Vertrag festhält und eine Wertdifferenz verlangt.[345] Im Kapitalanlagerecht judiziert der BGH zur Begründung der Anwendung von § 249 Abs. 1 BGB, dass in Fällen, bei denen der zu ersetzende Schaden „in einem Verlust an Geld" liege, auch die „Herstellung nach § 249 Abs. 1 BGB auf Zahlung gerichtet" sei.[346] Dies wäre jedoch nur dann korrekt, wenn der Primärschaden in der Geldzahlung liegen würde. Jedoch geht auch der BGH ansonsten davon aus, dass der Schaden nicht erst in der Zahlung, sondern bereits in der vertraglichen Zeichnung der Anlage selbst liegt.[347] Der BGH verkennt, dass die Zahlung nur die Verfestigung des – der Naturalrestitution nicht zugänglichen – Vertragsabschlussschadens darstellt. Ebenfalls lässt er die Perspektive des Schadensersatzschuldners gänzlich außen vor. Mit der Konzeption des faktischen Restitutionsbegriffs, den auch der historische Gesetzgeber klar vor Augen hatte[348], hat dies nicht mehr viel gemein.[349] Die Grenzen der Naturalrestitution sind vielmehr überschritten.[350]

V. Zwischenergebnis

Der BGH geht zutreffend davon aus, dass die (rechtliche oder wirtschaftliche) Rückabwicklung eines Vertrags über einen Schadensersatzanspruch

---

345 BGH, Urteil vom 06.07.2021 – VI ZR 40/20 = WM 2021, 1652 (1653 ff.); dies steht letztlich in offenem Widerspruch zum Wortlaut des § 249 Abs. 1 BGB, wonach der Zustand herzustellen ist, der bestehen würde, wenn der zum Ersatz verpflichtende Umstand nicht eingetreten wäre; vgl. auch *Gsell*, NJW 2021, 3046, die hierin zurecht eine *„Ausnahme von der Naturalrestitution"* erblickt; ebenfalls auf § 251 BGB abstellend: *Grigoleit*, ZIP 2021, 1993 (1997 ff.).

346 BGH, Urteil vom 13.11.2012 – XI ZR 334/11 = NJW 2013, 450 (451).

347 BGH, Urteil vom 26.02.2013 – XI ZR 498/11 = VuR 2013, 177 (178): *„Der Schadensersatzanspruch ist bereits mit Zeichnung der Fondsbeteiligung (…) entstanden"*; BGH, Urteil vom 08.04.2014 – XI ZR 341/12 = NJW 2014, 2348 (2350): *„Bereits mit Vertragsschluss ist der Vermögensschaden eingetreten."*

348 Prot. II, S. 594 = *Mugdan* II, S. 513: *„Von Wiederherstellung des ursprünglichen Zustandes könne nur dann die Rede sein, wenn derselbe Zustand, welcher vor der Beschädigung bestanden habe, wiederhergestellt werde."*

349 Siehe hierzu *Haug*, VersR 2000, 1329 (1333 ff.); kritisch zur Überdehnung der Naturalrestitution auch *Stoll*, Begriff und Grenzen des Vermögensschadens, S. 8.

350 So auch *Heese*, Beratungspflichten, S. 221 f.; *Geibel*, Kapitalanlegerschaden, S. 113; *Lieb*, FS zur 600 Jahr-Feier der Universität Köln, S. 251 (268); *Fuchs/Dühn*, BKR 2002, 1063 (1068 f.); HK-VVG/*Münkel*, VVG § 63 Rn. 7.

stets einen Vermögensschaden voraussetzt. Zur Begründung stellt der BGH auf die Notwendigkeit einer Abgrenzung zum Anfechtungsrecht ab.[351] Daneben ist das Vermögensschadenserfordernis auch notwendig, um die Merkmale der Kausalität und des (ersatzfähigen) Schadens auseinanderzuhalten und Tendenzen eines „Reuerechts über den Schadensersatz" entgegenzutreten. Auch die Problematik der Vorteilsausgleichung zeigt, dass ein Vertrag nur dann dogmatisch stringent als ersatzfähiger Schaden begriffen werden kann, wenn der Nachteil in einer Vermögensbeschädigung liegt. In Mehrpersonenverhältnissen folgt die Vermögensschadensvoraussetzung zudem auch aus § 251 Abs. 1 BGB.

Das Vermögensschadenserfordernis scheint für den BGH derart selbstverständlich zu sein, dass er die Begriffe des „Schadens" und des „Vermögensschadens" in Fällen der Informationshaftung synonym verwendet und beide Begriffe bei Darlegung seiner Entscheidungsgründe beliebig austauscht.[352] Dies wird auch durch die Ausführungen *Krügers* – seinerzeit Mitglied des V. Zivilsenats des BGH – bestätigt. Nach ihm sei dem Senat bei seiner Leitentscheidung vom 26.09.1997[353] zur Notwendigkeit des Vermögensschadens „nicht einmal entfernt der Gedanke gekommen, es könnte in den zu beurteilenden Fällen um Nichtvermögensschäden gehen."[354] Dies ist zwar vor dem Hintergrund, dass es sich beim ungewollten Vertrag dogmatisch um einen immateriellen Schaden handelt[355], zu kurz gedacht.[356] Jedoch besteht jedenfalls im Ergebnis ein Gleichlauf mit der hier vertretenen Auffassung, wonach eine *Ersatzfähigkeit* dieses immateriellen Schadens nicht gegeben sein kann.

Kernproblematik des ungewollten Vertrags ist daher – wie allgemein im Schadensrecht[357] – die Frage, wann ein Nachteil auch einen *zu ersetzenden* Schaden darstellt. Wie sich gezeigt hat, kann dies nur über die Abgren-

351 BGH, Urteil vom 26.09.1997 – V ZR 29/96 = NJW 1998, 302 (304); BGH, Urteil vom 19.12.1997 – V ZR 112/96 = NJW 1998, 898 (898 f.).

352 Siehe BGH, Urteil vom 08.07.2010 – III ZR 249/09 = NJW 2010, 3292 (3294); BGH, Urteil vom 08.03.2005 – XI ZR 170/04 = NJW 2005, 1579 (1580 f.); BGH, Urteil vom 08.04.2014 – XI ZR 341/12 = NJW 2014, 2348 (2350).

353 BGH, Urteil vom 26.09. 1997 – V ZR 29/96 = NJW 1998, 302.

354 *Krüger*, FS Kollhosser, S. 329 (334).

355 Siehe Kap. 3.

356 Da bereits damals in der Literatur durchaus abweichende Ansichten zur Frage der Erforderlichkeit eines Vermögensschadens bestanden (vgl. nur *Lorenz*, Der Schutz vor dem unerwünschten Vertrag, S. 73 ff.; *Grigoleit*, Vorvertragliche Informationshaftung, S. 19 ff.; 87 ff., 153 jew. m.w.N.), wäre eine Auseinandersetzung des BGH mit diesen Argumenten jedenfalls wünschenswert gewesen.

357 Vgl. hierzu Palandt/*Grüneberg*, Vorb v. § 249 Rn. 9.

zung von Vermögens- und Nichtvermögenschäden erfolgen.[358] Wann es sich beim ungewollten Vertrag nicht nur um einen immateriellen, sondern auch um einen materiellen Schaden handelt,[359] wird daher noch eingehend zu untersuchen sein.[360] Vorab soll jedoch im folgenden Kapitel betrachtet werden, wie diesem Problem in der strafrechtlichen Vermögensschadensdogmatik begegnet wird.

358 Siehe auch NK-BGB/*Magnus*, Vor §§ 249–255, Rn. 19, der die Unterscheidung von Vermögensschäden und Nichtvermögensschäden ganz allgemein als „*wichtigste Differenzierung des gesamten Schadensrechts*" begreift.

359 Zur Möglichkeit der kumulativen Beeinträchtigung der (reinen) Dispositionsfreiheit *und* des Vermögens, vgl. *Lehmann*, Vertragsanbahnung, S. 282.

360 Siehe hierzu Kap. 6 und Kap. 7.

Kapitel 5: Der ungewollte Vertrag als Vermögensschaden in der Strafrechtsdogmatik

I. Die vertragliche Bindung als Eingehungsschaden

Die Verleitung einer Person zur Eingehung einer ungewollten Verbindlichkeit kann nicht nur im Zivilrecht Rechtsfolgen nach sich ziehen. Speziell bei vorsätzlicher Herbeiführung einer unerwünschten vertraglichen Verpflichtung kann vielmehr auch eine sozial-ethisch verwerfliche und damit strafwürdige Handlung vorliegen. Einschlägige Strafnorm ist dabei grundsätzlich der Betrug nach § 263 StGB, der tatbestandlich einen Vermögensschaden voraussetzt. Einigkeit besteht dabei darin, dass die Annahme eines Vermögensschadens nicht zwingend einen vollzogenen Austausch von Vertragsleistungen voraussetzt. Stattdessen kann der Vermögensschaden bereits im Abschluss eines Vertrages selbst liegen. Terminologisch hat sich hierfür der Begriff des „Eingehungsbetrugs“ herausgebildet.[361] Ausgehend vom dogmatischen Standort der Problematik sollte jedoch vorzugsweise vom „Eingehungsschaden“ (bzw. nach erfolgtem Leistungsaustausch vom „Erfüllungsschaden“) gesprochen werden.[362]

Wann jedoch ein solcher Eingehungsschaden vorliegt und welche Kriterien für dessen Feststellung maßgeblich sind, ist Gegenstand bis heute andauernder starker Kontroversen. Elementar für die Beantwortung dieser Frage ist, welches Verständnis man dem Begriff des Vermögens beimisst. Im Wesentlichen lassen sich in der Strafrechtsdogmatik der „juristische“, der „wirtschaftliche“, der „juristisch-ökonomische“ und der „personale“ Vermögensbegriff unterscheiden.[363] Darüber hinaus haben sich jedoch auch eine Vielzahl weiterer Verästelungen – und damit auch weitere Be-

---

361 BeckOK StGB/*Beukelmann*, StGB § 263 Rn. 65; Lackner/Kühl/*Kühl*, StGB § 263 Rn. 53.

362 *Fischer*, StGB, § 263 Rn. 175; so nunmehr auch BGH, Urteil vom 21.04.2016 – 1 StR 456/15 = NStZ 2016, 674 (675); BGH, Urteil vom 30.07.2020 – VI ZR 5/20 = NJW 2020, 2798 (2801).

363 Schönke/Schröder/*Perron*, StGB § 263 Rn. 78b ff.

grifflichkeiten – herausgebildet,[364] die sich in Teilen bereits grundsätzlich, in Teilen lediglich nur in Nuancen unterscheiden.[365] Ganz überwiegend besteht jedenfalls der Konsens, dass unter dem Begriff des Vermögensschadens normübergreifend bei den §§ 253, 263, 266 StGB dieselben Maßstäbe anzulegen sind.[366]

II. Der Eingehungsschaden innerhalb der strafrechtlichen Vermögenslehren

1. Juristische Vermögenslehren

Nach dem juristischen Vermögensbegriff ist Vermögen die Gesamtheit der subjektiven Vermögensrechte einer Person und zwar unabhängig von ihrem wirtschaftlichen Wert. Nach der Konzeption der juristischen Vermögenslehre bedeutet Schaden ein „Minus im Rechtssinne", der dann vorliegt, wenn der Getäuschte eine Vermögensdisposition tätigt, ohne im Gegenzug das gewollte Äquivalent zu erhalten.[367] Dem Getäuschten zukommende Vermögensvorteile bleiben bei der Vermögensschadensbestimmung außer Betracht und können keine ausgleichende Kompensation bewirken.[368] Demnach ist nach der rein juristischen Vermögenslehre der Abschluss eines jeden Vertrags, durch den der Getäuschte irrtumsbedingt eine Leistungspflicht übernimmt, auch als Vermögensschaden zu werten.[369] Unter Zugrundelegung des juristischen Vermögensverständnisses wäre der ungewollte Vertrag im Sinne dieser Arbeit damit stets ein Vermögensschaden.

---

364 MüKoStGB/*Hefendehl* § 263 Rn. 413: *„normativ-ökonomischer Schadensbegriff"*; *Becker/Rönnau*, JuS 2017, 975: *„objektiv-individueller Schadensbegriff"*; ERST-WirtschaftsstrR/*Saliger* § 263 StGB Rn. 131: *„wirtschaftlicher Vermögensbegriff mit normativer Anpassung"*; NK-StGB/*Kindhäuser*, § 263 StGB, Rn. 275 ff.: *„funktionaler Vermögensbegriff"*.

365 Vgl. hierzu *Fischer*, § 263 Rn. 89 ff.: *„unübersichtliche Auseinandersetzung"*; eine Zusammenstellung findet sich bei MüKoStGB/*Hefendehl*, § 263 Rn. 337 ff.; in einer gestrafften Form auch bei Schönke/Schröder/*Perron*, StGB § 263 Rn. 78b.

366 Schönke/Schröder/*Perron*, StGB § 263 Rn. 78b m.w.N.; *Ransiek/Reichling*, ZIS 2009, 315 (316) [Fn. 16]; *Waszcynski*, JA 2010, 251 (254) [Fn. 36]; **a.A.** jedoch *Mandsörfer*, JuS 2009, 114 (118).

367 *Saliger*, HRRS 2012, 363 (364).

368 *Saliger*, HRRS 2012, 363 (364).

369 *Kindhäuser/Nikolaus*, JuS 2006, 193 (197).

Ein solches Vermögensverständnis, das insbesondere mit *Binding*[370] und *Merkel*[371] in Verbindung gebracht wird, wurde ursprünglich auch vom Reichsgericht zugrunde gelegt[372], ehe es sich der wirtschaftlichen Betrachtungsweise zuwandte.[373] Heute wird diese juristische Lehre jedoch richtigerweise nicht mehr vertreten.[374] Gegen eine Verwendung sprechen bereits verfassungsrechtliche Einwände. Das BVerfG hat klargestellt, dass einzelne Tatbestandsmerkmale nicht derart entgrenzt werden dürfen, dass sie notwendigerweise mit dem jeweils anderen Merkmal mitverwirklicht werden.[375] Da die rein juristische Schadenslehre bereits im täuschungsbedingten Vertrag einen Vermögensschaden sieht, kommt dem Schadensmerkmal neben den Tatbestandsvoraussetzungen der Täuschung und der Vermögenverfügung kein eigener Bedeutungsgehalt mehr zu. Es bestünde damit eine – vor dem Hintergrund des Art. 103 Abs. 2 GG unzulässige – *Verschleifung* der Tatbestandsmerkmale.[376] Schließlich sprechen auch Schutzzweckerwägungen gegen die Anwendung dieser Lehre. Es entspricht der ganz überwiegenden Ansicht, dass Schutzgut des Betrugstatbestands (allein) das Vermögen ist.[377] Da innerhalb der juristischen Vermögenslehre jedoch jedweder täuschungsbedingte Vertragsschluss eo ipso strafbarkeitsbegründend wäre, wäre faktisch die reine Entschließungsfreiheit zum Schutzgut des § 263 StGB erhoben.[378]

2. Personale Vermögenslehren

Nach den Befürwortern der personalen Vermögenslehre bedeutet Vermögen nicht eine bloß rechnerische Wertsumme, sondern die Macht (potentia), das Vermögen für selbst gewählte Zwecke verwenden zu können.

370 *Binding*, BT, S. 238 ff. (240).

371 *Merkel*, Kriminalistische Abhandlungen, S. 101.

372 RG, Urteil vom 02.02.1881 – 3240/80 = RGSt 3, 332 (333).

373 RG, Beschluss vom 14.12.1910 – II 1214/10 = RGSt 44, 230 (232 ff.).

374 *Kindhäuser/Nikolaus*, JuS 2006, 193 (197); *Kindhäuser/Böse*, StrafR BT II, § 26 Rn. 11: *„nur noch historische Bedeutung“;* siehe auch *Jäger*, StrafR BT, Rn. 351.

375 BVerfG, Beschluss vom 23.06.2010 – 2 BvR 2559/08 = NJW 2010, 3209 (3211).

376 *Saliger*, HRRS 2012, 363 (365).

377 RG, Urteil vom 09.04 1940 – 1 D 161/40 = RGSt 74, 167 (168): *„Wie schon die Fassung des § 263 StGB ergibt, ist er eine Strafbestimmung, die dem Schutze des Vermögens dient“*; BGH, Urteil vom 10.07.1952 – 5 StR 358/52 = NJW 1952, 1062 (1062 f.); *Fischer*, StGB, § 263 Rn. 3; Schönke/Schröder/*Perron*, StGB § 263 Rn. 1/2; Lackner/Kühl/*Kühl*, StGB § 263 Rn. 1.

378 *Saliger*, HRRS 2012, 363 (365).

Wesentliches Kriterium für die Feststellung eines Vermögensschadens ist demnach nicht ein negativer, wirtschaftlicher Saldo, sondern die Minderung der „wirtschaftlichen Potenz des Individuums."[379] Nach den Vertretern der personalen Vermögenslehren, zu denen neben *Otto*[380] beispielsweise auch *Bockelmann*[381] oder *Geerds*[382] gehören, bestimmt sich das kompensationstaugliche Äquivalent einer Vermögensverfügung alleine anhand der *Brauchbarkeit* dieser Gegenleistung für das jeweilige Rechtssubjekt. Ausgleichendes Äquivalent der eigenen Vermögenshingabe ist damit das Erreichen eines konkret anvisierten Dispositionszwecks. Sobald jedoch der wirtschaftliche Sinn der eigenen Vermögenshingabe verfehlt wird, erleidet der Betroffene nach den personalen Vermögenslehren eine Vermögensbeschädigung.[383]

Der personale Vermögensschadensbegriff orientiert sich damit am Interesse des Vermögensträgers als „homo consumptus"[384], der mit seinem Vermögen autonom gesetzte Ziele verfolgt.[385] Mindestens erhebliche Gemeinsamkeiten zum personalen Vermögensbegriff weist auch der von *Kindhäuser*[386] vertretene „funktionale Vermögensbegriff" auf. Auch für *Kindhäuser* ist ein Vermögensschaden dann gegeben, wenn der vereinbarte oder dem Geschäft zugrunde liegende Zweck verfehlt wird.[387] Der Begriff des Vermögens lasse sich nach *Kindhäuser* als „rechtliches Können" begreifen, es zur Verwirklichung beliebiger Lebensziele einzusetzen. Damit rückt auch *Kindhäuser* die persönlichen Interessen und Bedürfnisse in den Mittelpunkt der Vermögensschadensbetrachtung. Ein Vermögensschaden könne jedenfalls – so *Kindhäuser* – nicht allein mit der Erwägung negiert werden, dass die eigene Leistung wirtschaftlich ausgeglichen wurde, wenn sich diese Betrachtung einer Prüfung verschließt, ob die vorgenommene Disposition überhaupt ihren konkret zugedachten Zweck erreichen konnte.[388] Nach der personalen Vermögensbetrachtung liegt damit dann ein Vermögensschaden vor, wenn der mit dem Abschluss eines Vertrags intendierte Dispositionszweck verfehlt wird.

---

379 *Otto*, ZRP 1996, 300 (305).
380 *Otto*, ZRP 1996, 300 (305 ff.).
381 *Bockelmann*, JZ 1952, 461 (464 f.).
382 *Geerds*, Jura 1994, 309 (311).
383 *Popp*, JuS 2005, 689 (693).
384 Begriff nach *Brüning*, ZJS 2019, 143 (146).
385 *Rönnau*, JuS 2016, 114 (115).
386 *Kindhäuser*, Vermögensstrafrecht, S. 247 ff.; NK-StGB/*Kindhäuser*, § 263 Rn. 275 ff.
387 NK-StGB/*Kindhäuser*, § 263 Rn. 279 ff.
388 *Kindhäuser*, Vermögensstrafrecht, S. 247 (255).

Die personalen Vermögenslehren werden von der überwiegenden Ansicht mit der Begründung abgelehnt, dass anstelle des Vermögens die bloße Dispositionsfreiheit zum Schutzobjekt erhoben werde.[389] Wie auch beim juristischen Vermögensverständnis verstieße eine solche Gesetzesauslegung gegen das verfassungsrechtliche Postulat des Verschleifungsverbots.[390] Dem wird entgegengehalten, dass sich eine Trennung dadurch erreichen lasse, dass der angestrebte Zweck ein wirtschaftlicher und nicht nur ein rein ideeller sein müsse.[391] Auch diese Begründung bleibt jedoch nicht kritiklos, da sich keine tragfähigen Abgrenzungskriterien zwischen materiellen und ideellen Zwecksetzungen finden ließen und der Abgrenzungsversuch damit zu vage bleibe.[392]

3. Wirtschaftliche Vermögenslehren

a) Das Prinzip der Gesamtsaldierung

Während das Reichsgericht ursprünglich einen rein juristischen Vermögensbegriff favorisierte[393], vertrat es in Abkehr hiervon in seiner späteren Rechtsprechung einen (rein) wirtschaftlichen Vermögensbegriff.[394] Die Feststellung eines Vermögensschadens erfolgt innerhalb der wirtschaftlichen Vermögenslehren nach dem *Prinzip der Gesamtsaldierung*. Voraussetzung für eine Vermögensschädigung ist eine Minderung des Vermögens in seinem Gesamtwert. Zu berücksichtigen bei der Feststellung eines Schadens sind daher nicht nur verlorene wirtschaftliche Werte, sondern gleichsam auch wirtschaftliche Äquivalente, die die Person im Gegenzug als Kompensation für die eigene Vermögenshingabe erlangt hat. Nach dem Saldierungsprinzip liegt ein Vermögensschaden somit dann vor, wenn sich

---

389 Vgl. nur Schönke/Schröder/*Perron*, StGB § 263 Rn. 81; MüKoStGB/*Hefendehl*, § 263 Rn. 389

390 MüKoStGB/*Hefendehl*, § 263 Rn. 358 u.a. unter Verweis auf BVerfG, Beschluss. vom 23.06.2010 – 2 BvR 2559/08 = NJW 2010, 3209 (3215).

391 Vgl. hierzu die Darstellung bei NK-*Kindhäuser*, StGB, § 263 Rn. 272 f.

392 MüKoStGB/*Hefendehl*, § 263 Rn. 360.

393 RG, Urteil vom 02.02.1881 – 3240/80 = RGSt 3, 332 (333).

394 RG, Beschluss vom 14.12.1910 – II 1214/10 = RGSt 44, 230 (232 ff.).

bei Vergleich der Vermögenmassen ein negativer Differenzbetrag ergibt.[395] Plastisch formuliert *Saliger*, dass nur derjenige geschädigt ist, der im Ergebnis tatsächlich *ärmer* werde.[396]

Die wirtschaftliche Vermögensschadensbestimmung entspricht der ganz überwiegenden Ansicht in Rechtsprechung und Lehre. Streitig ist im Wesentlichen allein, ob der Vermögensbegriff rein nach ökonomischen Kriterien zu bestimmen ist[397] oder zusätzlich ein juristisches Korrektiv[398] erforderlich ist. Da jedoch beide Ansichten im Ausgangspunkt übereinstimmend die gleichen Parameter für die Vermögensschadensbestimmung zugrunde legen und der Unterschied nur bei wenigen Fallgruppen innerhalb sittenwidriger oder rechtswidriger Rechtsgeschäfte relevant wird[399], wird von einer vertieften Darstellung der Abweichungen an dieser Stelle abgesehen.

b) Normative Korrekturen

Nach der wirtschaftlichen Vermögenslehre bedarf es damit auch bei der Betrachtung eines „Eingehungsschadens“ der Prüfung, ob der Betroffene bereits durch den Abschluss des Vertrags wirtschaftlich (also wertmäßig) schlechter gestellt ist.[400] Zu klären ist also, ob die eigene vermögensmindernde Leistung durch eine wirtschaftlich äquivalente Gegenleistung des

---

395 BGH, Beschluss vom 18.02.2009 – 1 StR 731/08 = NJW 2009, 2390; BGH, Beschluss vom 05.07.2011 – 3 StR 444/10 = NStZ-RR 2011, 312 (313); BGH, Beschluss vom 25.01.2012 – 1 StR 45/11 = NJW 2012, 1377 (1382); aus der Literatur *Hecker*, JuS 2014, 561 (562); *Fischer*, StGB, § 263 Rn. 110 ff.; *Rengier*, StrafR, BT I, § 13 Rn. 155 ff.; Lackner/Kühl/*Kühl*, StGB § 263 Rn. 36 ff.; zum Rückgriff hierzu auf bilanzrechtliche Grundsätze, vgl. MüKoStGB/*Hefendehl*, § 263 Rn. 497 ff.

396 *Saliger*, HRRS 2012, 363 (364).

397 *„rein wirtschaftlicher Vermögensbegriff“*; mit dieser Tendenz BGH, Urteil vom 10.07.1952 – 5 StR 358/52 = NJW 1952, 1062 (1063): *„Unter Vermögen wird gemeinhin die Summe der geldwerten Güter nach Abzug der Verbindlichkeiten verstanden“*, vgl. auch *Maurach/Schroeder/Maiwald /Hoyer/Momsen*, BT I, S. 416.

398 *„juristisch-ökonomischer Vermögensbegriff“*; in diese Richtung BGH, Beschluss vom 22.11.2012 – 1 StR 537/12 = NJW 2013, 1750 (1751): *„Vermögen als die Summe aller geldwerten Güter, die einer Person nach der Gesamtrechtsordnung zugewiesen sind“*, vgl. auch *Rengier*, StrafR BT I, § 13 Rn. 128; Schönke/Schröder/*Perron*, § 263 Rn. 83; *Wessels/Hillenkamp/Schuhr*, StrafR BT II, Rn. 535.

399 Vgl. *Jäger*, StrafR BT, § 10 Rn. 354; *Rengier*, StrafR BT I, § 13 Rn. 128 ff.; BeckOK StGB/*Beukelmann*, StGB § 263 Rn. 42.

400 RG, Urteil vom 20.04.1887 – 2237/86 = RGSt 16, 1 (10).

anderen Teils kompensiert wurde.[401] Dieses strikt objektive Verständnis wird jedoch von der herrschenden Meinung nicht stringent durchgehalten. Stattdessen wird ein Vermögensschaden in bestimmten Fällen auch dann angenommen, wenn sich die gegenseitigen vertraglichen Leistungen objektiv-wirtschaftlich ausgleichen. Der an sich objektive Vermögensschadensbegriff erfährt in diesen Fällen eine *Normativierung.* Unter dem Stichwort der Normativierung werden alle Fallgruppen zusammengefasst, in denen das reine Saldierungspostulat zurücktritt und vielmehr die personalisierten Dispositionsziele des Einzelnen in den Fokus rücken.[402]

(1) Der individuelle Schadenseinschlag

Schon das Reichsgericht[403] führte aus, dass die Frage einer Vermögensbeschädigung streng nach den „individuellen Vermögensverhältnissen" des Getäuschten zu beantworten sei. Diese Notwendigkeit ergäbe sich aus dem Umstand, dass Gegenstände nicht für alle Menschen auch denselben Vermögenswert besäßen, weil sie nicht für jede Person „gleich brauchbar" seien.[404] Dieser „Grundsatz der Individualisierung" führe jedoch nicht dazu, dass sich das Vorliegen eins Vermögenschadens nach der „subjektiven Willkür" des Getäuschten richte. Relevant sei daher nicht, ob der Getäuschte die Sache gebrauchen „wolle", sondern vielmehr, ob er die Sache gebrauchen „könne".[405]

401 BGH, Urteil vom 10.07.1952 – 5 StR 358/52 = NJW 1952, 1062 (1063); *Schilling*, NStZ 2018, 316 (317); *Trüg*, NStZ 2014, 520 (520).

402 Vgl. *Rostalski*, HRRS 2016, 73 (78); siehe auch *Burghardt/Bröckers*, NJW 2015, 903 (905): *„wenn der Vermögensbegriff nicht allein wirtschaftlich verstanden, sondern um normative Gesichtspunkte ergänzt wird."*

403 RG, Urteil vom 20.04.1887 – 2237/86 = RGSt 16, 1.

404 RG, Urteil vom 20.04.1887 – 2237/86 = RGSt 16, 1 (7 ff.).

405 RG, Urteil vom 20.04.1887 – 2237/86 = RGSt 16, 1 (7 ff.); keine Voraussetzung für die Anwendung des individuellen Schadenseinschlags ist es, dass es bereits zum Güteraustausch gekommen ist, vielmehr genügt für einen *Eingehungsschaden*, dass sich der Getäuschte zum Erwerb des unbrauchbaren Gegenstands bereits vertraglich verpflichtet hat, vgl. Wabnitz/Janovsky/Schmitt/*Raum*, WirtschaftsStrafR-HdB, 4. Kapitel Rn. 186; *Eser*, StrafR IV, S. 139.

Diese Grundsätze hat auch der BGH fortgeführt.[406] Im grundlegenden *Melkmaschinenfall* aus dem Jahr 1961[407] formulierte der BGH, dass ein Vermögensschaden dann vorliege, wenn der Erwerber „[1] die angebotene Leistung nicht oder nicht in vollem Umfange zu dem vertraglich vorausgesetzten Zweck oder in anderer zumutbarer Weise verwenden kann oder [2] durch die eingegangene Verpflichtung zu vermögensschädigenden Maßnahmen genötigt wird oder [3] infolge der Verpflichtung nicht mehr über die Mittel verfügen kann, die zur ordnungsmäßigen Erfüllung seiner Verbindlichkeiten oder sonst für eine seinen persönlichen Verhältnissen angemessene Wirtschafts- oder Lebensführung unerlässlich sind."[408] Prägnant lassen sich die Fallgruppen nach *Eser*[409] mit den Schlagwörtern „mangelnde individuelle Verwendbarkeit", „Liquiditätsverlust" und „Zwang zu vermögensschädigenden Folgemaßnahmen" zusammenfassen. Praxisrelevanz hat vor allem die Erstgennannte der drei Fallgruppen erlangt.[410]

Wie den Judikaten des RG und BGH zu entnehmen ist, darf der Grundsatz der Subjektivierung jedoch nicht in der Hinsicht fehlinterpretiert werden, dass es für die Beurteilung des Vermögensschadens rein auf die Sichtweise des Getäuschten ankäme. Stattdessen ist entscheidend, ob die Sache nach der „Auffassung eines sachlichen Beurteilers"[411] nicht oder nicht vollständig für die vertraglich vorausgesetzte Zielsetzung oder in anderer zumutbarer Weise verwendet werden kann. Entscheidend sind damit nicht die Wertschätzungen und Präferenzen des Vermögensträgers, sondern das „vernünftige Urteil eines unbeteiligten Dritten".[412] Allein der Umstand, dass sich der Getäuschte geschädigt fühlt, ist für die Annahme

---

406 St. Rspr. seit BGH, Beschluss vom 16.08.1961 – 4 StR 166/61 = NJW 1962, 309; vgl. BGH, Beschluss vom 09.03. 1999 – 1 StR 50–99 = NStZ 1999, 555 (555); BGH, Beschluss vom 12.06.2018 – 3 StR 171/17 = NStZ-RR 2018, 283; aus der obergerichtlichen Rechtsprechung BayObLG, Beschluss vom 26.03.1987 – RReg. 5 St 14/87 = NJW 1987, 2452 (2452); OLG Hamm, Urteil vom 05.01.1968 – 3 Ss 1188/67 = NJW 1968, 903 (903).

407 BGH, Beschluss vom 16.08.1961 – 4 StR 166/61 = NJW 1962, 309.

408 BGH, Beschluss vom 16.08.1961 – 4 StR 166/61 = NJW 1962, 309 (309 f.); *Kudlich* spricht in Dogmatik und Praxis des Vermögensschadens, S. 123 (124) von der „*Trias des individuellen Schadenseinschlags.*"

409 *Eser*, StrafR IV S. 134 f.; vgl. hierzu auch *Jäger*, StrafR BT, § 10 Rn. 361.

410 *Trüg*, NStZ 2014, 520 (521), *Rengier*, BT I, § 13 Rn. 178; MüKoStGB/*Hefendehl*, § 263 Rn. 800.

411 BGH, Beschluss vom 16.08.1961 – 4 StR 166/61 = NJW 1962, 309 (311).

412 Schönke/Schröder/*Perron*, StGB § 263 Rn. 124 m.w.N.

eines Vermögenschadens nicht ausreichend.[413] Dogmatisch werden somit zur Feststellung eines Vermögensschadens innerhalb der Subjektivierung – quasi als Korrektiv – wiederum objektive Ansätze herangezogen. Diese Praxis wird in der Literatur unterschiedlich bewertet. Teilweise wird dies als problematisch betrachtet, weil der Vermögensschutz damit letztlich einer Fremdbestimmung unterliege.[414] Andere sehen hierdurch die Subjektivierung nicht als wesentlich beschränkt an, da letztlich jede Zweckverfehlung, mit Ausnahme eines „rechtsmissbräuchlich zu eng" geschnittenen Zwecks, dem Tatbestand unterfiele.[415] Jedenfalls ist ein (objektives) Korrektiv schon deswegen angezeigt, weil ansonsten ein Gleichlauf mit der personalen Vermögenslehre hergestellt würde.[416] Ohne diese Objektivierung ließen sich die gegen die personalen Vermögenslehren vorgebrachten Bedenken – namentlich die Gewährung eines ungezügelten Dispositionsschutzes – in gleicher Weise dem individuellen Schadenseinschlag entgegenhalten.

Nicht gleichgesetzt werden darf das Korrektiv der „Unbrauchbarkeit" bzw. fehlenden „Verwendungsfähigkeit" mit demjenigen der (reinen) „Zweckverfehlung". Der letztgenannte Begriff der Zweckverfehlung wird vor allem bei einseitigen Vermögenszuwendungen, also in Konstellation des Spenden-, Bettel-, Schenkungs- sowie Subventionsbetrugs verwendet und soll bei Austauschgeschäften nach herrschender Ansicht gerade nicht zur Anwendung kommen.[417] Grundsätzlich steht die Zweckbezogenheit eines Gegenstands zwar mit dessen Brauchbarkeit in einem engen Zusammenhang, jedoch handelt es sich hierbei um zwei eigenständige Voraussetzungen, die beim individuellen Schadenseinschlag kumulativ vorliegen müssen. Es bedarf daher zunächst der Feststellung einer subjektiven Verfehlung des Dispositionszwecks, die dann jedoch kausal die (aus objektiver Perspektive zu beurteilende) Unbrauchbarkeit bzw. Nichtverwendbarkeit des Gegenstands zur Folge haben muss.[418] Die Zweckverfehlung allein ist daher für die Annahme eines individuellen Schadenseinschlags zwar eine notwendige, jedoch keine hinreichende Voraussetzung.[419]

413 Siehe auch BGH, Beschluss vom 06.09. 2000 – 3 StR 326/00 = NStZ-RR 2001, 41 (41); Schönke/Schröder/*Perron*, StGB § 263 Rn. 124 m.w.N.

414 *Jakobs*, JuS 1977, 228 (228 ff.); vgl. auch Lackner/Kühl/*Kühl*, StGB § 263 Rn. 48.

415 MüKoStGB/*Hefendehl*, § 263 Rn. 805.

416 Vgl. *Rengier*, StrafR, BT I, § 13 Rn. 182.

417 *Fischer*, StGB, § 263 Rn. 137 f.; *Rengier*, StrafR, BT I, § 13 Rn. 149 ff.

418 Vgl. *Ceffinato*, NZWiSt 2015, 90 (96); *Eisele/Bechtel*, JuS 2018, 97 (101).

419 *Texeira*, ZIS 2016, 307 (315).

Auch nach dem grundlegenden *Melkmaschinenfall* wurde der individuelle Schadenseinschlag von der Rechtsprechung in vielgestaltigen Fallkonstellationen bemüht. Prominent sind Fälle der Bestellung von Fachzeitschriften eines Laien[420], der Verkauf eines Lexikons an Ungebildete[421] oder die erschlichene Bestellung von Büchern, die als Lehrmittel im Schulbetrieb a priori ungeeignet waren.[422] Besondere Praxisrelevanz erlangt der individuelle Schadenseinschlag auch im Rahmen der betrügerischen Vermittlung von Kapitalanlagen.[423] Dies betrifft oft Fälle, in denen Anleger täuschungsbedingt in ein gänzlich anderes Anlagemodell investierten, als ihnen zuvor vom Berater oder Vermittler suggeriert worden war. Die Rechtsprechung nimmt in diesen Fällen einen Vermögensschaden (in Höhe der gesamten Anlagesumme) an, wenn der Anleger „etwas völlig anderes erwirbt, als er erwerben wollte" und die empfangene Gegenleistung für den Anleger vollständig unbrauchbar ist.[424]

Auch wenn der individuelle Schadenseinschlag nicht nur in der Rechtsprechung, sondern auch in der strafrechtswissenschaftlichen Literatur anerkannt ist[425], wird die dogmatische Legitimation der Rechtsfigur nur selten intensiver beleuchtet.[426] Klar ist, dass die Rechtsfigur in der Systematik der objektiv-wirtschaftlichen Saldierungslehre einen Fremdkörper darstellt.[427] Der individuelle Schadenseinschlag lässt sich bei dogmatischer Betrachtung vielmehr auf die von der herrschenden Ansicht an sich abgelehnten Grundgedanken der personalen Vermögenslehre zurückführen.[428] Denn durch den individuellen Schadenseinschlag wird letztlich anerkannt, dass sich ein hinreichendes Vermögensverständnis nicht in einer rein objektiv-summativen Betrachtung erschöpfen darf, sondern gleichfalls auch

---

420 BGH, Beschluss vom 16.07.1970 – 4 StR 505/69 = NJW 1970, 1932.

421 OLG Köln, Urteil vom 27.01.1976 – Ss 288/75 = NJW 1976, 1222.

422 OLG Stuttgart, Urteil vom 16.11.1979 – 4 Ss (15) 702/79 = NJW 1980, 1177.

423 Vgl. hierzu *Kudlich*, in: Dogmatik und Praxis des Vermögensschadens, S. 123 (125 f.); *Becker/Rönnau*, JuS 2017, 975 (977); *Trüg*, NStZ 2014, 520 (521).

424 BGH, Urteil vom 07.03.2006 – 1 StR 379/05 = NJW 2006, 1679 (1681) m.w.N. – sog. *„aliud-Rechtsprechung"*.

425 Vgl. nur BeckOK StGB/*Beukelmann*, StGB § 263 Rn. 60; Schönke/Schröder/*Perron*, StGB § 263 Rn. 121; *Rengier*, StrafR, BT I, § 13 Rn. 176 ff.

426 Vgl. *Texeira*, ZIS 2016, 307 (310): *„Streng genommen ist eine echte Begründung dieser Schadensmodalität kaum zu finden"*; vgl. auch *Becker/Rönnau*, JuS 2017, 975 (977): *„selten ausführlich thematisiert"*.

427 *Rönnau*, JuS 2016, 114 (116); vgl. auch *Fischer*, StGB, § 263 Rn. 147: *„Wechsel des Bewertungs-Maßstabs"*; *Kindhäuser/Hilgendorf*, LPK-StGB, § 263 Rn. 176: *„mit dem wirtschaftlichen Ansatz schlechthin nicht zu vereinbaren"*.

428 *Funck*, Täuschungsbedingter Betrugsschaden, S. 288.

die konsumptive Funktion des Vermögens Berücksichtigung finden muss. Es würde einem ausreichenden Vermögensschutz schlicht nicht gerecht, Güter lediglich wirtschaftlich-marktwertbezogen zu bewerten, ohne die spezifisch-individuelle Brauchbarkeit des Vermögensobjekts für den Einzelnen mit einzupreisen. Ob ein versprochener oder bereits erhaltener Gegenstand tatsächlich ein hinreichendes Äquivalent für die eigene Vermögenshingabe darstellt, lässt sich ohne einen jeden Blick auf die individuellen Bedürfnisse und Zwecke des Rechtssubjekts nicht hinreichend beantworten.[429]

Die Figur des individuellen Schadenseinschlags ist jedoch vor dem Hintergrund zweier Entscheidungen des BVerfG aus den Jahren 2010 und 2011 unter Druck geraten.[430] Das BVerfG mahnte an, das Merkmal des Vermögensschadens angesichts des verfassungsrechtlichen Bestimmtheitsgebots aus Art. 103 Abs. 2 GG nicht zu überdehnen. Bei der Feststellung eines Vermögensschadens könnten *normative* Gesichtspunkte zwar „durchaus eine Rolle spielen", dürften jedoch „wirtschaftliche Überlegungen nicht verdrängen".[431] Der 5. Strafsenat des BGH griff die Rechtsprechung des BVerfG im Jahr 2014 in zwei Beschlüssen auf, ließ jedoch mangels Entscheidungsrelevanz offen, ob die Rechtsfigur angesichts der neueren Rechtsprechung des BVerfG (in Teilen) einer Korrektur bedarf.[432] Die weitere Entwicklung bleibt also abzuwarten; am grundsätzlichen Bestand des individuellen Schadenseinschlags wird jedoch auch im Nachgang zu den Entscheidungen des BVerfG nicht zu rütteln sein.[433]

Der 5. Strafsenat stellte jedoch bereits klar, dass das Vorliegen eines Vermögensschadens vorrangig auf Grundlage einer Saldierung ermittelt werden müsse. Nur soweit sich hiernach kein Negativsaldo ergäbe, könne in einem zweiten Schritt zu prüfen sein, ob ein Vermögensschaden in Form des individuellen Schadenseinschlags vorliege.[434] Daneben wird es zur Wahrung

429 Vgl. Schönke/Schröder/Perron, StGB § 263 Rn. 121.

430 BVerfG, Beschluss vom 23.06.2010 – 2 BvR 2559/08 = NJW 2010, 3209 (zu § 266 StGB); BVerfG, Beschluss vom 07.12.2011 – 2 BvR 2500/09 = NJW 2012, 907 (zu § 263 StGB).

431 BVerfG, Beschluss vom 23.06.2010 – 2 BvR 2559/08 = NJW 2010, 3209 (3215); BVerfG, Beschluss vom 07.12.2011 – 2 BvR 2500/09 = NJW 2012, 907 (916).

432 BGH, Beschluss vom 19.02.2014 – 5 StR 510/13 = NStZ 2014, 318 (320); BGH, Beschluss vom 02.07.2014 – 5 StR 182/14 = NStZ 2014, 517 (519).

433 *Becker/Rönnau*, JuS 2017, 975 (977); *Schmidt*, NJW 2015, 284 (284 ff.).

434 BGH, Beschluss vom 02.07.2014 – 5 StR 182/14 = NStZ 2014, 517 (519); zustimmend *Jäger*, JA 2014, 875 (876 f.); *Trüg*, NStZ 2014, 520 (520 f.); **a.A.** *Schmidt*, NJW 2015, 284 (286 f.), der sich für ein gleichrangiges Nebeneinander ausspricht.

der verfassungsmäßigen Grenzen für die Gerichte notwendig sein, die dem individuellen Schadenseinschlag immanente „Verobjektivierung des Subjektiven“[435] auch ernst zu nehmen. Reine Beeinträchtigungen der Dispositionsfreiheit genügen für einen Vermögensschaden nicht. Es bedarf vielmehr – was oft keine hinreichende Berücksichtigung findet – des zusätzlichen Merkmals der fehlenden Brauchbarkeit oder Andersverwendbarkeit der versprochenen oder erhaltenen Gegenleistung. Unter den Begriff der „Verwendbarkeit“ fällt dabei auch die (problemfreie) „Wiederveräußerbarkeit“ einer Sache.[436] Im Falle eines täuschungsbedingten Erwerbs einer Kapitalanlage, die ohne größeren Aufwand und ohne jeglichen Verlust in einem funktionierenden Markt wieder veräußert werden kann, ist damit ein Vermögensschaden nicht gegeben.[437]

(2) Der Gefährdungsschaden

Als weitere Fallgruppe des Vermögensschadens hat sich in der Strafrechtswissenschaft der sogenannte „Gefährdungsschaden“ durchgesetzt[438]. Synonym hierzu werden auch die Begriffe der „konkreten“[439] oder „schadensgleichen“[440] Vermögensgefährdung gebraucht.[441] Ein Gefährdungsschaden liegt nach der Rechtsprechung dann vor, wenn die „Wahrscheinlichkeit[442] eines endgültigen Verlusts eines Vermögensbestandteils so groß ist, dass

---

435 Begriff nach *Schilling*, NStZ 2018, 316 (320).

436 *Funck*, Täuschungsbedingter Betrugsschaden, S. 290.

437 BGH, Beschluss vom 02.07.2014 – 5 StR 182/14 = NStZ 2014, 517 (519); *Texeira*, ZIS 2016, 307 (310); nach *Schmidt*, NJW 2015, 284 (286) und *Schlösser*, HRRS 2014, 395 (400) bedeute dies de facto die Aufgabe der *„aliud-Rechtsprechung“*.

438 Seit RG, Urteil vom 20.04.1887 – 2237/86 = RGSt 16, 1 (11 ff.); vgl. auch RG, Beschluss vom 14.12.1910 – II 1214/10 = RGSt 44, 230 (234); aus der BGH-Rspr.: BGH, Urteil vom 13.06.1985 – 4 StR 213/85 = NJW 1985, 2280 (2281); BGH, Urteil vom 05.11.2003 – 1 StR 287/03 = NStZ 2004, 264.

439 Lackner/Kühl/*Kühl*, StGB § 263 Rn. 40.

440 *Jäger*, StrafR BT, Rn. 363; *Wessels/Hillenkamp/Schuhr*, StrafR BT 2, Rn. 572.

441 Auch die Rspr. verhält sich in der Terminologie nicht einheitlich: BGH, Urteil vom 24.03.2016 – 2 StR 344/14 = NStZ-RR 2016, 341: *„schadensgleiche Vermögensgefährdung“*; BGH, Beschluss vom 20.09.2016 – 2 StR 497/15 = NStZ 2017, 30: *„Gefährdungsschaden“*; BGH, Beschluss vom 13.12.1994 – 1 StR 622/94 = NStZ 1995, 233: *„Vermögensgefährdung“*; BGH, Beschluss vom 19.09.2018 – 1 StR 194/18 = NJW 2019, 378: *„vermögensnachteilsgleiche Vermögensgefährdung“*.

442 Teilweise wird anstelle des Begriffs der *„Wahrscheinlichkeit“* auch der Begriff des *„Naheliegens“* einer endgültigen Vermögensminderung verwendet, vgl. BGH, Beschluss vom 25.04.2007 – 2 StR 25/07 = BeckRS 2007, 09154.

dies bereits im Zeitpunkt der Vermögensverfügung eine objektive Minderung des Gesamtvermögenswerts zur Folge habe".[443] Erforderlich ist dabei, dass das Vermögen des Opfers durch die pflichtwidrige Handlung bereits „konkret gefährdet" wird; eine (lediglich) abstrakte Gefährdung wird hingegen als nicht ausreichend angesehen.[444] Der BGH nimmt eine solche konkrete Gefahr dann an, wenn eine „nicht mehr zu kontrollierende und nur noch im Belieben der Täter stehende Möglichkeit des endgültigen Vermögensverlusts" bestehe.[445] Das BVerfG hat die Rechtsfigur des Gefährdungsschadens – die typischerweise beim „Eingehungsschaden" zum Tragen kommt – grundsätzlich gebilligt.[446] Das Gericht sehe „keine prinzipiellen verfassungsrechtlichen Einwände", wenngleich mit der Rechtsfigur die „Gefahr einer Überdehnung des Tatbestands in erhöhtem Maße" verbunden sei.[447]

Während beim individuellen Schadenseinschlag relativ evident ist, dass sich dieser nicht widerspruchsfrei in die wirtschaftliche Vermögenslehre einordnen lässt – und somit normativer Natur ist – wird dies beim Gefährdungsschaden oftmals bestritten.[448] Die These, mit der eine Einordnung des Gefährdungsschadens in die Saldierungslehre behauptet wird, lautet, dass bei „wirtschaftlicher Betrachtungsweise" eine hinreichend konkrete Vermögensgefährdung bereits eine Verschlechterung der „gegenwärtigen Vermögenslage" mit sich bringe.[449] Aus dem vorgenannten Aspekt der „gegenwärtig bestehenden Vermögensminderung" wurde vom 1. Strafsenat des BGH gar die Ansicht vertreten, die Begrifflichkeit der „konkreten

443 BVerfG, Beschluss vom 23.06.2010 – 2 BvR 2559/08 = NJW 2010, 3209 (3218); BGH, Beschluss vom 20.09.2016 – 2 StR 497/15 = NStZ 2017, 30 (30).

444 BVerfG, Beschluss vom 23.06.2010 – 2 BvR 2559/08 = NJW 2010, 3209 (3218).

445 BGH, Urteil vom 18.10.2006 – 2 StR 499/05 = NJW 2007, 1760 (1764); ähnlich auch SK-*Hoyer*, StGB, § 263 Rn. 235, der eine Vermögensgefährdung dann als schadensgleich anerkennen will, wenn diese einen *„nicht mehr umkehrbaren Kausalverlauf in Richtung eines dauerhaften Vermögensverlustes in Gang setzt"*.

446 BVerfG, Beschluss vom 23.06.2010 – 2 BvR 2559/08 = NJW 2010, 3209; BVerfG, Beschluss vom 07.12.2011 – 2 BvR 2500/09 = NJW 2012, 907.

447 BVerfG, Beschluss vom 23.06.2010 – 2 BvR 2559/08 = NJW 2010, 3209 (3219); BVerfG, Beschluss vom 07.12.2011 – 2 BvR 2500/09 = NJW 2012, 907 (916).

448 Siehe nur SSW StGB/*Satzger*, § 263 Rn. 248: *„zwingende Konsequenz des wirtschaftlichen Ausgangspunkts"*; vgl. auch *Funck*, Täuschungsbedingter Betrugsschaden, S. 304 ff.

449 Statt vieler Schönke/Schröder/*Perron*, StGB § 263 Rn. 143a; *Rengier*, StrafR BT II, § 13 Rn. 184 ff.

Vermögensgefährdung" sei überflüssig, da es sich letztlich um einen vollwertigen Vermögensschaden handle.[450]

Wenn es sich jedoch tatsächlich um ein bloßes „Scheinproblem"[451] handeln würde, welches sich in die bestehende Dogmatik widerspruchsfrei einordnen ließe, wären jedoch die starken Kontroversen um den Gefährdungsschaden wohl kaum erklärbar.[452] Der Rechtsfigur wird aufgrund seiner Extension des Vermögensschadensmerkmals in Teilen der Literatur seit jeher die Berechtigung abgesprochen.[453] Auch das BVerfG hätte sich wohl kaum veranlasst gesehen, in seinen beiden Leitentscheidungen aus den Jahren 2010 und 2011 eindringlich auf eine restriktive Handhabung des Gefährdungsschadens zu drängen, wenn sich dieser in die herkömmliche Dogmatik widerspruchsfrei einordnen ließe. In beiden Beschlüssen wurde die Rechtsfigur zwar, wie dargelegt, grundsätzlich gebilligt, jedoch den Gerichten unter dem Blickwinkel des Art. 103 Abs. 2 GG die Verpflichtung aufgegeben, den Vermögensschaden „der Höhe nach zu beziffern und dessen Ermittlung in wirtschaftlich nachvollziehbarer Weise in den Urteilsgründen darzulegen."[454]

Als Folgeproblem dieses Bezifferungsgebots stellt sich unweigerlich die Frage, anhand welcher Kriterien man Risiken monetär quantifizieren soll, von denen ungewiss ist, ob sie jemals in der Zukunft eintreten werden. Überwiegend werden dabei bilanzrechtliche Erwägungen (§ 252 ff. HGB) herangezogen.[455] Der pauschale Verweis auf das handelsrechtliche Bilanzrecht hilft in der konkreten Rechtsanwendung jedoch kaum weiter. Zum einen kennt das Bilanzrecht unterschiedliche Bewertungsmaßstäbe, die

---

450 BGH, Beschluss vom 20.03.2008 – 1 StR 488/07 = NStZ 2008, 457 (457); BGH, Beschluss vom 18.02.2009 – 1 StR 731/08 = NJW 2009, 2390 (2391); ebenso *Becker/Rönnau*, JuS 2017, 499 (500); *„missverständliche Terminologie"*; **a.A.** jedoch der 2. Strafsenat des BGH, vgl. Urteil vom 29.08.2008 – 2 StR 587/07 = NJW 2009, 89 (91 f.), der terminologisch zwischen Gefährdungsschaden und endgültigem Vermögensschaden trennt; so auch *Fischer*, in: Dogmatik und Praxis des strafrechtlichen Vermögensschadens, S. 56; MüKoStGB/*Hefendehl*, StGB § 263 Rn. 728.

451 BGH, Beschluss vom 18.02.2009 – 1 StR 731/08 = NJW 2009, 2390 (2391).

452 *Brüning*, ZJS 2009, 300 (303).

453 Vgl. nur die Zusammenfassung der Kritikpunkte bei *Sickor*, JA 2011, 109 (110); siehe auch *Zebisch/Kubik*; NStZ 2017, 322 (328): *„Vehikel zur Begründung einer (gesetzlich nicht vorgesehenen) Strafbarkeit."*

454 BVerfG, Beschluss vom 23.06.2010 – 2 BvR 2559/08 = NJW 2010, 3209 (3215); BVerfG, Beschluss vom 07.12.2011 – 2 BvR 2500/09 = NJW 2012, 907 (916).

455 BVerfG, Beschluss vom 23.06.2010 – 2 BvR 2559/08 = NJW 2010, 3209 (3219).

je nach Anwendung zu konträren Lösungen führen.[456] Zum anderen erscheint auch ganz grundsätzlich das Vorsorgeprinzip des Bilanzrechts (vgl. § 252 Abs. 1 Nr. 4 HGB), welches zu Rückstellungen und Abschreibungen veranlasst, kaum auf das Strafrecht transferierbar.[457] Unabhängig davon fehlt es bei bestimmten Vermögensrisiken, wie beispielsweise einem bestehenden Prozessrisiko, von vornherein an greifbaren Anhaltspunkten, die eine Bezifferung ermöglichen würden.[458] Letztlich dienen alle Ansätze dem mehr oder weniger verzweifelten Versuch, greifbare Anhaltspunkte für eine an sich nicht mögliche Quantifizierung eines Risikos zu erreichen. Mit dem Rückgriff auf das fachfremde Bilanzrecht werden letztlich nicht bezifferbare Risiken künstlich *bezifferbar gemacht*.[459] Denn ein Risiko ist schlicht kein mathematisch greifbares Phänomen. Eine Gefahr, mag sie auch noch so konkret sein, ist stets prognosebezogen, bezieht sich auf künftige Entwicklungen und ist damit denklogisch einem (messbaren) Schaden vorgelagert.[460]

Dass auch der BGH selbst nicht von einer vollständigen Deckungsgleichheit von endgültigem Schaden und Gefährdungsschaden ausgeht, zeigt sich an seiner Rechtsprechung zum gesetzlichen Regelbeispiel des Betrugstatbestands in § 263 Abs. 3 Satz 2 Nr. 2 Alt. 1 StGB. Denn hier soll eine schadensgleiche Vermögensgefährdung zur Verwirklichung des Regelbeispiels gerade nicht ausreichen, da ein „Schaden" keinem „Verlust" gleichgestellt werden könne.[461] Unter der Prämisse des Saldierungsprin-

456 *Kempf*, in: Dogmatik und Praxis des strafrechtlichen Vermögensschadens, S. 330 ff.

457 Ablehnend daher Schönke/Schröder/*Perron*, StGB § 263 Rn. 143a m.w.N.; kritisch ferner *Rengier*, StrafR BT II, § 13 Rn. 185c: „*Hinter dem bilanziellen Ansatz stehen Fragezeichen*"; *Rübenstahl*, NJW 2009, 2392 (2393): „*nicht hinreichend durchdacht*"; siehe auch *Kempf*, in: Dogmatik und Praxis des strafrechtlichen Vermögensschadens, S. 332 und *Becker/Rönnau*, JuS 2017, 499 (501) nach denen das Vorsichtsprinzip des Handelsrechts in Widerspruch mit den strafrechtlichen Grundsätzen der Unschuldsvermutung und des Bestimmtheitsgrundsatzes stehe.

458 *Fischer*, StGB, § 263 Rn. 151a; *Becker*, NStZ 2017, 31 (32); siehe auch die grundsätzliche Kritik an den Kriterien der Rspr. bei MüKoStGB/*Hefendehl*, StGB § 263 Rn. 699.

459 *Becker*, NStZ 2017, 31 (32).

460 Siehe *Becker*, HRRS 2009, 334 (336); Schönke/Schröder/*Perron*, StGB § 263 Rn. 143a; vgl. zur fehlerhaften Verknüpfung von Gefährdungsschaden und wirtschaftlichem Vermögensbegriff auch die ausführliche Kritik bei *Becker*, Gefährdungsschaden und betriebswirtschaftliche Vermögensbewertung, S. 133 ff.

461 BGH, Urteil vom 07.10.2003 – 1 StR 212/03 = NJW 2003, 3717 (3717 ff.).

zips ist ein Schaden jedoch gerade eine nicht ausgeglichene Minderung des Vermögens, anders ausgedrückt also ein „Vermögensverlust".[462]

Als Paradebeispiel des Gefährdungsschadens wird häufig der Kreditbetrug genannt, bei dem der Schuldner über seine Bonität täuscht, um einen Darlehensvertrag abschließen zu können.[463] Als Argument für einen objektiv-wirtschaftlichen Vermögensschaden wird angeführt, dass sich bereits im Zeitpunkt des Abschlusses des Darlehensvertrags ungleichwertige Ansprüche gegenüberstünden.[464] Diese oft repetierte Argumentation ist jedoch unzutreffend. Während der Getäuschte gemäß § 488 Abs. 1 Satz 1 BGB verpflichtet ist, dem Täuschenden einen Geldbetrag in der vereinbarten Höhe zur Verfügung zu stellen, erwächst ihm im Gegenzug aus objektiv-wirtschaftlicher Perspektive gerade ein vollwertig kompensierender (saldierender) Rückzahlungsanspruch aus § 488 Abs. 1 Satz 2 BGB.[465] Die Vermögensmassen stehen sich rechnerisch äquivalent gegenüber, die Ansprüche saldieren sich wechselseitig auf Null. Der fehlerhafte Rekurs auf die objektiv-wirtschaftliche Vermögenslehre lässt sich noch plastischer erkennen, wenn man sich vor Augen führt, dass die bloße Täuschung über die (Rück-)Zahlungswilligkeit einen Gefährdungsschaden begründen soll.[466] Es ist geradezu paradox, eine objektiv-wirtschaftliche Schlechterstellung zu behaupten, wenn diese einzig auf einer subjektiven Mentalreservation des Täuschenden beruht. Allein durch einen inneren Vorbehalt – der sich zudem auch jederzeit wieder ändern kann – wird der andere Teil noch nicht „ärmer". Dies ist jedoch gerade die Prämisse, die sich die Saldierungslehre selbst setzt.[467]

Die fehlende Tragfähigkeit des Rekurses auf objektiv-wirtschaftliche Erwägungen zeigt sich auch beim Kapitalanlagebetrug. Hier stellt die Rechtsprechung nicht nur auf die Fallgruppe des individuellen Schadenseinschlags ab, sondern bemüht bei Risikogeschäften auch die Fallgruppe des Gefährdungsschadens.[468] Oftmals ist es ebenso wahrscheinlich, dass sich eine Kapitalanlage positiv entwickelt und der Anleger durch die Zeich-

---

462 *Becker*, HRRS 2009, 334 (336).

463 Siehe nur *Eisele/Bechtel*, JuS 2018, 97 (97 ff.).

464 *Eisele/Bechtel*, JuS 2018, 97 (101).

465 Vgl. auch *Ransiek/Reichling*, ZIS 2009, 315 (317) wonach schuldrechtliche Forderungen grundsätzlich mit ihrem Nennwert anzusetzen sind.

466 BGH, Urteil vom 03.06.1960 – 4 StR 121/60 = NJW 1961, 182 (183); BeckOK StGB/*Beukelmann*, StGB § 263 Rn. 66; Schönke/Schröder/*Perron*, StGB § 263 Rn. 27.

467 Vgl. *Saliger*, HRRS 2012, 363 (364).

468 BGH, Beschluss vom 19.02.2014 – 5 StR 510/13 = NStZ 2014, 318 (320).

nung der Anlage rein tatsächlich „reicher" werden wird. Im Zeitpunkt des Vertragsschlusses, der beim strafrechtlichen Eingehungsschaden allein maßgeblich ist[469], lässt sich schlicht nicht vorhersagen, in welche Richtung das Pendel ausschlagen wird.[470] Ein negativer Vermögenssaldo kann damit allein durch Zeichnung der Anlage auch nicht angenommen werden.

Die vorstehenden Ausführungen sollen nicht dahin missverstanden werden, dass der Rechtsfigur entgegen der verfassungsrichterlichen Vorgaben[471] und der ganz überwiegenden Ansicht in der übrigen Rechtsprechung[472] und Literatur[473] ihre Berechtigung abgesprochen werden soll. Vielmehr soll das Augenmerk darauf gerichtet werden, wie sich die Rechtsfigur dogmatisch sauber fassen lässt. Wie der individuelle Schadenseinschlag dient auch die Figur des Gefährdungsschadens rein tatsächlich einem – wenn auch nicht schrankenlosen – Dispositionsschutz. Es sind erneut normative Erwägungen, die dazu veranlassen, die wirtschaftliche Dispositionsstörung des Getäuschten bereits als Vermögensschaden zu begreifen.[474] Ausweislich der Judikatur des BVerfG ist es auch legitim, normative Gesichtspunkte bei der Prüfung eines Vermögensschadens jedenfalls mit einfließen zu lassen.[475] Wie sich bereits beim individuellen Schadenseinschlag gezeigt hat, schließen sich Dispositions- und Vermögensschutz – trotz der in der Judikatur vielfach leerformelhaft vorgeschobenen angeblichen Andersartigkeit von Vermögen und Dispositionsfreiheit[476] – nicht aus. Diese längst überfällige Feststellung

---

469 BGH, Beschluss vom 23.02.1982 – 5 StR 685/81 = NJW 1982, 1165; NK-StGB/*Kindhäuser*, § 263 Rn. 317.

470 Zu dieser Problematik *Saliger*, JZ 2012, 723 (725 ff.); vgl. auch *Fischer*, StGB, § 263, Rn. 130: *„Gutgläubige Anleger, die (…) reich geworden sind, als Betrugs-Opfer anzusehen, dürfte freilich diesen selbst eher überraschend erscheinen"*.

471 BVerfG, Beschluss vom 23.06.2010 – 2 BvR 2559/08 = NJW 2010, 3209; BVerfG, Beschluss vom 07.12.2011 – 2 BvR 2500/09 = NJW 2012, 907.

472 Siehe nur BGH, Urteil vom 18.10.2006 – 2 StR 499/05 = NJW 2007, 1760; BGH, Beschluss vom 02.04.2008 – 5 StR 354/07 = NJW 2008, 1827.

473 Vgl. nur Schönke/Schröder/*Perron*, StGB § 263 Rn. 143a; *Becker/Rönnau*, JuS 2017, 499 (500 ff.); siehe auch ERST-WirtschaftsstrR/*Saliger*, § 263 StGB Rn. 187: *„seit über 140 Jahren in ständiger Rspr. und dem ganz überwiegenden Schrifttum anerkannt"*.

474 So auch *Fischer*, in: Dogmatik und Praxis des strafrechtlichen Vermögensschadens, S. 53; *ders*., in: StGB, § 263 Rn. 163.

475 BVerfG, Beschluss vom 23. 06. 2010 – 2 BvR 2559/08 = NJW 2010, 3209 (3215); BVerfG, Beschluss vom 07.12.2011 – 2 BvR 2500/09 = NJW 2012, 907 (916).

476 Siehe nur BGH, Urteil vom 16.06.2016 – 1 StR 20/16 = NJW 2016, 3543 (3544): *„§ 263 StGB schützt weder das bloße Affektionsinteresse noch die wirtschaftliche Dispositionsfreiheit noch die Wahrheit im Geschäftsverkehr, sondern allein das Vermögen."*

hat mittlerweile auch Eingang in die Spruchpraxis des 2. Strafsenats des BGH gefunden.[477] Der Senat spricht gar davon, dass die Dispositionsfreiheit zum „*Kern*“ des Vermögens gehört.[478]

III. Zwischenergebnis

> *„Der Vermögensbegriff des StGB ist kein wirtschaftlicher, sondern ein normativierter; hieran ändert auch seine Bezeichnung als „wirtschaftlich“ nichts, denn entgegen der Behauptung (auch der ständ. Rspr.) (...) erfährt diese Beschreibung wichtige, rein normativ begründete Einschränkungen.“*[479]

So fasst *Fischer*, ehemals Vorsitzender des 2. Strafsenats beim BGH, in seinem Standardkommentar zum Strafgesetzbuch den Vermögensbegriff des StGB treffend zusammen. Der wirtschaftlich orientierte Ansatz der herrschenden Meinung nähert sich in wichtigen Fallgruppen einem subjektiven Vermögenschadensbegriff an, der den individuellen Freiheits- und Personenbezug des Vermögens unterstreicht.[480] Die Saldierungslehre ist damit kein unverrückbares Dogma, sondern nur der erste Ausgangspunkt der Vermögensschadensbetrachtung. Eine rein objektiv-wirtschaftliche Betrachtungsweise, die die Dispositionsziele des Vermögensträgers gänzlich ausblenden würde, würde einem umfassenden Vermögensschutz auch nicht gerecht. Die Begriffe des Vermögens und der Dispositionsfreiheit stellen sich dabei auch nur prima facie als aliud dar.[481] Denn hinreichender Vermögensschutz bedeutet auch, eigene Vermögenswerte für selbst gewählte Dispositionszwecke einsetzen zu können. Dieses Verständnis, ohne das wichtige Fallgruppen in der Vermögensschadensdogmatik überhaupt nicht erklärbar wären, wurde vom 2. Strafsenat des BGH mittlerweile

---

477 BGH, Urteil vom 29. 08 2008 – 2 StR 587/07 = NJW 2009, 89.

478 BGH, Urteil vom 29.08.2008 – 2 StR 587/07 = NJW 2009, 89 (92); ebenso *Rönnau*, in: Dogmatik und Praxis des Vermögensschadens, S 33; vgl. auch *Hauck*, ZIS 2011, 919 (922), der Angriffe auf das Vermögen ambivalent in Form der Saldominderung einerseits und des Entzugs der Dispositionsmöglichkeit andererseits begreift.

479 *Fischer*, StGB, § 263 Rn. 3.

480 *Fehling/Faust/Rönnau*, JuS 2006, 18 (24 f.).

481 *Schlösser*, HRRS 2009, 19 (24).

auch offen ausgesprochen.[482] Auch die Literatur begreift die Begriffe „Vermögen“ und „Dispositionsfreiheit“ mittlerweile nicht mehr streng antithetisch, sondern formuliert zurückhaltender, dass die Dispositionsfreiheit zumindest nicht „allein“[483], „als solche“[484] oder „soweit sie keinen geldwerten Vermögensteil beinhalte“[485] geschützt werde. Es ist damit zwischen einem „zulässigen unselbständigen“ und einem „unzulässigen selbständigen“ Dispositionsschutz zu differenzieren.[486]

Es gilt daher, einen hinreichenden Vermögens(dispositions)schutz zu gewährleisten, ohne jedoch damit das Vermögensschadensmerkmal zu überdehnen.[487] Die zentrale Frage innerhalb der strafrechtlichen Vermögensschadensdogmatik ist damit letztlich diejenige, in welchem Ausmaß und mit welchen Schranken man Normativierungen der Vermögensschadensbestimmung einerseits als geboten und anderseits als (noch) zulässig erachtet.[488]

---

482 BGH, Urteil vom 29.08.2008 – 2 StR 587/07 = NJW 2009, 89 (92): *„Denn die Möglichkeit zur Disposition über das eigene Vermögen gehört zum Kern der von § 266 StGB geschützten Rechtsposition“.*

483 Schönke/Schröder/*Perron*, StGB § 263 Rn. 1/2.

484 Lackner/Kühl/*Kühl*, StGB § 263 Rn. 2.

485 *Fischer*, StGB, § 263 Rn. 3.

486 ERST-WirtschaftsstrR/*Saliger*, § 263 StGB Rn. 155.

487 Vgl. ERST-WirtschaftsstrR/*Saliger*, § 263 StGB Rn. 155: *„Mittelweg zwischen vollständiger Objektivierung und völliger Subjektivierung des Vermögensschadens“.*

488 Siehe hierzu auch *Trüg*, NStZ 2014, 520 (520).

Kapitel 6: Der ungewollte Vertrag als Vermögensschaden in der Zivilrechtsdogmatik?

I. Kriterien zur Bestimmung des zivilrechtlichen Vermögensschadens

1. Das Erfordernis einer geldwerten Einbuße

Wie bereits der Rechtsbegriff des „Schadens“ vom Gesetzgeber keiner Definition zugeführt wurde, verhält sich das Bürgerliche Gesetzbuch auch nicht dazu, was unter den Begrifflichkeiten des „Vermögens“[489] oder des „Vermögensschadens“[490] zu verstehen ist. Die Ausformung dieser Termini sollte vielmehr ebenfalls durch Judikatur und Lehre erfolgen.[491]

Larenz spricht davon, dass Vermögensgüter nur solche sein können, deren Wert in Geld messbar sei. Vermögensschaden sei jeder Schaden, „der sich als eine Einbuße an Geld oder geldwerten Gütern, oder als eine Minderung des in einer Geldsumme ausgedrückten Vermögensgesamtwertes verstehen lässt.“[492] *Brand* sieht einen Vermögensschaden ebenfalls dann, wenn die erlittene Einbuße „objektiv, d.h. unabhängig von den Neigungen und Empfindungen des Geschädigten, in Geld oder geldwerten Gü-

---

489 In anderem Zusammenhang greift das BGB den Begriff des „Vermögens“ vereinzelt auf, vgl. § 1922 Abs. 1 BGB (Gesamtvermögensnachfolge), 1626 Abs. 1 BGB (Vermögenssorge); § 718 Abs. 1 BGB (Gesellschaftsvermögen); der schadensrechtliche Vermögensbegriff deckt sich hiermit jedoch nicht, siehe *Paschke/Wolfram*, DZWir 1995, 485 (488).

490 Der Begriff wird im BGB allein innerhalb der Norm des § 253 Abs. 1 BGB verwendet, worin geregelt wird, dass eine Geldentschädigung – sofern ein Vermögensschaden nicht vorliegt – nur in den gesetzlich bestimmten Fällen gefordert werden kann. Eine Definition oder Umschreibung des Vermögensschadens findet sich jedoch nicht.

491 Vgl. Mot. II, S. 19 = *Mugdan* II, S. 10; BGH, Beschluss vom 09.07.1986 – GSZ 1/86 = NJW 1987, 50 (51); *„Das BGB hat für das Schadensrecht die Begriffe Vermögen und Vermögensschaden nicht festgelegt, sondern sie Wissenschaft und Praxis zur Ausbildung überlassen“*; kritisch hierzu *Roussos*, Schaden und Folgeschaden, S. 146, der es als bedenklich ansieht, dies ausschließlich der richterlichen Entscheidungsbefugnis zu überlassen.

492 *Larenz*, SchuldR AT, § 29 I (S. 485 f.).

tern messbar ist."[493] Auch *Roussos*[494] und *Ekkenga/Kuntz*[495] sehen in dieser geldlichen Bewertbarkeit das Wesensmerkmal des Vermögensschadens. Schließlich folgt auch der BGH diesem Ansatz. Einbußen müssten beim Vermögensschaden „geldwert in Erscheinung treten".[496] In Abgrenzung hierzu ließen sich immaterielle Schäden „nie in Geld ausdrücken".[497] Anerkannt ist damit sowohl in der Rechtsprechung als auch in der Literatur, dass ein Vermögensschaden dann vorliegt, wenn sich der Nachteil geldwert quantifizieren lässt.[498]

Problematisch wird es jedoch, wenn neben diesem Kriterium noch weitere Anforderungen an das Vorliegen eines Vermögensschadens gestellt werden. *Ebert* benennt den Vermögensschaden als die in „Geld messbare *und* durch eine Geldleistung auszugleichende Einbuße am Vermögen".[499] Mit diesem Ansatz werden haftungsbegründende Elemente des Schadensbegriffs mit haftungsausfüllenden Schlussfolgerungen unzulässigerweise vermengt. Das Vorliegen eines Vermögensschadens einerseits und die Frage der Ausgleichung anderseits sind zwei völlig unterschiedliche und damit zu trennende Aspekte. Daneben ist die Aussage auch inhaltlich unzutreffend. Nach dem Grundsatz der Naturalrestitution in § 249 Abs. 1 BGB besteht für den Schädiger primär die Verpflichtung zur Herstellung eines hypothetischen schadensfreien Zustands.[500] Den Ersatzpflichtigen trifft damit auch bei Vermögenschäden eine Herstellungs- und keine Zahlungspflicht.[501]

---

493 *Brand*, Schadenersatzrecht, § 2 Rn. 14; BeckOGK/*Brand*, BGB § 249 Rn. 26.

494 *Roussos*, Schaden und Folgeschaden, S. 144.

495 Soergel/*Ekkenga/Kuntz*, BGB, Vor § 249 Rn. 74.

496 BGH, Urteil vom 22.11.1988 – VI ZR 126/88 = NJW 1989, 766 (767).

497 BGH, Beschluss vom 06.07.1955 – GSZ 1/55 –, juris; ähnlich *Brox/Walker*, SchuldR AT, § 29 Rn. 4: *„Nichtvermögensschäden sind solche Schäden, die sich nicht in einer Vermögensminderung niederschlagen."*

498 Diesen Grundkonsens sieht auch MüKoBGB/*Oetker*, BGB § 249 Rn. 28.

499 Erman/*Ebert*, BGB, § 249, Rn. 46.

500 BeckOK BGB/*Flume*, BGB § 249 Rn. 2, 56. Liegt eine Verletzung der Person oder Beschädigung einer Sache vor, kann zwar gemäß § 249 Abs. 2 S. 1 BGB statt Naturalherstellung Ersatz in Geld verlangt werden; jedoch obliegt dies der Entscheidung des Geschädigten, ohne dass der Schädiger hierauf ein Anrecht hätte.

501 Vgl. auch BGH, Urteil vom 25.10.1996 – V ZR 158/95 = NJW 1997, 520 (520 f.): *„Der Geschädigte hat nicht die Wahl zwischen dem Restitutionsanspruch nach § 249 BGB und dem Kompensationsanspruch nach § 251 BGB. Der Vorrang liegt bei der Restitution. Ist sie – wie hier – möglich und ausreichend, so ist er zur Kompensation nicht berechtigt."*

Es bleibt damit für die Bestimmung des Vermögensschadens beim maßgeblichen Kriterium der geldwerten Messbarkeit der Einbuße. Mit dieser Feststellung allein ist jedoch noch nicht viel gewonnen. Denn Kern der Diskussion ist die notwendig zuvor zu beantwortende Frage, was überhaupt der „Gegenstand der Messung" ist. So besteht einerseits die Möglichkeit, in objektiv-wirtschaftlicher Weise zwei Vermögenslagen (die reale Lage nach dem schädigenden Ereignis und die hypothetische Lage ohne das schädigende Ereignis) gegenüberzustellen und diese Differenz zu „messen". Andererseits besteht aber auch die Möglichkeit, im Falle der Verfehlung eines konkreten Dispositionsziels den (subjektiv) nutzlos entrichteten Vertragspreis in Geldeswert zu „messen". Relevant ist damit, welches konkrete Vermögensverständnis man zugrunde legt.[502] Es zeigt sich damit letztlich die identische Problemstellung wie in der strafrechtlichen Diskussion.

2. Die Differenzhypothese

a) Gesetzliche Verankerung?

Als Mittel der Wahl zur Feststellung, ob ein Vermögensschaden vorliegt und zudem in welcher Höhe dieser besteht[503], wird im Ausgangspunkt nahezu einhellig[504] auf die Differenzhypothese[505] abgestellt. Der auf *Mommsen*[506] zurückgehende Ansatz wird auch in der Rechtspraxis in

---

502 Vgl. auch MüKoBGB/*Oetker*, BGB § 249 Rn. 27: „*Was die einen als ein rein ideelles Gut ansehen, ist für die anderen ein vermögenswertes Gut, dessen Wert sich in einem Geldbetrag ausdrücken lässt*".

503 *Roussos*, Schaden und Folgeschaden, S. 170 f.; MüKoBGB/*Oetker*, BGB § 249 Rn. 18.

504 *Wendehorst*, Anspruch und Ausgleich, S. 60: „*Die prinzipielle Geltung der Differenzhypothese ist in Rechtsprechung und Lehre praktisch unbestritten.*"; *Lange/Schiemann*, Schadensersatz, S. 43; „*Kern der Differenzhypothese, der ernstlich nicht bestritten werden kann*"; siehe auch Palandt/*Grüneberg*, BGB, Vorb. v. § 249 Rn. 10; NK-BGB/*Magnus*, Vor §§ 249–255, Rn. 20; *Förster*, JA 2015, 801 (801).

505 Synonym der „*Differenzhypothese*" ist die „*Differenzmethode*", vgl. *Brox/Walker*, SchuldR AT, § 29 Rn. 2; abzugrenzen ist der Begriff jedoch von der „*Differenztheorie*" als Gegenbegriff zur Surrogationstheorie beim Schadensersatz statt der Leistung, vgl. *Brand*, Schadensersatzrecht, § 2 Rn 8; anders jedoch Jauernig/*Teichmann*, BGB § 826 Rn. 45, der auch diesen Begriff als Synonym zur Differenzhypothese verwendet.

506 *Mommsen*, Lehre von dem Interesse, S. 3.

ständiger Rechtsprechung rezipiert. Erforderlich ist nach dem BGH ein „rechnerischer Vergleich der durch das schädigende Ereignis bewirkten Vermögenslage mit derjenigen, die ohne jenen Umstand bestünde“.[507] Durchzuführen ist dabei ein „Gesamtvermögensvergleich“, der alle von dem „haftungsbegründenden Ereignis betroffenen finanziellen Positionen“ umfasst, in Form einer Gegenüberstellung der hypothetischen und der tatsächlichen Vermögenslage.[508]

Es gilt als gesichert, dass dieses Vermögensschadensverständnis auch von den Gründungsvätern des Bürgerlichen Gesetzbuchs zugrunde gelegt wurde.[509] Entgegen der weit verbreiteten Vorstellung ist die Differenzhypothese jedoch nicht in das BGB integriert worden. Als vermeintlich (unmittelbare) gesetzliche Verankerung wird oftmals die Norm des § 249 Abs. 1 BGB bemüht.[510] Andere formulieren etwas vorsichtiger, dass sich die Differenzhypothese jedenfalls mittelbar, also im Wege eines Rückschlusses, aus der Norm des § 249 Abs. 1 BGB ableiten ließe.[511] Auch an dieser Stelle wird jedoch die vielfach anzutreffende Vermengung von Haftungsbegründung und Haftungsausfüllung deutlich. Die Norm des § 249 Abs. 1 BGB stellt eine (rein) haftungsausfüllende Vorschrift dar, die Art, Inhalt und Umfang des zu ersetzenden Schadens regelt.[512] Die Anwendung der Norm steht unter der Prämisse eines vorliegenden Schadens. Die normative Geltung der Vorschrift erstreckt sich jedoch nicht auf die vorrangig zu beantwortende Frage der Schadensermittlung an sich.[513] Auch der Große Senat für Zivilsachen beim BGH hat richtigerweise klargestellt, dass die

507 Siehe nur BGH, Urteil vom 10.12.1986 – VIII ZR 349/85 = NJW 1987, 831 (834); BGH, Urteil vom 06.07.2000 – IX ZR 198/99 = NJW 2001, 673 (674), jew. m.w.N.

508 BGH, Urteil vom 05.02.2015 – IX ZR 167/13 = NJW 2015, 1373 (1374); **a.A.** *Keuk*, Vermögensschaden und Interesse, S. 15 ff.; BeckOK BGB/*Flume*, BGB § 249 Rn. 39 ff., die sich anstelle eines Gesamtvermögensvergleichs für die Addition einzelner Schadensposten aussprechen.

509 *Magnus*, Schaden und Ersatz, S. 9; *Mertens*, Vermögensschaden, S. 18 jew. m.w.N.

510 *Hirsch*, SchuldR AT, Rn. 868:*“§ 249 [BGB] folgt der von Friedrich Mommsen begründeten Differenzhypothese“*; siehe auch MüKoBGB/Oetker, BGB § 249 Rn. 19, wonach der erforderliche Vergleich zweier Vermögenslagen *„durch § 249 Abs. 1 BGB vorgegeben“* sei.

511 Erman/*Ebert*, BGB, Vor §§ 249–253 Rn. 24 f.; ähnlich auch *Medicus*, JuS 1979, 233 (235), der von einer in § 249 Abs. 1 BGB *„wenigstens angedeuteten Schadensermittlung“* spricht.

512 Palandt/*Grüneberg*, BGB, Vorb. v. § 249 Rn. 1.

513 AK-BGB/*Rüssmann*, Vor § 249 Rn. 1: *„Die §§ 249–253 regeln das „Wie" des Schadensersatzes. Die (positive) Beantwortung des „Ob" setzen sie voraus.“*

Differenzhypothese im BGB keinen gesetzlichen Niederschlag gefunden hat.[514] Dies ist auch zutreffend, da sich in § 249 Abs. 1 BGB lediglich die Verpflichtung zur restitutio in integrum, jedoch schlicht kein verbindliches Saldierungspostulat zur Feststellung eines Vermögensschadens findet. Die Differenzhypothese ist nicht gesetzlich kodifiziert.[515] Da die Kriterien für die Ermittlung eines Vermögensschadens nicht legislativ vorgegeben sind, ist die Problematik grundsätzlich als „offen" zu betrachten.[516]

Gleichwohl besteht jedoch der weitgehende Grundkonsens, dass die Differenzhypothese nach wie vor unverzichtbarer *Ausgangspunkt* der Vermögensschadensbestimmung zu bleiben hat. Der Abschluss eines Vertrags, der sich durch eine objektiv-wirtschaftliche Inadäquanz von Leistung und Gegenleistung kennzeichnet, stellt sich damit als Vermögensschaden dar, der sich unproblematisch mit der Differenzhypothese erklären lässt.[517] Ob ein solch objektiv-wirtschaftlich-nachteilhafter Vertrag vorliegt, lässt sich feststellen, indem man sich eine hypothetische Vertragsabwicklung vor Augen führt. Gelangt man zur Feststellung, dass die Erfüllung der einen vertraglichen Verpflichtung wertsummenmäßig nicht vollständig durch die Erfüllung der vertraglichen Verpflichtung des Vertragspartners kompensiert wird, ist ein Vermögensschaden gegeben. Der Getäuschte wird dann mit einer Verbindlichkeit belastet, ohne im Gegenzug eine objektiv-gleichwertige Forderung zu erwerben.[518] Der ungewollte Vertrag im Sinne dieser Arbeit lässt sich hingegen mit der Differenzhypothese nicht fassen, da sich die wechselseitigen vertraglichen Verpflichtungen objektiv-wirtschaftlich gerade als gleichwertig darstellen.

---

514 BGH, Beschluss vom 09.07.1986 – GSZ 1/86 = NJW 1987, 50 (51): *„nicht im Gesetz festgeschrieben"*.

515 So auch Soergel/*Ekkenga/Kuntz*, Vor § 249 Rn. 42; BeckOK BGB/*Flume*, BGB § 249 Rn. 39; *Wagner*, Neue Perspektiven im Schadensersatzrecht, A 12; *Hagen*, FS Larenz, S. 867 (871); vgl. auch *Keuk*, Vermögensschaden und Interesse, S. 16, die es ebenfalls als verbreitetes Missverständnis bezeichnet, wenn aus der Formulierung des § 249 Abs. 1 BGB gefolgert wird, ein Schaden müsse als rechnerische Differenz ermittelt werden.

516 *Hagen*, FS Larenz, S. 867 (871).

517 *Lorenz*, Der Schutz vor dem unerwünschten Vertrag, S. 69 ff.; *Schumacher*, Vertragsaufhebung, S. 117.

518 *Lehmann*, Vertragsanbahnung, S. 276 f.; *Mertens*, Vermögensschaden, S. 162.

b) Grundsätzliche Parallelität zur strafrechtlichen Saldierungslehre

Mit der zivilrechtlichen Differenzhypothese kann eine dogmatische Parallele zur strafrechtlichen Saldierungslehre gezogen werden. Denn auch in der Strafrechtsdogmatik entspricht es, wie bereits dargelegt, der ganz herrschenden Auffassung, den Begriff des Vermögens grundsätzlich nach objektiv-wirtschaftlichen Kriterien zu bestimmen.[519] Zwar wird im Bereich des zivilrechtlichen Schadensrechts anstelle des Begriffs der „Saldierung" üblicherweise der Begriff der „Differenz" verwandt, systemische Unterschiede lassen sich jedoch jedenfalls im Grundsatz nicht erblicken. Beide Bewertungsmethoden erfordern übereinstimmend eine Gegenüberstellung von „Soll und Haben".[520]

Bei der Feststellung eines Vermögensschadens im strafrechtlichen Sinne gilt es jedoch zu bedenken, dass es einer quantifizierbaren Vermögensminderung bedarf und daher ein bloßes „Ausbleiben einer Vermögensmehrung" nicht ausreicht.[521] Hierin liegt ein struktureller Unterschied zum privatrechtlichen Schadensersatzrecht. Denn jedenfalls in Fällen, in denen der Gläubiger sein rechtsgeschäftliches Erfüllungsinteresse (positives Interesse) mit einem vertraglichen Schadensersatzanspruch (statt der Leistung) geltend macht, hat der Schuldner ihm auch den entgangenen Gewinn zu ersetzen.[522] Das Ausbleiben einer Vermögensmehrung kann damit im Gegensatz zum Strafrecht durchaus zu einem zivilrechtlichen Vermögensschaden führen. Jedenfalls ein gewisser Gleichlauf zwischen zivil- und strafrechtlicher Betrachtung wird jedoch wiederum dadurch hergestellt, dass nach herrschender Ansicht im Strafrecht auch die Vereitelung von Erwerbs- und Gewinnaussichten („tatsächliche Exspektanzen") einen strafrechtlichen Vermögensschaden begründen können. Sofern es sich jedenfalls nicht nur um allgemeine oder unbestimmte Aussichten oder Hoffnungen handelt, sondern diese bereits so verdichtet waren, dass ein realisierbarer Vermögenzuwachs geradezu handgreiflich war, soll die

---

519 Vgl. Kap 4, Ziff. II, Nr. 3.

520 Vgl. auch *Heier*, Schadensbegriff, S. 125.

521 BGH, Beschluss vom 11.04.1985 – 4 StR 162/85 = NJW 1985, 2428 (2428); *Fischer*, StGB, § 263 Rn. 114.

522 MüKoBGB/*Oetker*, BGB § 249 Rn. 128; vgl. hierzu auch § 252 S. 1 BGB, dessen Regelungsinhalt sich jedoch schon aus der konsequenten Anwendung der Differenzhypothese ergibt und daher nur deklaratorischer Natur ist, vgl. BGH, Beschluss vom 09.07.1986 – GSZ 1/8 = NJW 1987, 50 (52): „*§ 252 BGB stellt in erster Linie klar*"; Palandt/*Grüneberg*, BGB, § 251 Rn. 1; BeckOK BGB/*Flume*, BGB § 252 Rn. 1; **a.A.** *Honsell*, JuS 1973, 69 (70).

Vereitelung dieser Exspektanzen nach der Rechtsprechung ebenfalls einen Vermögensschaden darstellen.[523]

3. Der normative Schaden als Korrektiv der Differenzhypothese

a) Entwicklung und Funktion des normativen Vermögensschadensbegriffs

Bereits kurz nach dem Inkrafttreten des BGB stand die Differenzmethode mehr und mehr in der Kritik, weil sich bestimmte schadensrechtliche Problembereiche nicht sachgerecht erfassen ließen.[524] Zunehmend haben sich daher Bestrebungen herausgebildet, dieses „klassische“ Vermögensschadensverständnis mit juristischen Wertungen zu versehen.[525] Die mittlerweile ganz überwiegende Auffassung geht davon aus, dass sich nicht sämtliche (vermögens-)schadensrechtliche Problemstellungen allein mit dem Differenzgedanken lösen lassen.[526] Es hat sich stattdessen gezeigt, dass sich trotz vielfacher Bestrebungen bis heute kein umfassender und einheitlicher Schadensbegriff herausgebildet hat, der in der Lage wäre, alle Problemfelder des Schadensrechts sachgerecht zu erfassen.[527]

Es sind dabei keineswegs nur atypische Ausnahmekonstellationen, in denen die Differenzhypothese an ihre Grenzen stößt. Vielmehr sind es bereits oftmals auf den ersten Blick banal anmutende Fälle, bei denen die unreflektierte Anwendung der Differenzbetrachtung zu unbilligen Ergebnissen führen würde. In der schadensrechtlichen Diskussion steht beispielsweise seit jeher der „Lehrbuchfall“, bei dem eine Person von

---

523 BGH, Urteil vom 20.02.1962 – 1 StR 496/61 = NJW 1962, 973 (973); BGH, Beschluss vom 09.06.2004 – 5 StR 136/04 = NStZ 2004, 557 (558); dem BGH zustimmend LK/*Tiedemann*, StGB, § 263 Rn. 135; BeckOK StGB/*Beukelmann*, StGB § 263 Rn. 40; **a.A.** *Gutmann*, MDR 1963, 3 (5).

524 Genannt seien die (Versagung einer) Vorteilsausgleichung, der Ersatz wegen entgangener Gebrauchsvorteile oder die Fälle unechter Gesamtschuld, vgl. BeckOK BGB/*Schubert*, 39. Edition, BGB § 249 Rn. 9 m.w.N.

525 *Mertens*, Vermögensschaden, S. 50.

526 Siehe nur *Larenz*, SchuldR AT, § 27 II (S. 427), Palandt/*Grüneberg*, BGB, Vorb. v. § 249, Rn. 13; *Brand*, Schadensersatzrecht, § 2 Rn. 10.

527 Erman/*Ebert*, BGB, Vor §§ 249–253 Rn. 14; BeckOK BGB/*Schubert*, 39. Edition, BGB § 249 Rn. 9; vgl. auch *Magnus*, Schaden und Ersatz, S. 4: *„Das Ergebnis der Diskussion ist bisher nur eine Vervielfältigung der Meinungen zum Schadensbegriff gewesen […]. Dass ein einziger Schadensbegriff alle Schadensprobleme lösen könnte, ist […] eine Illusion.“*

einem Dritten verletzt wird und in der Folge eine Theateraufführung nicht besuchen kann, für die zuvor bereits eine Eintrittskarte erworben wurde.[528] Mit der Differenzhypothese lässt sich ein Vermögensschaden in Höhe des Erwerbspreises der Eintrittskarte jedenfalls nicht begründen, da die Karte vor dem schädigenden Ereignis bereits gekauft wurde und der Betroffene durch das schädigende Ereignis wirtschaftlich betrachtet nicht „ärmer“ geworden ist.[529] Entgangen ist dem Geschädigten bei Vergleich der Güterlagen grundsätzlich (nur) der Genuss der Theatervorstellung, der von manchen allein als nicht ersatzfähiger immaterieller Schaden betrachtet wird.[530] Wohl überwiegend wird jedoch gleichwohl unter Rückgriff auf den Frustrationsgedanken ein ersatzfähiger Vermögensschaden in Höhe des Wertes der Theaterkarte angenommen.[531]

Als Schlagwort und Auffangbecken für solche wertungsjuristischen Korrekturen der Differenzhypothese hat sich der Terminus des *normativen Schadens* durchgesetzt. In Konstellationen, in denen die wertneutrale Differenzbetrachtung nicht zu sachgemäßen Ergebnissen führen würde, soll der normative Schadensbegriff eine „materielle Gerechtigkeit“ ermöglichen.[532] Es hat sich im Einzelnen – ähnlich wie in der strafrechtlichen Dogmatik – eine gewisse oft nur in Nuancen divergierende Meinungsvielfalt herausgebildet, in welchem Umfang und auf welche Art und Weise Korrekturen zuzulassen sind.[533] Da vielfach suggeriert wird, der Begriff des normativen

528 Vgl. hierzu *Medicus/Petersen*, BürgerlR, Rn. 822; *Martens*, AcP 209 (2009), 445 (445 ff.); *Zeuner*, AcP 163 (1964), 380 (386 ff.); *Mertens*, Vermögensschaden, S. 159 f.; Staudinger/*Schiemann*, Neubearbeitung 2017, BGB § 251 Rn. 103; Erman/*Ebert*, BGB, § 249 BGB Rn. 66.

529 *Zeuner*, AcP 163 (1964), 380 (388); **a.A.** Palandt/*Grüneberg*, BGB, § 249 Rn. 69.

530 MüKoBGB/*Oetker*, BGB § 249 Rn. 71; *Jacoby/von Hinden*, BGB, Vor §§ 249–253 Rn. 7; ebenso *Wagner*, Neue Perspektiven im Schadensersatzrecht, A 35 f.; *Martens*, AcP 209 (2009), 445 (465), die jedoch den Wert der Theaterkarte beim vom Schädiger zu leistenden Schmerzensgeld nach § 253 Abs. 2 BGB berücksichtigen wollen.

531 Staudinger/*Schiemann*, Neubearbeitung 2017, BGB § 251 Rn. 103; Erman/*Ebert*, BGB, § 249 BGB Rn. 66; *Zeuner*, AcP 163 (1964), 380 (388 ff.); aus der Rspr.: OLG Hamm, Urteil vom 05.02.1998 – 27 U 161–97 = NJW 1998, 2292 (2292), wonach eine Ersatzfähigkeit jedoch (nur) dann vorliegen soll, wenn die Theaterkarte überhaupt nicht mehr nutzbar ist, also vor der Vorstellung nicht oder nicht mehr einem Dritten zur Nutzung übertragen werden kann.

532 BeckOGK/*Brand*, BGB § 249 Rn. 17 f.

533 Vgl. zu den Einzelanschauungen die Übersichten bei *Lange/Schiemann*, Schadensersatz, S. 29 ff.; Staudinger/*Schiemann*, Neubearbeitung 2017, BGB, Vor § 249 Rn. 35 ff.; *Magnus*, Schaden und Ersatz. S. 9 ff.

Schadens stelle sich als Gegenstück zur Differenzmethode dar[534], gilt es jedoch bereits an dieser Stelle klarzustellen, dass den Normativierungsansätzen gemein ist, die Differenzhypothese nicht grundsätzlich in Frage stellen zu wollen, sondern diese lediglich in Einzelfragen zu ergänzen.[535]

Der Begriff des normativen Schadens geht in seinem Ursprung auf eine Abhandlung *Neuners* aus dem Jahr 1931 zurück.[536] Nach *Neuner* gebe es eine Reihe von Fällen, in denen die Differenzmethode nicht durchführbar sei oder in denen sie jedenfalls auf große Schwierigkeiten stoße.[537] Um diese Schwierigkeiten zu überwinden, rekurriert *Neuner* auf eine über die Ausgleichsfunktion hinausgehende „Rechtsverfolgungsfunktion" des Schadensersatzrechts. *Neuner* spricht sich unter Bezugnahme auf diese Rechtsverfolgungsfunktion dafür aus, den Schaden nicht als Gesamtvermögensdifferenz zu betrachten, sondern als die Verletzung eines vermögenswerten Interesses.[538] Ausgehend von dieser „Rechtsverfolgungsfunktion" soll dabei ein Schaden dann angenommen werden, wenn die Beeinträchtigung eines Rechts (wertungsmäßig) nicht ohne Sanktion bleiben soll.[539] In der Folgezeit setzten sich weitere Autoren, wie beispielsweise *Niederländer*[540], *Steindorff*[541] oder *Zeuner*[542] mit einem normativen Schadensverständnis auseinander.[543] Wie sich exemplarisch an der Abhandlung *Zeuners*[544] zeigt, wurde nunmehr auch ohne Bemühung einer „Rechtsverfolgungsfunktion" davon ausgegangen, dass ein erstattungsfähiger Schaden auch ohne rechnerische Differenz vorliegen könne, sofern dies aufgrund einer wertenden Entscheidung geboten sei.

Der normative Schadensbegriff ist in der heutigen zivilrechtlichen Schadensdogmatik fest etabliert. Aufgrund der Kombination von Differenzmethode mit wertenden Elementen wird vielfach von einem *„dualistischen*

---

534 Vgl. nur MüKoBGB/*Oetker*, BGB § 249 Rn. 23, wonach der normative Schaden der Differenzhypothese *„gegenübergestellt"* sei.

535 *Mertens*, Vermögensschaden, S. 50 f.; Palandt/*Grüneberg*, BGB, Vorb. v. § 249 Rn. 13; NK-BGB/*Magnus*, Vor §§ 249–253 BGB, Rn. 20; *Steffen*, NJW 1995, 2057 (2057 ff.).

536 *Neuner*, Interesse und Vermögensschaden, AcP 133 (1931), 277 (307).

537 *Neuner*, Interesse und Vermögensschaden, AcP 133 (1931), 277 (279).

538 *Neuner*, Interesse und Vermögensschaden, AcP 133 (1931), 277 (290).

539 So auch die Interpretation von *Mertens*, Vermögensschaden, S. 55.

540 *Niederländer*, JZ 1959, 617 ff.

541 *Steindorff*, AcP 158 (1959/1960), 431 ff.

542 *Zeuner*, AcP 163 (1963), 380 ff.

543 Vgl. die eingehende Darstellung bei *Mertens*, Vermögensschaden, S. 50–110.

544 *Zeuner*, AcP 163 (1963), 380 ff.; siehe auch *Lange/Schiemann*, Schadensersatz, S. 31.

Schadensbegriff"[545] gesprochen. Einer einheitlichen Diskussionsgrundlage abträglich ist jedoch, dass der „dualistische Schadensbegriff" in der Literatur teilweise auch in anderem Zusammenhang verwendet wird.[546]

Auch der BGH geht in ständiger Spruchpraxis[547] davon aus, dass auch dann, wenn sich ein Vermögensschaden nach Differenzhypothese nicht feststellen lasse, die Annahme eines Vermögensschadens „auf einer anderen Beurteilungsgrundlage" nicht ausgeschlossen sei. Die Differenzhypothese müsse stets einer „normativen Kontrolle" unterzogen werden, weil sie eine (bloße) „wertneutrale Rechenoperation" darstelle. Bei dieser Kontrolle seien das „konkrete haftungsbegründende Ereignis" sowie „alle maßgeblichen Umstände" einschließlich der „Verkehrsauffassung" in die Betrachtung einzubeziehen. Erforderlich sei eine wertende Überprüfung gemessen am „Schutzzweck der Haftung" und an der „Ausgleichsfunktion des Schadensersatzes".[548]

b) Kritik in der Literatur

Hinter der Begrifflichkeit des normativen Vermögensschadens verbergen sich unterschiedliche Fallgruppen und Regelungsanliegen.[549] Zunächst kann die normative Korrektur dazu dienen, den Ersatz eines zuvor rechnerisch ermittelten Vermögensschadens zu verhindern oder jedenfalls dessen

---

545 Palandt/*Grüneberg*, BGB, Vorb v. § 249, Rn. 14; Staudinger/*Medicus*, 12. Auflage, BGB § 249 Rn. 5; MüKoBGB/*Oetker*, BGB § 249 Rn. 22; *Pöschke*, JA 2010, 257 (258); kritisch zum Begriff HK-BGB/*Schulze*, vor § 249–253 Rn. 7; als Synonym für den „dualistischen Schadensbegriff" wird teilweise auch der Begriff des *„faktisch-normativen Schadens"* gebraucht, vgl. *Wendehorst*, Anspruch und Ausgleich, S. 61; Staudinger/*Medicus*, BGB, 12. Auflage, Vor § 249 Rn. 34.

546 *Lange/Schiemann*, Schadensersatz, S. 42 sprechen bei der gesetzlichen Einteilung von Vermögensschäden und Nichtvermögensschäden von einem *Dualismus*; nach *Stoll*, Begriff und Grenzen des Vermögensschadens, S. 9 ergebe sich ein *Dualismus des Schadensbegriffs* aus den Funktionen des Schadenersatzes in Form der Restitution und Kompensation.

547 BGH, Urteil vom 25.05.2020 – VI ZR 252/19 = NJW 2020, 1962 (1967); BGH, Urteil vom 28.10.2014 – VI ZR 15/14 = NJW-RR 2015, 275 (276); BGH, Urteil vom 21.12.2004 – VI ZR 306/03 = NJW-RR 2005, 611 (612).

548 BGH, Urteil vom 25.05.2020 – VI ZR 252/19 = NJW 2020, 1962 (1967); BGH, Urteil vom 28.10.2014 – VI ZR 15/14 = NJW-RR 2015, 275 (276); BGH, Urteil vom 21.12.2004 – VI ZR 306/03 = NJW-RR 2005, 611 (612).

549 Staudinger/*Medicus*, 12. Auflage, BGB, Vor § 249 Rn. 40.

Umfang zu reduzieren.[550] Diskutiert wird beispielsweise, ob im Falle einer ungewollten Geburt die (mit der Differenzhypothese ohne weiteres greifbare) Unterhaltspflicht gegenüber einem Kind unter Berücksichtigung der Wertungen des Verfassungsrechts einen ersatzfähigen Schaden darstellen kann.[551]

Überwiegend geht es bei der normativen Vermögensschadensbetrachtung jedoch um die Begründung oder Extension eines Vermögensschadens. Genannt seien zunächst Fälle, bei denen ein negativer Vermögenssaldo deshalb nicht bestehen würde, weil der Vermögensnachteil durch Zahlungen eines Dritten – die dem Schädiger jedoch wertungsmäßig nicht zugute kommen sollen – rechnerisch ausgeglichen wird.[552] Dies betrifft beispielsweise Konstellationen, in denen eine Versicherung die Schadenssumme begleicht oder der Geschädigte trotz Arbeitsunfähigkeit seine Vergütung weiterhin vom Arbeitgeber erhält. Der Geschädigte muss sich diese Vorteile nicht schadensmindernd anrechnen lassen. Andernfalls gingen auch die Legalzessionen nach § 86 Abs. 1 VVG oder § 6 Abs. 1 EFGZ von vornherein (mangels Schadens) ins Leere.[553]

Daneben verwendet die Rechtsprechung den normativen Schadensbegriff auch im Rahmen der Drittschadenliquidation.[554] Ein weiteres Anwendungsfeld des normativen Vermögensschadens findet sich schließlich darin, entgangene Gebrauchsvorteile bzw. Nutzungsmöglichkeiten eines Gegenstands als Vermögensschaden zu klassifizieren (sog. „Kommerzialisierungsthese“).[555] Schon anhand dieser – selbstverständlich nicht abschließenden – Fallgruppen wird deutlich, dass die Bereiche, in denen der normative Schadensbegriff herangezogen wird, wenige Gemeinsamkeiten

---

550 *Brand,* Schadensersatzrecht, § 2 Rn. 10; *Looschelders,* SchuldR AT, Rn. 879; **a.A.** *Brox/Walker,* SchuldR AT, § 29 Rn. 7, *Fuchs/Pauker/Baumgärtner,* Delikts- und Schadensersatzrecht, S. 381, nach denen sich das normative Schadensverständnis stets zu Lasten des Schädigers auswirken soll.

551 Nach BVerfG (Zweiter Senat), Urteil vom 28.05.1993 – 2 BvF 2/90 = NJW 1993, 1751 (1751 ff.) verbiete es sich, die Unterhaltspflicht für ein Kind als Schaden zu begreifen; **a.A.** BGH, Urteil vom 16.11.1993 – VI ZR 105/92 = NJW 1994, 788; differenzierend BVerfG (Erster Senat), Beschluss vom 12.11.1997 – 1 BvR 479/92 u. 1 BvR 307/94 = NJW 1998, 519 (522); vgl. hierzu auch HK-BGB/*Schulze,* vor § 249–253 Rn. 8.

552 BGH, Urteil vom 22.11.2016 – VI ZR 40/16 = r+s 2017, 162 (163).

553 *Förster,* JA 2015, 801 (805).

554 BGH, Urteil vom 05.05.1970 – VI ZR 212/68 = NJW 1970, 1411 (1412).

555 BGH, Urteil vom 07.05.1956 – III ZR 243/54 = NJW 1956, 1234; BGH, Beschluss vom 22.11.1985 – V ZR 237/84 = NJW 1986, 2037; BGH, Beschluss vom 09.07.1986 – GSZ 1/86 = NJW 1987, 50.

aufweisen, ausgenommen der Tatsache, dass es sich um Abweichungen von der Differenzmethode handelt.[556] Aufgrund der fehlenden Konturierung des normativen Schadens wird der Begriff in der Literatur daher auch als „wenig aussagekräftig"[557], „letztlich inhaltsleer"[558] oder „wenig hilfreich"[559] kritisiert.

Eingewandt wird ferner, dass der normative Schaden zum Ersatz von Schäden führe, die realiter gar nicht gegeben seien.[560] *Martens* sieht durch die zunehmende Normativierung die Gefahr einer Abwendung von grundlegenden Wertungen des Schadensrechts und befürchtet eine zunehmende auf das Argument der Billigkeit gestützte „Vollkaskomentalität".[561] Andere besorgen, dass die Rechtsfigur die gesetzlich vorgegebene Differenzierung von immateriellen Schäden und Vermögensschäden nivelliere.[562] Auch nach *Knobbe-Keuk*[563] habe die Berufung auf den normativen Schaden den Zweck, Ersatz auch ohne Vermögensschaden zu erhalten und damit contra legem eine Kompensation für Nichtvermögensschäden zu erreichen. Es sei nichts anderes als eine „Umkategorisierung" eines Nichtvermögensschadens in einen Vermögensschaden, wenn die Rechtsprechung[564] unter dem Deckmantel des normativen Schadensbegriffs einer Person wegen ihrer Beeinträchtigung in der Haushaltführung – unabhängig davon, ob diese überhaupt finanzielle Aufwendungen für die Anstellung einer Hilfskraft hatte – einen Ersatzanspruch gewähre.[565] Auch *Rüssmann* sieht durch den normativen Schadensbegriff eine Tendenz voranschreiten, „in deren Verlauf die ursprüngliche Grenzziehung zwischen materiellen und immateriellen Schäden sich bis zur Unkenntlichkeit" zerstreue.[566] *Grigoleit* formuliert ebenso drastisch, dass die Lossagung von der vermögensmäßigen Werthaltigkeit den „handhabbaren Maßstab" zur Bestimmung von Vermögensschäden beseitige.[567] Auch der BGH ist sich der

556 Kritisch deshalb BeckOK BGB/*Schubert*, 39. Edition, § 249 Rn. 11: *„kein dogmatisches Konzept"*.
557 MüKoBGB/*Oetker*, BGB § 249 Rn. 23.
558 *Brand*, Schadensersatzrecht, § 2 Rn. 10.
559 Soergel/*Ekkenga/Kuntz*, BGB, Vor § 249 Rn. 43.
560 *Honsell/Harrer*, JuS 1991, 441 (448).
561 *Martens*, AcP 209 (2009), 445 (456).
562 *Brand*, Schadensersatzrecht, § 2 Rn. 11; Staudinger/*Medicus*, 12. Auflage, BGB, § 253 Rn. 34
563 *Knobbe-Keuk*, VersR 1976, 401 (401 ff.).
564 BGH, Beschluss vom 09.07.1968 – GSZ 2/67 = NJW 1968, 1823 (1824).
565 *Knobbe-Keuk*, VersR 1976, 401 (401 ff.).
566 AK-BGB/*Rüssmann*, Vor § 249 Rn. 7.
567 *Grigoleit*, NJW 1999, 900 (902).

Problematik bewusst und mahnte jedenfalls in früheren Entscheidungen zur Vermeidung einer „uferlosen Ausdehnung von Schadensersatzpflichten" eine gewisse „Zurückhaltung" an.[568]

Zuzugestehen ist den Kritikern, dass sich eine jede einzelfallbezogene Wertung zulasten einer abstrakt-generalisierbaren Dogmatik auswirkt. Gleichwohl ist jedoch ebenfalls zu berücksichtigen, dass die schematische Differenzhypothese allein nahezu unbestritten für die Feststellung eines Vermögensschadens unzureichend ist.[569] Denn ohne jede normative Strukturierung bliebe eine reine Vermögensschadensfeststellung im Sinne *Mommsens* ein bloßes „orientierungs- und seelenloses Rechenwerk".[570] Es ist nicht Aufgabe dieser Arbeit, sämtliche Fallgruppen des normativen Schadens auf deren dogmatische Schlüssigkeit zu überprüfen. Aufgrund der dargestellten Vielgestaltigkeit lassen sich die Fallgruppen ohnehin nicht auf einen gemeinsamen *telos* zurückführen. Eine Prüfung, wann die Annahme eines normativen Vermögensschadens geboten ist bzw. wann eine solche zu unterbleiben hat, kann daher nur fallgruppenbezogen erfolgen.[571]

---

568 BGH, Urteil vom 03.07.1984 – VI ZR 264/82 = NJW 1985, 128 (129); BGH, Urteil vom 30.11.1979 – V ZR 214/77 = NJW 1980, 775; siehe auch BGH, Urteil vom 04.03.1977 – V ZR 236/75 = NJW 1978, 262 (264), worin vom BGH eine „*besondere Begründung*" in jeder einzelnen Gruppe von Problemfällen gefordert wurde, weshalb die strenge Anwendung der Differenzhypothese „*zu nicht hinnehmbaren Ergebnissen führt und daher durch eine wertende (normative) Betrachtungsweise zu ergänzen ist*"; in jüngeren Entscheidungen lässt der BGH diese Strenge jedoch nicht mehr walten, vgl. BGH, Urteil vom 25.05.2020 – VI ZR 252/19 = NJW 2020, 1962 (1967): „*Die Differenzhypothese muss „stets" einer normativen Kontrolle unterzogen werden*"; siehe auch BGH, Urteil vom 28.10.2014 – VI ZR 15/14 = NJW-RR 2015, 275 (276); BGH, Urteil vom 21.12.2004 – VI ZR 306/03 = NJW-RR 2005, 611 (612).

569 St. Rspr.; vgl. BGH, Urteil vom 25.05.2020 – VI ZR 252/19 = NJW 2020, 1962 (1967); BGH, Urteil vom 28.10.2014 – VI ZR 15/14 = NJW-RR 2015, 275 (276); BGH, Beschluss vom 09.07.1986 – GSZ 1/86 = NJW 1987, 50 (51); aus der Literatur: Palandt/*Grüneberg*, BGB, Vor § 249, Rn. 10 ff.; MüKoBGB/*Oetker*, BGB § 249 Rn. 21 m.w.N.

570 *Steffen*, NJW 1995, 2057 (2058).

571 So auch *Magnus*, Schaden und Ersatz, S. 309; Palandt/*Grüneberg*, BGB, Vorb. v. § 249, Rn. 14; vgl. auch MüKoBGB/*Oetker*, BGB § 249 Rn. 23.

II. Der ungewollte Vertrag als normativer Vermögensschaden?

Während sich der objektiv-wirtschaftlich nachteilhafte Vertrag relativ unproblematisch als Vermögensschaden einordnen lässt,[572] stellt sich die Lage beim (lediglich) ungewollten Vertrag erheblich komplexer dar. Denn mit der Differenzhypothese kann ein Vermögensschaden hier jedenfalls nicht begründet werden. Ein Rückgriff auf den normativen Schadensbegriff wäre jedoch dann angezeigt, wenn in dieser Fallgruppe eine alleinige Differenzbetrachtung einem hinreichenden Vermögensschutz nicht gerecht werden kann.

1. Das funktional-subjektive Vermögensschadensverständnis

a) Die Vermögensfunktionsstörung nach Mertens

Einen von der objektiv-wirtschaftlichen Betrachtung abweichenden, subjektiven Ansatz zur Bestimmung von Vermögensschäden im Zivilrecht vertritt *Mertens* in seinem Werk zum Vermögensschaden im Bürgerlichen Recht.[573] Anerkannt war grundsätzlich auch schon vor der Ausarbeitung *Mertens*', dass Schäden subjektbezogen zu bestimmen sind. Gemeint war damit jedoch keine Abkehr von der Differenzbetrachtung. Stattdessen verstand man darunter die Individualität der Schadensermittlung, also die Betrachtung der Auswirkungen des schädigenden Ereignisses speziell auf die Gesamtvermögenslage des Betroffenen sowie den grundsätzlichen Ausschluss eines Ersatzes von Drittschäden.[574] *Mertens* beklagte jedoch, dass man hier „auf halbem Weg stehen geblieben" sei und nicht nur die allgemeine Schadensbetrachtung, sondern auch den *Vermögensbegriff* subjektbezogen zu verstehen habe.[575] Schon der Wortsinn des Begriffs „Vermögen" weise nach *Mertens* eine Ambivalenz auf. Zum einen folge aus dem Wort das reine wirtschaftliche „Haben", anderseits ergäbe sich bei der Betrachtung des Verbs (etwas) „vermögen" auch eine funktionale

572 Siehe Kap. 6, Ziff. I, Nr. 2.
573 *Mertens*, Der Begriff des Vermögensschadens im Bürgerlichen Recht [1967].
574 *Medicus*, JuS 1979, 233 (235); siehe auch *Keuk*, Vermögensschaden und Interesse, S. 218, die von einer *„hundertjährigen Tradition"* spricht; vgl. ferner BGH, Beschluss vom 09.07.1986 – GSZ 1/86 = NJW 1987, 50 (51), wonach Vermögensschäden grundsätzlich anhand des *„subjektbezogenen"* Zuschnitts des betroffenen Gesamtvermögens nach der Differenzmethode zu ermitteln seien.
575 *Mertens*, Vermögensschaden, S. 126, 227.

Zielsetzung. Für ein Rechtssubjekt ergebe sich daraus die gegenständliche Gewährleistung eines Wirkungsraums, der es ihm ermögliche, vorhandenes Vermögen zur Verwirklichung aller selbst gesetzten Lebensziele einzusetzen.[576] Vermögen sei damit im Sinne eines rechtlichen Könnens (potentia) zu verstehen.[577] Aufgrund dieser subjektiven Vermögenskonzeption bedürfe es stets einer Betrachtung, welchen Wert ein Wirtschaftsgut gerade für die jeweilige Vermögensperson habe (subjektbezogener Nutzen).[578] Die Argumentation *Mertens*' entspricht im Wesentlichen den aus der Strafrechtsdogmatik bekannten personalen Vermögenslehren, bei denen es für die Bestimmung des Vermögensschadens nicht auf einen objektiven Wertverlust, sondern vielmehr auf die Beeinträchtigung der wirtschaftlichen Potenz des Vermögensträgers ankommt.[579]

Nach der Einordnung *Mertens*' begründet eine jede Störung dieser funktionalen Vermögensfunktion auch einen Vermögensschaden.[580] Hierunter fallen nach *Mertens* insbesondere die Beeinträchtigung konkreter Vermögensdispositionen, bei denen der Betroffene durch die „Aktivierung von Vermögensmittel" Aufwendungen tätigt, die jedoch den mit ihrem Einsatz subjektiv verbundenen Zweck verfehlen.[581] Um jedoch eine uferlose Extension von Schadensersatzansprüchen zu verhindern, fordert *Mertens* eine soziale Korrektur in Form einer „schadenssituationsbezogenen Güter-

---

576 Insoweit zustimmend auch *Keuk*, Vermögensschaden und Interesse, S. 217.

577 Vgl. *Mertens*, Vermögensschaden, S. 134.

578 *Mertens*, Vermögensschaden, S. 134 f.

579 So auch die Einordnung von *Roussos*, Schaden und Folgeschaden, S. 158; vgl. zu den personalen Vermögenslehren im Strafrecht: Kap 5, Ziff. II, Nr. 2.

580 *Mertens*, Vermögensschaden, S. 128 ff.; ablehnend *Larenz*, SchuldR AT § 29 I (S. 487): *„zur Abgrenzung des Vermögensschadens vom Nichtvermögensschadens im Sinne des BGB nicht geeignet"*; *Keuk*, Vermögensschaden und Interesse, S. 214 ff.

581 *Mertens*, Vermögensschaden, S. 158 ff.; insoweit zustimmend *Roussos*, Schaden und Folgeschaden S. 294, der ebenfalls darlegt, dass die Ersatzfähigkeit bestimmter Aufwendungen gerade durch die Schutzwürdigkeit des konkret-spezifischen Dispositionsziels gegeben sein kann.

und Interessenabwägung".[582] *Mertens* selbst bezeichnet dies als „Soziabilitätsschranke."[583]

Obgleich man die Abhandlung *Mertens*' zur funktionell-subjektiven Vermögensschadensbetrachtung für die heutige Zivilrechtsdogmatik als grundlegend ansehen kann, gab es bereits zuvor im 19. und frühen 20. Jahrhundert Befürworter einer subjektiven Vermögensbetrachtung, bei der „Vermögen" als Potential zur Ausübung einer autonomen Freiheitssphäre zu begreifen sei.[584] Neben *Kohler* im Jahr 1897[585] vertrat insbesondere auch *v. Savigny* bereits 1840 die Auffassung, dass sowohl durch das Eigentum als auch durch die Obligationen die „Macht der berechtigten Person nach außen, über die natürlichen Grenzen ihres Wesens hinaus", erweitert werde.[586] Die Gesamtheit der Verhältnisse, die auf diese Weise die Macht eines Einzelnen erweitern, seien als „Vermögen" zu bezeichnen.[587]

Im Nachgang zu den Ausarbeitungen *Mertens*' schloss sich auch *Hagen*[588] dessen Thesen an. Wenn man zur Bestimmung von Vermögensschäden ausnahmslos auf den objektiven Verkehrswert abstelle, schütze man – so *Hagen* – den Vermögensträger lediglich in seiner Rolle als Marktteilnehmer, rücke aber dessen individuelle Dispositionsfreiheit zu stark in den Hintergrund.[589] Es lasse sich nicht in Abrede stellen, dass ein und dasselbe Vermögensgut für verschiedene Vermögensträger auch einen unterschiedlichen (subjektiven) Wert haben kann.[590] Die Frage, ob eine Vermögensänderung

---

582 *Mertens* selbst ordnete seinen Schadensbegriff dogmatisch nicht dem normativen Schadensverständnis zu, sondern stellte seinen Vermögensschadensbegriff diesem gegenüber. Wie sich jedoch zeigt, ist auch der Vermögensschadensbegriff von *Mertens* unzweifelhaft wertungsgeprägt; vgl. hierzu auch die Kritik von *Keuk*, Vermögenschaden und Interesse, S. 13: *„Dem Kampf gegen die Bestrebungen einer Normativierung des Schadensbegriffs nimmt Mertens selbst viel an Glaubwürdigkeit, indem er (...) genau das tut, was er perhorresziert, nämlich Wertungen über Wertungen in den Schadensbegriff verlagert."*

583 *Mertens*, Vermögensschaden, S. 228; diese „Soziabilitätsschranke" als zu konturenlos ablehnend *Larenz*, SchuldR AT § 29 I, (S. 487); dagegen auch *Keuk*, Vermögensschaden und Interesse, S. 217 f.

584 Vgl. hierzu *Roussos*, Schaden und Folgeschaden S. 156.

585 *Kohler*, in: Archiv für Bürgerliches Recht, Band 12, S. 1 (2): *„M.a.W. es kommt nicht nur der Vermögenserwerb, der Vermögensgenuss im engeren Sinne, es kommt auch der konsumtive Vermögensgenuss in Betracht"*; zustimmend *Zeuner*, AcP 163 (1963), 380 (389).

586 *Savigny*, System des heutigen Römischen Rechts, Band I, S. 339.

587 *Savigny*, System des heutigen Römischen Rechts, Band I, S. 339 f.

588 *Hagen*, FS Larenz, S. 867 ff.

589 *Hagen*, FS Larenz, S. 867 (878).

590 *Hagen*, FS Larenz, S. 867 (879).

nachteilhaft oder vorteilhaft sei, lasse sich nach *Hagen* demnach nicht unabhängig von den individuellen Vermögensverhältnissen des Vermögensträgers und dessen Dispositionszwecken beurteilen. Diese speziellen Zwecke beeinflussen damit die „Wertungsfrage“, ob eine Vermögensänderung ein „anzuerkennendes“ Ausgleichsbedürfnis hervorrufe.[591]

b) Rezeption in der Rechtsprechung

Die von *Mertens* und den anderen vorgenannten Autoren postulierte subjektbezogene Vermögensschadensbetrachtung hat jedenfalls im Grundsatz nicht dazu geführt, dass sich die allgemeine Herangehensweise zur Bestimmung von Vermögensschäden verschoben hätte.[592] Denn nach wie vor besteht der ganz überwiegende Grundkonsens, dass Vermögensschäden grundsätzlich nach objektiv-ökonomischen Kriterien unter Rückgriff auf die Differenzhypothese zu bestimmen sind.[593]

Die Betrachtungsweise von *Mertens* hat jedoch spätestens mit einer Entscheidung des Großen Senats für Zivilsachen beim BGH aus dem Jahr 1986 auch in der Rechtspraxis Berücksichtigung gefunden.[594] Eine auf den Ausgleich von Vermögensschäden ausgerichtete Differenzbetrachtung könne nach dem Senat nicht außen vor lassen, dass sich „Wesen und Bedeutung des Vermögens nicht in dessen bloßem formalen Bestand – dem “Haben” – erschöpfen, sondern dass sie auch die im Vermögen inkorporierten Möglichkeiten für das Individuum umfassen, es zur Verwirklichung seiner Lebensziele zu nutzen.“[595] Die individuelle Verwendungsplanung, die in die jeweilige „eigenwirtschaftlichen Sphäre“ des Vermögensträgers eingebunden ist, werde durch dieses funktionale Schadensverständnis geschützt.[596] Auch in der Folge hat der BGH diese Ausführungen

---

591 *Hagen*, FS Larenz, S. 867 (879).

592 *Roussos*, Schaden und Folgeschaden, S. 167.

593 *Wendehorst*, Anspruch und Ausgleich, S. 60.

594 BGH, Beschluss vom 09.07.1986 – GSZ 1/86 = NJW 1987, 50; es handelt sich hierbei um die Grundsatzentscheidung des Großen Senats für Zivilsachen zu der Frage, ob und wann der (zeitweise) Verlust der Gebrauchsmöglichkeit einer Sache zu einem Vermögensschaden führt, für den der Schädiger Geldersatz zu leisten hat.

595 BGH, Beschluss vom 09.07.1986 – GSZ 1/86 = NJW 1987, 50 (51) u.a. unter ausdrücklichem Verweis auf *v. Savigny*, System des heutigen Römischen Rechts Band I, S. 339 und *Kohler*, Archiv für Bürgerliches Recht, Band 12, S. 1 f.

596 BGH, Beschluss vom 09.07.1986 – GSZ 1/86 = NJW 1987, 50 (51 f.); zustimmend *Oetker*, LMK 2005, 86, (87).

mehrfach bestätigt und hält bis heute hieran ausdrücklich fest.[597] Ausgehend von diesen Judikaten wird vielfach schlagwortartig von einer „im Ansatz subjektbezogenen Vermögensschadensbetrachtung" gesprochen.[598]

2. Die Kommerzialisierungsthese als dogmatischer Referenzbereich

Die genannten Ansätze der objektiv-wirtschaftlichen und funktional-subjektiven Vermögensschadensbestimmung scheinen in einem Spannungsverhältnis zu stehen, da der Bewertungsmaßstab jeweils ein grundverschiedener ist. Da jedoch beide Betrachtungsweisen vom BGH aufgegriffen werden, bedarf es der Klärung, wie die unterschiedlichen Ansätze im Sinne einer schlüssigen Vermögensschadensdogmatik zusammengeführt werden können. Die Problematik stellt sich nicht nur beim Vertragsabschlussschaden, sondern ebenso bei der Frage einer Zuerkennung von Schadensersatzansprüchen wegen entgangener Gebrauchsvorteile (sog. Kommerzialisierungsthese).[599] Bevor deshalb auf den ungewollten Vertrag eingegangen wird, soll zunächst dieser Bereich dogmatisch beleuchtet werden.

Die Beschädigung einer Sache hat vielfach die Folge, dass der Berechtigte diese zumindest zeitweise nicht mehr nutzen kann. Allein durch diesen Wegfall der Nutzungsmöglichkeit entsteht für den Berechtigten noch kein „negativer Vermögenssaldo". Mit der Differenzhypothese kann damit ein Vermögensschaden wegen entgangener Nutzungsvorteile nicht begründet werden.[600] Gleichwohl geht der BGH, unter Rekurs auf den normativen Schadensbegriff, in ständiger Rechtsprechung davon aus, dass in bestimmten Fällen entgangene Nutzungsmöglichkeiten durchaus als Vermögens-

597 BGH, Urteil vom 16.07.2013 – VI ZR 442/12 = NZG 2014, 835 (837); BGH, Urteil vom 21.12.2004 – VI ZR 306/03 = NJW-RR 2005, 611 (612 f.).

598 BGH, Urteil vom 25.05.2020 – VI ZR 252/19 = NJW 2020, 1962 (1967 f.); BGH, Urteil vom 28.10.2014 – VI ZR 15/14 = NJW-RR 2015, 275 (276); BGH, Urteil vom 21. 12. 2004 – VI ZR 306/03 = NJW-RR 2005, 611 (612); BGH, Urteil vom 26.09.1997 – V ZR 29/96 = NJW 1998, 302 (304); Palandt/*Grüneberg*, BGB, Vorb v. § 249 Rn. 9.

599 Vgl. hierzu aus der Rspr.: BGH, Urteil vom 07.05.1956 – III ZR 243/54 = NJW 1956, 1234; BGH, Beschluss vom 22.11.1985 – V ZR 237/84 = NJW 1986, 2037; BGH, Beschluss vom 09.07.1986 – GSZ 1/86 = NJW 1987, 50.

600 *Jäger*, VersR 2020, 257 (258); *Zwirlein*, JuS 2013, 487 (489); MüKoBGB/*Oetker*, BGB § 249 Rn. 65.

schäden klassifiziert werden können.[601] Die heute maßgeblichen Leitlinien gab dabei der Große Senat für Zivilsachen beim BGH (ergangen auf einen Vorlagebeschluss des V. Zivilsenats)[602] im Jahr 1986 vor.[603] Eine Ersatzmöglichkeit sei dabei bei einem Verlust der Gebrauchsmöglichkeit an privat genutzten Sachen möglich, setze dabei jedoch einen objektbezogenen Eingriff in ein Wirtschaftsgut von „allgemeiner, zentraler Bedeutung für die Lebenshaltung" voraus, auf dessen „ständige Verfügbarkeit die eigenwirtschaftliche Lebenshaltung typischerweise angewiesen ist".[604] Weitere Voraussetzung ist nach dem BGH die „Fühlbarkeit" der Nutzungsbeeinträchtigung, die dann fehle, wenn der Betroffene die Sache ohnehin nicht eigenwirtschaftlich nutzen konnte oder wollte (Nutzungswille und hypothetische Nutzungsmöglichkeit).[605]

Die Beschränkung des BGH auf Wirtschaftsgüter von allgemeiner, zentraler Bedeutung für die Lebenshaltung soll – in Abkehr von seiner früheren Betrachtung[606] – dem Umstand Rechnung tragen, dass in unserem Wirtschaftssystem praktisch sämtliche Güter „erkauft" werden können und ohne diese Einschränkung eine Trennung zwischen materiellen und immateriellen Schäden nicht mehr möglich wäre.[607] Ohne dieses Korrektiv drohe – wie der BGH selbst erkennt – die Gefahr einer „Überdehnung der Schadensersatzpflichten in den immateriellen Interessenbereich hinein", was in Widerspruch zu § 253 Abs. 1 BGB stehe.[608] Eine Entschädigung für bloße Liebhaberei und Luxus komme daher nicht in Betracht.[609] Der Gedanke der Kommerzialisierung entgangener Gebrauchsvorteile ist

601 Vgl. nur BGH, Urteil vom 07.05.1956 – III ZR 243/54 = NJW 1956, 1234; BGH, Beschluss vom 22.11.1985 – V ZR 237/84 = NJW 1986, 2037; BGH, Beschluss vom 09.07.1986 – GSZ 1/86 = NJW 1987, 50.

602 BGH, Beschluss vom 22.11.1985 – V ZR 237/84 = NJW 1986, 2037.

603 BGH, Beschluss vom 09.07.1986 – GSZ 1/86 = NJW 1987, 50.

604 BGH, Beschluss vom 09.07.1986 – GSZ 1/86 = NJW 1987, 50 (53).

605 BGH, Beschluss vom 09.07.1986 – GSZ 1/86 = NJW 1987, 50 (52); siehe hierzu auch BGH, Urteil vom 20.02.2014 – VII ZR 172/13 = NJW 2014, 1374 (1375); BGH, Urteil vom 23.01.2018 – VI ZR 57/17 = NJW 2018, 1393 (1394).

606 BGH, Urteil vom 07.05.1956 – III ZR 243/54 = NJW 1956, 1234 (1235).

607 Siehe Palandt/*Grüneberg*, BGB, Vorb. v. § 249 Rn. 11; *Keilmann*, JA 2005, 700 (702).

608 BGH, Beschluss vom 09.07. 1986 – GSZ 1/86 = NJW 1987, 50 (53).

609 BGH, Beschluss vom 09.07. 1986 – GSZ 1/86 = NJW 1987, 50 (51); vgl. hierzu *Jäger*, VersR 2020, 257 (263).

auch in der heutigen Literatur ganz überwiegend anerkannt.[610] Teilweise wird bereits von „Rechtsfortbildung“[611] oder „Gewohnheitsrecht“[612] gesprochen.

Gleichwohl entzündet sich nach wie vor auch Kritik an der Rechtsprechung, insbesondere an den Kriterien, mit denen der BGH den immateriellen vom materiellen Schaden abgrenzen will.[613] Vorgeworfen wird dem BGH, dass er – trotz seiner Bemühungen um eine Abgrenzung – Nichtvermögensschäden in Vermögensschäden umwandle und die Regelung des § 253 Abs. 1 BGB konterkariere.[614] Die Norm des § 253 Abs. 1 BGB bestimmt, dass wegen eines Schadens, der nicht Vermögensschaden ist, eine Entschädigung in Geld nur in den durch das Gesetz bestimmten Fällen gefordert werden kann. Wie sich aus den Motiven zum BGB ergibt, bestand aus historischer Perspektive die Befürchtung, dass bei Anerkennung eines Entschädigungsanspruchs wegen der Verletzung eines nicht vermögensrechtlichen Interesses dem Richter eine „dem deutschen Rechte fremde Souveränität in seiner Stellung gegenüber dem Rechtsverhältnis der Parteien“ beigelegt werde.[615] In den Protokollen zum BGB wird ausgeführt, es widerstrebe der „herrschenden Volksauffassung“, immaterielle Lebensgüter auf eine gleiche Ebene mit den Vermögensgütern zu stellen und einen ideellen Schaden mit Geld aufzuwiegen.[616] Das BGB dürfe sich diesen „zumal in den besseren Volkskreisen vertretenen Anschauungen“ nicht entgegenstellen und ein gegenteiliges Prinzip einführen.[617] Andernfalls würden nur „Gewinnsucht, Eigennutz und Begehrlichkeit“ gesteigert und aus unlauteren Motiven „zahlreiche schikanöse Prozesse“ angestrengt

610 Palandt/*Grüneberg*, Vorb v. § 249 Rn. 11 f.; Jauernig/*Teichmann*, BGB, Vor §§ 249–253 Rn. 7; MüKoBGB/*Oetker*, BGB § 249 Rn. 60 ff.; BeckOK BGB/*Flume*, BGB § 249 Rn. 155; vgl. auch *Jäger*, VersR 2020, 257 (258) wonach die Ansicht, dass eine Entschädigung für Nutzungsausfall nicht geschuldet sei, jedenfalls bei der Beschädigung von Kraftfahrzeugen heute nicht mehr vertreten werde.

611 MüKoBGB/*Oetker*, BGB § 249 Rn. 65.

612 OLG Naumburg, Urteil vom 13.03.2008 – 1 U 44/07 = NJW 2008, 2511 (2512).

613 *Medicus*, NJW 1989, 1889 (1889 ff.); *Honsell/Harrer*, JuS 1991, 441 (447 f.); *Benecke/Pils*, JA 2007, 241 (241 ff.).

614 Ausführlich hierzu *Keuk*, Vermögensschaden und Interesse, S. 208 ff.; *Stoll*, Begriff und Grenzen des Vermögensschadens, S. 29: „*rein immaterielle Nachteile*“; vgl. auch die weiteren Nachweise bei MüKoBGB/*Oetker*, BGB § 249 Rn. 60 [Fn. 243].

615 Mot. II, S. 22 = *Mugdan* II, S. 12.

616 Prot. II. S. 1247 = *Mugdan* II, S. 517.

617 Prot. II. S. 1247 = *Mugdan* II, S. 517.

werden.[618] Die Norm spiegelt daher die Grundhaltung des Schadensrechts im Zeitpunkt des Inkrafttretens des BGB wider, den Ersatz immaterieller Schäden auf ein Minimum zu reduzieren.[619] Auch aufgrund der aus heutiger Sicht antiquierten Gesetzesbegründung zu § 253 Abs. 1 BGB wird vereinzelt vorgeschlagen, die Norm de lege ferenda zu streichen[620] oder diese bei vertraglichen Schadensersatzansprüchen unangewendet zu lassen.[621]

De lege lata bedarf es jedoch nach wie vor einer Abgrenzung, wann ein Schaden materieller und wann immaterieller Natur ist. Wie der BGH richtigerweise ausführt, erschöpfen sich Wesen und Bedeutung des Vermögens nicht in seinem wertsummenmäßigen Bestand. Vielmehr ist die im Vermögensrecht inkorporierte funktionale Nutzungsmöglichkeit ebenso geschützt.[622] Diese Nutzungsmöglichkeit wird bei einem entgeltlichen Vertrag durch entsprechende Vermögensaufwendungen „erkauft" und wird damit „kommerzialisiert".[623] Der BGH erkennt zutreffend, dass eine diesen Umstand ausklammernde Vermögensschadensbetrachtung unzureichend wäre, eine ungezügelte Anwendung dieses Gedankens sich hingegen als zu ausufernd darstellen würde. Es handelt sich letztlich um einen „Grenzfall" zwischen materiellem und immateriellem Schaden.[624] Dogmatisch löst der BGH die Problematik dergestalt, dass er den Vermögensschaden zwar im Grundsatz funktional-subjektiv betrachtet, jedoch zur Vermeidung einer zu weitgehenden Extension und zur Abgrenzung der Vermögenssphäre von der Persönlichkeitssphäre innerhalb dieser Subjektivierung ein *einschränkendes Korrektiv* heranzieht.[625] Der BGH sieht dieses Korrektiv in der Beschränkung auf Fälle einer (fühlbaren) Beeinträchtigung des Gebrauchs an privat genutzten Gegenständen von zentraler Bedeutung für die eigenwirtschaftliche Lebensführung.

---

618 Prot. II. S. 1247 = *Mugdan* II, S. 517.

619 *Thüsing*, ZRP 2001, 126 (128).

620 *Wagner*, Neue Perspektiven im Schadensersatzrecht, A 51 ff.

621 *Ströfer*, VersR 1982, 1113 (1113 ff.).

622 BGH, Beschluss vom 09.07.1986 – GSZ 1/86 = NJW 1987, 50 (53); der BGH rezipiert dabei im Ergebnis – ohne dies explizit anzusprechen – die funktional-subjektive Vermögensschadensbetrachtung von *Mertens*, vgl. Vermögensschaden, S. 128 ff.

623 BGH, Urteil vom 07.05.1956 – III ZR 243/54 = NJW 1956, 1234 (1235).

624 *Zwirlein*, JuS 2013, 487 (489).

625 Vgl. hierzu auch *Medicus*, NJW 1989, 1889 (1892).

3. Betrachtung des ungewollten Vertrags

Beim ungewollten Vertrag tritt in Parallele zur strafrechtlichen Diskussion zum „Eingehungsschaden" die Kontroverse zutage, ob und inwieweit der Vermögensschutz nicht nur über objektiv-wirtschaftliche Kriterien, sondern auch unter Berücksichtigung individueller Dispositionsinteressen zu bestimmen ist.

Einem Vermögensträger ist es grundsätzlich kraft seiner Herrschaft über sein Vermögen gestattet, dieses auch nach seinen Vorstellungen und zu seinen spezifischen Zwecken einsetzen zu können.[626] Vermögen ist also einem Rechtssubjekt dergestalt zugeordnet, dass er die damit verbundenen Befugnisse eigenverantwortlich nach seinen privaten und individuellen Bedürfnissen ausüben kann.[627] Wenn eine Person Vermögensdispositionen tätigt, die das autonom festgelegte Dispositionsziel verfehlen, erfährt das Vermögen eine ungewünschte *Fehlallokation*. Wenn fehlallokiertes (Geld-)Vermögen in einem ungewollten Vertrag gebunden ist, büßt dieses die Eignung ein, jederzeit zum Zweck des Tauschs (Bezahlung) für einen Erwerb anderer Wirtschaftsgüter verwendet werden zu können.[628] Im Fall einer vertraglichen Fehlfixierung verliert ein Rechtssubjekt damit seine „abstrakte Vermögensmacht."[629] Es besteht wertungsmäßig kein Unterschied, ob ein konkreter Vermögenswert entzogen wurde – also aus dem Vermögen ausgegliedert ist – oder der Vermögenswert zwar formal noch vorhanden ist, aber quasi einer „leeren Hülle" gleicht. Wenn man die gänzlich verloren gegangene Nutzungsmacht über das Vermögen nicht auch als Vermögensschaden begreifen würde, wäre verkannt, dass die Herrschaftsmacht über das Vermögen nur noch rein formal besteht, rein tatsächlich jedoch aufgehoben ist.

Die Differenzhypothese, die den Vermögensschaden allein als „anonyme, rechnerische Größe"[630] erfasst, vermag daher einen sachgerechten und

---

626 Eine solche positive Nutzungsbefugnis ist für das Eigentum einfachgesetzlich in § 903 S. 1 BGB kodifiziert, vgl. hierzu BGH, Urteil vom 16.04.2010 – V ZR 171/09 = NJW 2010, 1808 (1808). Der normierte Rechtsgedanke kann auch auf den Schutz des Vermögens an sich übertragen werden.

627 Vgl. *Oetker*, LMK 2005, 86 (87).

628 *Regenfus*, VersR 2017, 977 (983); zur Tauschfunktion des Vermögens vgl. *Roussos*, Schaden und Folgeschaden S. 167; MüKoBGB/*Grundmann*, BGB § 245 Rn. 1.

629 Vgl. *Lehmann*, Vertragsanbahnung. S. 282 f.; *Regenfus*, VersR 2017, 977 (982); Palandt/*Grüneberg*, BGB, § 245 Rn. 2

630 *Honsell/Harrer*, JuS 1991, 441 (442).

umfassenden Vermögensschutz nicht zu gewährleisten. Ein alleiniges Abstellen auf eine objektiv messbare Vermögensminderung wird, wie auch im Strafrecht, einem hinreichenden Vermögensschutz nicht gerecht.[631] Eine Exklusivität der Differenzhypothese lässt sich auch weder aus dem Gesetz[632] noch aus den Gesetzgebungsmaterialien[633] ableiten. In den Worten des BGH hat die Differenzhypothese vorzugsweise die Funktion, durch den Vermögensvergleich „allgemeine" Vermögensschäden zu erfassen.[634] Dies bedeutet, dass es daneben auch „besondere" Vermögensschäden gibt, die den Subjektbezug des Vermögens mehr in den Vordergrund rücken. Da der erste „Ansatz" (Ausgangspunkt) der Vermögensschadensbetrachtung jedoch nach wie vor ein objektiver ist, ist die in der Rechtsprechung verwendete Terminologie des „im Ansatz subjektbezogenen Schadens"[635] mindestens missverständlich. Denn die subjektive Betrachtung kommt nach der Rechtsprechung erst in einem sekundären Schritt und damit nachrangig zur objektiven Betrachtung[636] zum Tragen. Terminologisch

---

631 Vgl. auch die Kritik von *Stoll*, Begriff und Grenzen des Vermögensschadens, S. 23, der beklagt, dass vom Gesetzgeber die subjektiv-wirtschaftlichen Schäden stark vernachlässigt wurden.

632 BGH, Beschluss vom 09.07.1986 – GSZ 1/86 = NJW 1987, 50 (51); Soergel/*Ekkenga/Kuntz*, Vor § 249 Rn. 42; BeckOK BGB/*Flume*, BGB § 249 Rn. 39; *Keuk*, Vermögensschaden und Interesse, S. 16; *Wagner*, Neue Perspektiven im Schadensersatzrecht, A 12; *Hagen*, FS Larenz, S. 867 (871).

633 Wie sich bspw. aus Mot. II, S. 18 f. = *Mugdan II*, S. 10 (zur Vorteilsausgleichung) ergibt, wurden zentrale Bereiche des Schadensrechts bewusst der Wissenschaft und Praxis überlassen. Der BGH folgert hieraus in seinem Urteil vom 21.04.1978 – V ZR 235/77 = NJW 1978, 1805 (1807), dass die Feststellung von Vermögenschäden auf anderer Bewertungsgrundlage als derjenigen der Differenzhypothese nicht ausgeschlossen sein kann.

634 BGH, Urteil vom 15.04.1966 – VI ZR 271/64 = NJW 1966, 1260 (1261); BGH, Urteil vom 21.04.1978 – V ZR 235/77 = NJW 1978, 1805 (1807).

635 BGH, Urteil vom 25.05.2020 – VI ZR 252/19 = NJW 2020, 1962 (1967 f.); BGH, Urteil vom 28.10.2014 – VI ZR 15/14 = NJW-RR 2015, 275 (276).

636 Vgl. nur BGH, Urteil vom 10.12.2015 – IX ZR 56/15 = NZG 2016, 238 (238): *„Ausgangspunkt der Schadensberechnung ist die Differenzhypothese"*; ebenso BGH, Urteil vom 06.06.2013 – IX ZR 204/12 = NJW 2013, 2345 (2346); siehe auch BGH, Urteil vom 21.04. 1978 – V ZR 235/77 = NJW 1978, 1805 (1807).

vorzugswürdig ist es demnach, von einer *ergänzenden* oder *korrigierenden* subjektbezogenen Vermögensschadensbetrachtung zu sprechen.[637]

Da sich der Vermögensschadensbegriff demnach nicht nur nach objektiven Kriterien richten kann, gilt es in der Folge – wie in der Strafrechtsdogmatik – zu klären, wie weit die gebotene Subjektivierung gehen kann. Unter uneingeschränkter Anwendung der funktional-subjektiven Vermögensschadensbetrachtung wäre der ungewollte Vertrag *stets* ein Vermögensschaden. Im Strafrecht wäre ein solches Verständnis schon aus verfassungsrechtlichen Gründen (Art. 103 Abs. 2 GG) unzulässig, da damit eine Verschleifung des Merkmals der Pflichtwidrigkeit mit demjenigen des Vermögensschadens einherginge.[638] Auch im Zivilrecht bedarf es jedoch – ähnlich wie bei der Kommerzialisierungsthese – einer gewissen Restriktion des funktional-subjektiven Ansatzes, um eine ausufernde Extension von Schadensersatzansprüchen zu verhindern und die Abgrenzung zum (nicht ersatzfähigen) immateriellen Vertragsabschlussschaden[639] zu ermöglichen.[640] Es wäre auch ersichtlich inkonsistent, wenn man das dogmatisch zwingende Erfordernis des Vermögensschadens[641] durch einen letztlich voraussetzungslosen, rein subjektiv geprägten Vermögensbegriff wieder unterlaufen würde.[642]

---

637 Vgl. Erman/*Ebert*, BGB, § 249 Rn. 47, die von einer „*Erweiterung der reinen Differenzmethode*" spricht; dass die Terminologie des BGH für dogmatische Missverständnisse sorgen kann, zeigt sich an den Ausführungen von *Saliger/Rüsse*, NStZ 2021, 513 (515), die der zivilrechtlichen Rechtsprechung des BGH (unzutreffenderweise) entnehmen wollen, dass bereits die Ausgansperspektive der Vermögensschadensbestimmung – im Gegensatz zur strafrechtlichen Betrachtung – eine subjektive (und keine objektive) sei.

638 Vgl. hierzu BVerfG, Beschluss vom 23.06.2010 – 2 BvR 2559/08 = NJW 2010, 3209 (3215); *Zebisch/Kubik*, NStZ 2017, 322 (322); BeckOK StGB/*Wittig*, StGB § 266 Rn. 47.

639 Vgl. hierzu Kap. 3.

640 *Regenfus*, VersR 2017, 977 (980); vgl. auch *Stoll*, Begriff und Grenzen des Vermögensschadens, S. 35, der sich ganz allgemein dagegen ausspricht, sämtliche Störungen der Wirtschaftssphäre „*eo ipso*" als Vermögensschäden zu begreifen; ähnlich auch *Lange/Schiemann*, Schadensersatz, S. 41 sowie S. 57: „*Störungen in den Dispositionsmöglichkeiten im persönlichen und sachlichen Bereich aller Art können gewiß nicht allgemein, sondern allenfalls unter besonderen, bislang aber schwerlich ausreichend begründeten Voraussetzungen als Vermögensschaden anerkannt werden.*"

641 Siehe hierzu Kap. 4.

642 Vgl. *Geibel*, Kapitalanlegerschaden, S. 99; zu weitgehend daher Staudinger/*Singer/Finckenstein*, 16. Auflage, BGB § 123 Rn. 104, die bereits den Abschluss eines nicht in freier Selbstbestimmung geschlossenen Vertrags per se als Vermögensschaden begreifen wollen.

Um eine Schadenskategorisierung beim Vertragsabschlussschaden durchführen zu können, bedarf es der Klärung folgender Frage: Handelt es sich um eine *reine* Störung der Dispositionsfreiheit einhergehend mit einem bloß subjektiven Vermögensschadensgefühl oder tatsächlich um eine wirtschaftlich relevante Vermögenbeschädigung? Zu prüfen ist damit, wann der ungewollte Vertrag auch die „Vermögenssphäre“[643] des Betroffenen und wann dieser (lediglich) dessen „Persönlichkeitssphäre“[644] beeinträchtigt. Der ungewollte Vertrag kann daher – je nachdem welche Sphäre betroffen ist – entweder einen nicht ausgleichfähigen[645] immateriellen Schaden oder einen ausgleichfähigen (normativen) Vermögensschaden darstellen.

Wie sich erkennen lässt, dreht sich die Diskussion im Wesentlichen um dieselben Fragen, die sich auch in der strafrechtlichen Vermögensschadensdogmatik stellen. Denn auch dort besteht die Kernproblematik der Vermögensschadensbestimmung letztlich darin, inwieweit man durch ein subjektives Vermögensverständnis die herkömmliche Saldierungslehre ergänzen oder durchbrechen kann.[646] Identisch ist das Dilemma, bei dem es die Gratwanderung zwischen einer unzureichenden Objektivierung und einer zu extensiven Subjektivierung zu meistern gilt. Es liegt daher aufgrund der identischen Problemstellungen geradezu auf der Hand, zu deren Lösung im Zivilrecht auf die bewährten und feinjustierten Fallgruppen des „individuellen Schadenseinschlags“ und „Gefährdungsschadens“ zurückzugreifen.[647]

---

643 Nach *Vieweg/Lorz*, in: jurisPK-BGB, § 253 BGB Rn. 5 liegen Nichtvermögensschäden nur dann vor, wenn der Nachteil *„außerhalb der Vermögenssphäre“* des Betroffen liegt.

644 Nach *Lange/Schiemann*, Schadensersatz, S. 50 ist es konstitutives Merkmal des Vermögensschadens, dass der Schaden *„nicht der Persönlichkeitssphäre“* zuzuordnen ist.

645 Vgl. hierzu Kap. 4.

646 Siehe hierzu Kap. 5, Ziff. III.

647 Vgl. auch *Lehmann*, Vertragsanbahnung, S. 282, der ebenfalls anführt, dass sich konkrete Ansätze zur Lösung des Problems in erster Linie in der strafrechtlichen Rechtsprechung zu § 263 StGB fänden, während sich das Zivilrecht mit der Fragestellung nahezu überhaupt nicht befasst habe.

Kapitel 7: Rückgriff auf Elemente der Strafrechtsdogmatik

I. Vorüberlegungen

1. Schadensteleologisches Verbot einer Rezeption?

a) Pönalisierung des Schadensersatzrechts?

Weitgehende Einigkeit besteht sowohl in der Rechtsprechung[648] als auch in der Literatur[649], dass dem deutschen Schadensrecht keine Straffunktion beizumessen ist. Ansinnen einer Bestrafung oder Abschreckung sind mögliche Ziele der Kriminalstrafe, nicht jedoch des Zivilrechts. Nach Ansicht des BGH wäre es mit dem Bestrafungsmonopol des Staates und den hierfür speziell eingerichteten Verfahrensgarantien unvereinbar, wenn Bestrafungsfunktionen in das Privatrecht verlagert würden.[650] Stets als Gegenpol hierzu werden die im US-amerikanischen Rechtssystem beheimateten „punitive damages" genannt, die jedoch im deutschen Rechtssystem keine Anwendung finden können.[651]

Die strikte Trennung von zivilrechtlicher Haftung und strafrechtlicher Verantwortung ist jedoch keine Selbstverständlichkeit, sondern ein Produkt rechtsgeschichtlicher Entwicklung. Denn beide Bereiche haben grundsätzlich die gleichen rechtshistorischen Wurzeln.[652] Gerade in ger-

---

648 BGH, Urteil vom 04.06.1992 – IX ZR 149/91 = NJW 1992, 3096 (3103); BGH, Urteil vom 28.06. 2011 – KZR 75/10 = NJW 2012, 928 (933); vgl. auch BGH, Urteil vom 25.05.2020 – VI ZR 252/19 = NJW 2020, 1962 (1970), wonach Strafschadensersatz *„dem deutschen Recht fremd"* sei.

649 *Larenz*, SchuldR AT, § 27 I (S. 423); MüKoBGB/*Oetker*, BGB § 249 Rn. 8; *Brand*, Schadensersatz, § 2 Rn. 25: *„Fremdkörper (...), der in die Rechtsgeschichte verbannt gehört"*; *Wagner*, Neue Perspektiven im Schadensersatzrecht, A 72: *„Strafschadensersatz für die deutsche Dogmatik ein rotes Tuch"*; ausführlich auch *Stoll*, Haftungsfolgen im bürgerlichen Recht, S. 55 ff.; **a.A.** jedoch *Ebert*, Pönale Elemente im deutschen Privatrecht, die eine Anerkennung und gar einen Ausbau pönaler Aspekte im Zivilrecht fordert, vgl. nur S. 573 ff.

650 BGH, Urteil vom 04.06.1992 – IX ZR 149/91 = NJW 1992, 3096 (3103); vgl. auch BGH, Urteil vom 28.06.2011 – KZR 75/10 = NJW 2012, 928 (933).

651 NK-BGB/*Magnus*, Vor §§ 249–255 BGB, Rn. 15.

652 *Wagner*, Neue Perspektiven im Schadensersatzrecht, A 73: *„Holz vom selben Stamm"*.

manischen Rechtssystemen war es kennzeichnend, dass ein Schädiger eine vergeltende Buße zu erbringen hatte, die neben einem reinen Ausgleich des Schadens auch der Sühne und Besänftigung dienen sollte.[653] Auch im römischen Recht war eine Rachebefugnis anerkannt. Bei der Verursachung von Sachschäden waren Geldbußen vorgesehen, die ein Vielfaches des objektiven Sachwerts erreichten und ebenfalls nicht nur der Widergutmachung des erlittenen Nachteils, sondern auch der Sühne für das vollbrachte „Unrecht" dienen sollten.[654] Auch im Allgemeinen Landrecht der Preußischen Staaten von 1794 finden sich noch Anhaltspunkte für die Anerkennung pönaler Elemente.[655] Schließlich formulierte auch *v. Ihering* noch im Sinne der altrömischen Rechtstradition, „die strenge Durchführung des Satzes dass nicht der Schaden als solcher, sondern lediglich die Verschuldung eine Verantwortlichkeit für die That [sic] und damit die Verpflichtung zum Schadensersatz begründet."[656]

Nach und nach zeichnete sich jedoch aufgrund der Konzentration des Strafanspruchs beim Staat ein Rückgang der zivilrechtlichen Pönalisierungsfunktion ab.[657] Bereits im gemeinen Recht setzte sich damit zunehmend der Ausgleichsgedanke des Schadensersatzes durch.[658] Theoretische Ansätze für diese Differenzierung von Bestrafung und Schadensersatz im 19. Jahrhundert finden sich beispielsweise bei *Thon*[659]. Durch § 2 EGStGB (1871)[660] und § 6 EGStGB (1871)[661] galten die aus dem römischen Recht folgenden Privatstrafen im deutschen Gebiet schließlich als abgeschafft.[662] Auch das Reichsgericht bestätigte im Jahr 1905 – unter Verweis auf die beiden vorgenannten Normen – die Trennung beider Bereiche.[663]

---

653 *Stoll,* Haftungsfolgen im bürgerlichen Recht, S. 55.

654 Staudinger/*Schiemann,* Neubearbeitung 2017, BGB, Vor § 249 BGB Rn. 23; Staudinger/*Medicus,* BGB, 12. Auflage, Vor § 249 BGB Rn. 27.

655 Vgl. Sechster Titel, § 10: *„Wer einen Andern aus Vorsatz oder grobem Versehen beleidigt, muß demselben vollständige Gnugthuung leisten."*

656 *V. Ihering,* Schuldmoment im Römischen Privatrecht, S. 40.

657 Staudinger/*Schiemann,* BGB, Neubearbeitung 2017, Vor § 249 BGB Rn. 24.

658 *Wolter,* Das Prinzip der Naturalrestitution in § 249 BGB, S. 60 ff.

659 *Thon,* Rechtsnorm und subjektives Recht, S. 62 ff. *[„Complicationen von Strafe und Ersatz"].*

660 § 2 Abs. 1 EGStGB (1871): *„Mit diesem Tage tritt das Bundes- und Landesstrafrecht, insoweit dasselbe Materien betrifft, welche Gegenstand des Strafgesetzbuchs für das Deutsche Reich sind, außer Kraft."*

661 § 6 Abs. 1 EGStGB (1871): *„Vom 1. Januar 1871 ab darf nur auf die im Strafgesetzbuche für das Deutsche Reich enthaltenen Strafarten erkannt werden."*

662 *Stoll,* Haftungsfolgen im bürgerlichen Recht, S. 55; siehe hierzu auch Mot. II, S. 750 = *Mugdan* II, S. 418.

663 RG, Urteil vom 09.01.1905 – VI 104/04 = RGZ 60, 12 (18 ff.).

Dass die heutigen §§ 249 ff. BGB keinen Sanktionsgedanken verfolgen, zeigt sich auch daran, dass eine Haftungsausfüllung samt Verpflichtung zur Totalreparation unabhängig vom Verschuldensgrad des Handelnden zu erfolgen hat. So ist es aus dem Blickwinkel des Schadensrechts prinzipiell irrelevant, ob der Schaden vorsätzlich, fahrlässig oder (im Bereich der Gefährdungshaftung) ohne jegliches Verschulden herbeigeführt wurde.[664] Die fehlende Anknüpfung an eine persönliche Schuld zeigt sich auch daran, dass vorhandene „Reserveursachen" oder eine fehlende Vermeidbarkeit des Schadens im Falle eines hypothetisch gedachten „rechtmäßigen Alternativverhaltens" zum vollständigen Wegfall der Einstandspflicht des Schädigers führen können.[665]

Bei der Verletzung immaterieller Rechtsgüter weicht der BGH jedoch die strikte Trennung von Ausgleich und Sanktion in gewissem Maße auf. Denn hier soll der Ersatzanspruch nicht nur dem Ausgleich, sondern darüber hinaus zumindest auch der „Genugtuung" dienen.[666] Es müsse – so der BGH – der Gedanke Berücksichtigung finden, dass der Schädiger dem Geschädigten für die Handlung, die er begangen hat, „Genugtuung schuldet".[667] Bei Eingriffen in das Allgemeine Persönlichkeitsrecht (Art. 2 Abs. 1 i.V.m. Art. 1 Abs. 1 GG) soll der Gesichtspunkt der Genugtuung bei der Bemessung der Entschädigung sogar im Vordergrund stehen.[668] Damit erkennt die Rechtsprechung im Teilbereich der immateriellen Schäden ein Stück weit pönale Strukturen an.[669] Aufgrund der Wesensfremdheit einer Straffunktion im Zivilrecht wird dies in der Literatur jedoch stark kritisiert.[670]

---

664 Vgl. hierzu auch Soergel/*Ekkenga/Kuntz*, Vor § 249 Rn. 31.

665 Vgl. hierzu BGH, Urteil vom 19.04.1956 – III ZR 26/55 = NJW 1956, 1027 (1027); BGH, Urteil vom 10.07.2018 – II ZR 24/17 = NZG 2018, 1189 (1192 f.); Palandt/*Grüneberg*, BGB, Vor § 249, Rn. 55 ff.; 64 ff.; siehe auch *Ahrens*, FS Huber, S. 1 (14): *„Selbst bei einer Vorsatzhandlung gilt, dass der Versuch einer unerlaubten Handlung im zivilen Deliktsrecht irrelevant ist. Darin unterscheidet sich das Zivilrecht vom Strafrecht, (…)"*.

666 BGH, Beschluss vom 16.09.2016 -VGS 1/16 = NZV 2017, 179 (181) m.w.N.

667 BGH, Beschluss vom 06.07.1955 – GSZ 1/55 –, juris; BGH, Urteil vom 29.11.1994 – VI ZR 93/94 = NJW 1995, 781 (782).

668 BGH, Urteil vom 05.12.1995 – VI ZR 332/94 = NJW 1996, 984 (985).

669 Siehe BGH, Beschluss vom 06.07.1955 – GSZ 1/55 –, juris: *„Charakter der Buße"*.

670 *Neuner*, JuS 2013, 577 (584); *Diederichsen*, VersR 2005, 433 (435); NK-BGB/*Huber*, § 253 Rn. 26; der Rechtsprechung hingegen beipflichtend Soergel/*Ekkenga/Kuntz*, BGB, § 253 Rn. 10.

b) Strafrechtliche Genuität der Fallgruppen?

Soweit es jedenfalls um die Feststellung und die Bemessung von *Vermögensschäden* geht, ist es weiterhin nahezu einhellig anerkannt, dass Strafzwecke fernzuhalten sind. Vor diesem Hintergrund stellt sich die Frage, ob die aus der Strafrechtsdogmatik bekannten Fallgruppen des „individuellen Schadenseinschlags" und des „Gefährdungsschadens" in die Zivilrechtsdogmatik transferiert werden können. Ein zivilrechtliches Rezeptionsverbot würde voraussetzen, dass sich diese gerade vor dem Hintergrund genuiner *Strafzwecke*, namentlich der Repression, Sühne oder auch Prävention herausgebildet hätten.

(1) Individueller Schadenseinschlag

Ein solcher Standpunkt wird hinsichtlich des „individuellen Schadenseinschlags" von *Lieb* vertreten.[671] Inhaltlich greift *Lieb* hierzu auf die Urteilsbegründung des Melkmaschinenfalls[672], der Grundsatzentscheidung des BGH zum individuellen Schadenseinschlag im Strafrecht, zurück. Der 4. Strafsenat habe seine Entscheidung – so *Lieb* – mit dem „kriminalpolitischen Bedürfnis, das Strafwürdige auf diesem Gebiet zu erfassen" begründet.[673] Nach *Lieb* sei der Entscheidung eine „genuin strafrechtliche Ausrichtung" zu entnehmen.[674]

Die Ausführungen von *Lieb* greifen jedoch inhaltlich nicht durch. Denn was *Lieb* gänzlich außer Acht lässt, ist die Frage, *weshalb* der 4. Strafsenat ein solches Strafbedürfnis als gegeben sah. Hierzu führt der Senat aus, dass dies darauf beruhe, dass „ein und dieselbe Leistung für das Vermögen des einen ganz andere günstige oder ungünstige Wirkungen hervorbringen kann als für das Vermögen des anderen".[675] Dies beruhe darauf, dass „die meisten Gegenstände nicht für alle Personen den gleichen Vermögenswert haben, da sie nicht für alle gleich brauchbar seien".[676] An dieser Feststellung ist jedoch nichts strafrechtlich genuin. Vielmehr ist dieses Vermö-

---

671 *Lieb*, FS Medicus, S. 337 ff.
672 BGH, Beschluss vom 16.08.1961 – 4 StR 166/61 = NJW 1962, 309.
673 *Lieb*, FS Medicus, S. 337 (340).
674 *Lieb*, FS Medicus, S. 337 (340).
675 BGH, Beschluss vom 16.08.1961 – 4 StR 166/61 = NJW 1962, 309 (310).
676 BGH, Beschluss vom 16.08.1961 – 4 StR 166/61 = NJW 1962, 309 (310).

gensschadensverständnis auch und gerade im Zivilrecht von elementarer Bedeutung.[677]

(2) Schadensgleiche Vermögensgefährdung

Ein Rezeptionsverbot könnte auch dann bestehen, wenn durch die Übertragung der Fallgruppen *genuin zivilrechtliche* Wertungen missachtet wären. Die primäre und allgemein anerkannte Rolle des Schadensersatzrechts besteht in seiner Ausgleichsfunktion. Kerngedanke ist also, dass entstandene Nachteile wieder ausgeglichen werden sollen.[678] *Paschke/Wolfram*[679] und auch *Spickhoff*[680] wenden sich unter Rekurs auf dieses schadensrechtliche Ausgleichsprinzip gegen die Übertragung des Gefährdungsschadens in das Zivilrecht. *Paschke/Wolfram* sind der Ansicht, dass es nicht mit der zivilrechtlichen Ausgleichsfunktion vereinbar sei, in einer bloßen Vermögensgefährdung einen zum Ersatz verpflichteten Schaden zu sehen.[681] *Spickhoff* führt aus, beim Gefährdungsschaden läge nur „ein aus zivilrechtlicher Sicht jedenfalls für den Schadensausgleich unzureichend verdünnter Erfolg" vor.[682]

Bei dieser pauschal gehaltenen Argumentation handelt es sich jedoch um eine *petitio principi*. Zweck der Ausgleichsfunktion ist es, die Wiedergutmachung eines erlittenen Schadens zu erreichen. Durch die Behauptung, es gäbe nichts auszugleichen, wird damit logisch vorausgesetzt, dass kein Schaden im Zivilrechtssinne vorliegen kann. Eine Begründung für diese Prämisse wird jedoch jeweils nicht beigebracht. Der (strafrechtliche) Gefährdungsschaden wird regelmäßig im Rahmen des „Eingehungsbetrugs" relevant, bei dem das vermögensschädigende Ereignis im Abschluss eines Vertrags liegt. Es fragt sich, weshalb ein täuschungsbedingt geschlos-

---

677 Ebenso *Hagen*, FS Larenz, S. 867 (879), der zutreffend anführt, dass grundsätzlich zu fragen sei, *„warum der Begriff des Vermögensschadens allein im Falle des Betruges zu modifizieren sei"*; siehe auch *Lange/Schiemann*, Schadensersatz, S. 41: *„Wer durch eine zum Schadensersatz verpflichtende Handlung veranlasst wird, jederzeit verfügbares Geld für einen von ihm weder gewollten noch vernünftig zu verwertenden Gegenstand herzugeben, ist geschädigt, wie ja auch die Strafrechtstheorie in den einschlägigen Fällen das Vorhandensein eines Vermögensschadens bejaht"*.

678 Statt aller *Brand*, Schadensersatzrecht, § 2 Rn. 23; Palandt/*Grüneberg*, BGB, Vorb. v. § 249, Rn. 9; MüKoBGB/*Oetker*, BGB § 249 Rn. 8.

679 *Paschke/Wolfram*, DZWir 1995, 485.

680 *Spickhoff*, JZ 2002, 970.

681 *Paschke/Wolfram*, DZWir 1995, 485 (486).

682 *Spickhoff*, JZ 2002, 970 (976).

sener Vertrag nicht taugliches Ausgleichobjekt in der zivilrechtlichen Schadensersatzdogmatik sein sollte. Wie bereits ausgeführt wurde[683], kann der Abschluss eines Vertrags praktisch unbestritten einen Schaden im Rechtssinne darstellen.[684] Ein solcher Vertragsabschlussschaden ist einer Ausgleichung – regelmäßig durch tatsächliche oder wirtschaftliche Rückabwicklung dessen – ohne weiteres zugänglich.

c) Zwischenergebnis

Die Herausbildung des „individuellen Schadenseinschlags" und des „Gefährdungsschadens" beruhen auf der zutreffenden Erkenntnis, dass die individuelle Verwendungsplanung in die Vermögensschadensbetrachtung mit einzupreisen ist und eine reine Saldierung einem hinreichenden Vermögensschutz nicht gerecht wird. Dass sich die ausdifferenzierte Dogmatik dieser Fallgruppen im Strafrecht und nicht in einem anderen Rechtsbereich herausgebildet hat, ist nicht der besonderen Funktion des Strafrechts geschuldet. Auch in der Rechtsprechung finden sich keine Anhaltspunkte, dass der Gefährdungsschaden oder der individuelle Schadenseinschlag ihre Rechtfertigung in Zwecken der Repression, Sühne oder Prävention fänden.

Es geht sowohl im Strafrecht als auch im Zivilrecht darum, das spezielle Tatbestandsmerkmal des Vermögensschadens hinreichend zu konturieren. Eine Pönalisierung des Schadensrechts tritt durch eine simultane Auslegung beider Begriffe nicht ein. Durch die Übertragung der Fallgruppen auf den zivilrechtlichen „Vertragsabschlussschaden" entstünde daher weder eine verdeckte Implementierung von Strafzwecken noch wären Zwecke des zivilrechtlichen Schadensrechts umgangen. Bei einer ganzen Reihe von strafrechtlichen Tatbestandsmerkmalen ist anerkannt, dass diese zivilrechtsakzessorisch auszulegen sind.[685] Umgekehrt besteht auch kein Dogma, Begriffe im Zivilrecht nicht strafrechtsakzessorisch auslegen zu können.

---

683 Siehe ausführlich Kap. 3, Ziff. II.

684 Vgl. nochmals stellvertretend *Lorenz*, ZIP 1998, 1053 (1053 f.): *„Unzweifelhaft kann der Abschluss eines Schuldvertrages einen Schaden darstellen, den zu beseitigen der Schuldner im Wege der Naturalrestitution (§ 249 Abs. 1 BGB) verpflichtet sein kann".*

685 Vgl. z.B. die „Fremdheit" einer Sache in § 242, 249 StGB, siehe hierzu nur *Fischer*, StGB, § 242 StGB m.w.N; weitere Beispiele sind die „Ehe" in § 172 StGB oder das „Pfandrecht" in § 298 StGB, vgl. *Francuski*, JuS 2014, 886 (887).

2. Rechtsmethodische Pflicht zur Begriffshomogenisierung?

Nachdem festgestellt wurde, dass einer einheitlichen Interpretation des Vermögensschadensbegriffs weder strafrechtsteleologische noch schadensrechtsteleologische Aspekte entgegenstehen, wird im Folgenden betrachtet, ob – umgekehrt – gar eine rechtsmethodologische Pflicht besteht, die Begriffe in beiden Rechtsgebieten synonym auszulegen.

a) Die grundsätzliche Auslegungsautonomie im Zivil- und Strafrecht

Das Zivilrecht regelt die Rechtsverhältnisse zwischen Rechtsubjekten, die sich grundsätzlich gleichrangig gegenüberstehen mit dem Ziel eines gerechten Interessenausgleichs. Kennzeichnend für das Strafrecht ist hingegen ein Subordinationsverhältnis zwischen dem Staat und dem Einzelnen. Sein Kernanliegen ist der Schutz von Rechtsgütern, bei deren Verletzung ein staatlicher Sanktionsanspruch erwachsen kann.[686] Zweck ist dabei die Aufrechterhaltung der gesellschaftlichen Ordnung. Beide Teilrechtsgebiete verfolgen daher grundsätzlich unterschiedliche Regelungsanliegen.

Bei unterschiedlichen Regelungsintensionen sind die in einem jeweiligen Gesetz verwendeten Begriffe grundsätzlich *relativ* zu betrachten. Aufgrund dieser Relativität kann auch ein prima facie eindeutig erscheinender Ausdruck je nach Zusammenhang und konkretem Sachbereich eine völlig andere Bedeutung erlangen.[687] Eine solche unterschiedliche Norminterpretation erweist sich auch vor dem rechtstaatlichen Bestimmtheitsgrundsatz solange als verfassungskonform, als nicht die Einheit der Rechtsordnung in ihrer Gesamtheit in Gefahr gerät.[688] So ist bereits innerhalb der Regelungen des Strafgesetzbuchs selbst anerkannt, dass semantisch identische Begrifflichkeiten unterschiedlich verstanden werden können.[689] Erst recht gilt dies daher im Verhältnis des Strafgesetzbuchs zum Bürgerlichen Gesetzbuch. Es besteht somit im Allgemeinen keine notwendig bestehende begriffliche Akzessorietät zwischen den Begriffen des Strafrechts und

686 *Wessels/Beulke/Satzger*, StrafR AT, § 1 Rn. 4: *Rengier*, StrafR AT, § 3 Rn. 1.

687 *Reimer*, Juristische Methodenlehre, Rn. 284.

688 *Barczak*, JuS 2020, 905 (907 f.).

689 So bereits RG, Urteil vom 19.06.1936 – 4 D 402/36 = RGSt 70, 251 (255); BGH, Urteil vom 06.11.1986 – 1 StR 327/86 = NJW 1987, 1710 (1711): *„Auslegung nach dem Schutzzweck des Tatbestands“*.

des Zivilrechts.[690] Vielmehr sind die Normen in beiden Bereichen anhand ihres Regelungszwecks grundsätzlich autonom auszulegen.

b) Das Bedürfnis nach einer kohärenten Gesamtrechtsordnung

Als Topos zur Auslegung von Rechtvorschriften wird zuweilen auf die Notwendigkeit der „Einheit der Rechtsordnung" zurückgegriffen. Dem liegt der Gedanke zugrunde, dass sich die in einem Rechtssystem geltenden Vorschriften möglichst in einen in sich schlüssigen Gesamtkomplex einfügen sollen. Normen sind damit grundsätzlich so auszulegen, dass die Wertungen innerhalb derselben Gesamtrechtsordnung harmonieren.[691] Eine Auslegung muss daher darauf bedacht sein, dass sich die Gesamtheit der gesetzlichen Bestimmungen „tunlichst zu einem widerspruchslosen Ganzen" zusammenfügt.[692]

Speziell zum Begriff des Vermögensschadens führte *Mertens* einst an, dass im Zivilrecht „soweit ersichtlich bisher keine Stimmen laut geworden seien, die eine Differenzierung zwischen einem straf- und einem schadensrechtlichen Begriff des Vermögensschadens für nötig hielten".[693] Die Ausführungen von *Mertens* lassen sich jedenfalls bei heutiger Auswertung von Rechtsprechung und Literatur nicht mehr in dieser Absolutheit aufrechterhalten. Während manche noch diplomatisch den Rückgriff auf strafrechtliche Elemente innerhalb der zivilrechtlichen Schadensdogmatik als jedenfalls „mühevolle Konstruktion"[694] oder „unnötig"[695] begreifen, wird eine Anwendbarkeit von anderen dezidiert abgelehnt. Vertreter eines Rezeptionsverbots finden sich, wie bereits dargelegt, sowohl zur Fallgruppe des individuellen Schadenseinschlags[696] als auch des Gefährdungsschadens.[697] Zu Letzterem finden sich auch in der Instanzrechtsprechung vereinzelte

690 *Mertens,* Vermögensschaden, S. 133.

691 *Wank,* Juristische Methodenlehre, § 9 Rn. 39.

692 BGH, Urteil vom 21.04.1959 – 1 StR 504/58 = NJW 1959, 1230 (1234).

693 *Mertens,* Vermögensschaden, S. 133.

694 *Lorenz,* Der Schutz vor dem unerwünschten Vertrag, S. 73 [Fn. 152]; *ders.*, ZIP 1998, 1053 (1055) – *jeweils zum individuellen Schadenseinschlag.*

695 *Lorenz,* NZM 1998, 359 (362) – *zum individuellen Schadenseinschlag.*

696 *Lieb,* FS Medicus, S. 337 (340 ff.); wohl auch *Denga,* JA 2018, 833 (836), der den persönlichen Schadenseinschlag im Strafrecht als *„Abweichung von der Saldierungslehre der §§ 249 ff. BGB"* begreift.

697 *Spickhoff,* JZ 2002, 970 (976).

jedoch kaum überzeugende, Entscheidungen vom LAG München[698] sowie vom LG Arnsberg[699], in denen eine Übertragbarkeit in das Zivilrecht verneint wird.[700]

Im Gegensatz hierzu wird nicht nur von *Mertens*[701], sondern auch von *Dannecker*[702], *Lehmann*[703] und *Varwig*[704] eine grundsätzlich einheitliche Auslegung des Begriffs des Vermögensschadens im Straf- und Zivilrecht gefordert. *Dannecker* führt an, es spräche für die Übernahme der Kriterien des strafrechtlichen Vermögensschadens in das Zivilrecht, dass hierdurch dem „Postulat der Einheit der Rechtsordnung" Rechnung getragen werden könne.[705] Daneben sei nach *Dannecker* in Fällen, in denen ein Vermögensrecht sogar strafrechtlich geschützt wird, auch (erst Recht) ein zivilrechtlicher Ersatzanspruch zu gewähren.[706] Auch *Varwig* greift dieses *argumentum a fortiori* auf und gibt zu bedenken, dass das Strafrecht das „schärfste Schwert des Staates" darstelle. Eine Normspaltung sei nach *Varwig* jedenfalls dann nicht mehr hinnehmbar, wenn ein Verhalten nicht

698 LAG München, Urteil vom 16.10.2003 – 2 Sa 283/03 –, juris, wonach sich der Begriff des Vermögensschadens im Sinne von § 263 StGB nicht deckungsgleich mit dem zivilrechtlichen Schadensbegriff verhalten soll; eine nähere Begründung hierfür wird jedoch nicht angeführt.

699 LG Arnsberg, Urteil vom 10.11.2011 – 1 O 526/10 –, juris; in den Entscheidungsgründen wird ausgeführt, dass eine schadensgleiche Vermögensgefährdung *„von der obergerichtlichen Rechtsprechung nicht anerkannt worden"* sei; aus den vom LG Arnsberg zitierten Urteilen ergibt sich dies jedoch nicht. Ganz im Gegenteil: Der BGH stellt in seinem – vom LG Arnsberg in Bezug genommenen – Urteil vom 17.01.2008 – IX ZR 172/06 = NJW-RR 2008, 786 (787) klar, dass das mittels der Differenzhypothese gewonnene Ergebnis einer *„normativen Wertung"* zu unterziehen ist.

700 Im Gegensatz hierzu wurde in der jüngeren Instanzrechtsprechung zur Herstellerhaftung im „Diesel-Skandal" bei der Schadensbestimmung vielfach ausdrücklich auf den Aspekt der (schadensgleichen) „Vermögensgefährdung" abgestellt, vgl. OLG Stuttgart Urteil vom 19.02.2020 – 4 U 149/19 = BeckRS 2020, 6588 Rz. 39; OLG Naumburg, Urteil vom 27.09.2019 – 7 U 24/19 = BeckRS 2019, 24547 Rz. 48; BayObLG, Beschluss vom 22.01.2019 – 1 AR 23/18 = BeckRS 2019, 5991; LG Hof, Urteil vom 23.07.2018 – 22 O 149/17 = BeckRS 2018, 45887 Rz. 25 ff.; LG Hannover, Urteil vom 13.05.2019 – 1 O 129/18 = BeckRS 2019, 10926 Rz. 18 f.

701 *Mertens*, Vermögensschaden, S. 134: *„mindestens die stärkste Beachtung der strafrechtlichen Überlegungen zum Schadensbegriff im Schadensrecht zu fordern"*.

702 *Dannecker*, NZG 2000, 243 (247).

703 *Lehmann*, Vertragsanbahnung, S. 277 ff.

704 *Varwig*, Zum Tatbestandsmerkmal des Vermögensschadens, S. 115 f., 132 ff.

705 *Dannecker*, NZG 2000, 243 (247).

706 *Dannecker*, NZG 2000, 243 (247).

schadensersatzbewehrt sei, jedoch zu einer strafrechtlichen Sanktion führe.[707] Gefordert wird eine „begriffliche Akzessorietät".[708] Schließlich geht auch *Lehmann* von einer „grundsätzlichen Verwendbarkeit des strafrechtlichen Vermögensbegriffs im Privatrecht" aus.[709]

Für dieses simultane Begriffsverständnis sprechen beachtliche Argumente. Allgemein wird aufgrund von Verhältnismäßigkeitserwägungen angenommen, dass das Strafrecht als schärfste Eingriffsform staatlichen Handelns nur als letztes Mittel zur Anwendung kommen dürfe. Eine Strafe berührt den Wert- und Achtungsanspruch des Betroffenen und muss daher in einem Rechtssystem stets ultima ratio sein.[710] Bevor das Strafrecht zur Anwendung gelangt, ist grundsätzlich auf andere Steuerungsinstrumente wie das Zivil-, Wettbewerbs- oder Verwaltungsrecht zurückzugreifen.[711] Es wäre rechtssystematisch inkohärent, wenn man unter Annahme eines Vermögensschadens im Strafrecht ein Sanktionsbedürfnis annähme, im Zivilrecht jedoch unter Ablehnung eines Vermögensschadens eine Ersatzpflicht verneinen würde. Dies widerspräche jedenfalls wertungsmäßig der Maxime, dass dasjenige, was „zivilrechtlich rechtmäßig ist, nicht gleichzeitig strafbar sein kann."[712]

Ein Wertungswiderspruch innerhalb der Rechtsordnung liegt dann vor, wenn gleich gelagerte Sachverhalte ohne sachlichen Grund verschieden behandelt werden.[713] Eine Differenzierung ist grundsätzlich nur dann zulässig, wenn ein vernünftiger, aus dem einzelnen Regelungszweck des Sachbereichs folgender Grund für eine unterschiedliche Auslegung der Begriffe besteht.[714] Obgleich das abstrakte Ziel von Zivil- und Strafrecht ein unterschiedliches ist, ergeben sich bei Betrachtung des Sinn und Zwecks der konkreten Regelungen des Vermögensstrafrechts und der zivilrechtlichen Haftungsnormen durchaus Parallelen. Denn auch wenn Straf- und Zivilrecht unterschiedliche *Rechtsfolgen* anordnen, dienen beide Bereiche letztlich dem Rechtsgüter- und damit auch dem Vermögensschutz. Dass sich

---

707 *Varwig*, Zum Tatbestandsmerkmal des Vermögensschadens, S. 115 f.

708 *Varwig*, Zum Tatbestandsmerkmal des Vermögensschadens, S. 132 ff.

709 *Lehmann*, Vertragsanbahnung, S. 277 [Fn. 95] unter Verweis auf *Mertens*, Vermögensschaden, S. 130 ff.

710 BVerfG, Beschluss vom 19.07.2017 – 2 BvL 4/17 –, juris.

711 *Landau*, NStZ 2015, 665 (668).

712 MüKoBGB/*Wagner*, vor § 823 BGB Rn. 77; siehe auch *Lutter*, NZG 2010, 601 (603): *„Das gebietet, wenn nicht schon die bare Vernunft, so doch die Einheit der Rechtsordnung"*.

713 Vgl. *Kargl*, JA 2001, 714 (717).

714 *Kargl*, JA 2001, 714 (717).

die fein ausdifferenzierte Dogmatik eines sachgerechten und umfassenden Vermögensschutzes vorwiegend im Strafrecht entwickelt hat, beruht nicht auf einer Eigentümlichkeit oder Andersartigkeit des strafrechtlichen Vermögensverständnisses.[715] Die sich herausgebildeten normativen Abweichungen von der Saldierungslehre basieren vielmehr auf der rechtsgebietsunabhängigen Erkenntnis, dass eine alleinige Betrachtung des homo oeconomicus nicht genügend sein kann, sondern auch der homo consumptus mit seinen konkreten Dispositionsinteressen in die Vermögensschadensbetrachtung miteinzubeziehen ist. Ein sachlicher Differenzierungsgrund für eine Ungleichbehandlung des Vermögens- und Vermögensschadensbegriffs im Straf- und Zivilrecht besteht damit grundsätzlich nicht.[716]

II. Der individuelle Schadenseinschlag beim ungewollten Vertrag

1. Die Leitentscheidung des BGH vom 26.09.1997 (Az. V ZR 29/96)

a) Einführung und Darstellung der Entscheidung

Es besteht eine lang zurückreichende Rechtsprechungspraxis, in der die Grundsätze des individuellen Schadenseinschlags – ohne dass die Parallelen zum Strafrecht offen angesprochen wurden – im zivilrechtlichen Schadensersatzrecht herangezogen wurden. Der BGH hatte bereits im Jahr 1962 über einen Fall zur Haftung aus c.i.c.[717] zu entscheiden, in dem ein Käufer eine Maschine erwarb, die ihren Kaufpreis zwar objektiv wert war, jedoch aufgrund ihrer Abmessungen nicht an dem vom Käufer gewünschten Ort aufgestellt werden konnte.[718] Der BGH billigte dem Käufer einen Schadensersatzanspruch, gerichtet auf die Befreiung von der täuschungsbedingt eingegangenen Vertragspflicht zu. Ein Jahr später sprach das OLG Frankfurt einem Käufer eines (an sich werthaltigen) Warenautomaten ebenfalls einen Schadensersatzanspruch aus culpa in contrahendo zu, weil der unerfahrene Käufer nicht darüber aufgeklärt worden war, dass mit der Maschine realistischerweise keine Gewinne erzielt werden

---

715 Siehe hierzu bereits Kap. 7, Ziff. I, Nr. 1 lit. a) und b).

716 *Mertens*, Vermögensschaden, S. 133: *„Das natürliche Begriffsverständnis [des Vermögens] ist für das Strafrecht und das Zivilrecht im Kern das gleiche.“*

717 Ein Vorrang der kaufrechtlichen Gewährleistung bestand hier nicht, da der Verkäufer besondere Beratungspflichten übernommen hatte, vgl. zur Anwendbarkeit der c.i.c. in diesen Fällen BeckOK BGB/*Sutschet*, BGB § 311 Rn. 83 ff.

718 BGH, Urteil vom 31.01.1962 – VIII ZR 120/60 = NJW 1962, 1196.

konnten.[719] Auch das OLG Köln judizierte bereits im Jahr 1971, dass die „objektive Brauchbarkeit der Gegenleistung für die speziellen Bedürfnisse des Getäuschten" bei der Vermögensschadensbestimmung Berücksichtigung finden müsse.[720] Bereits all diesen Entscheidungen lag damit das Verständnis zugrunde, dass der Abschluss eines Vertrags dann als Schaden zu begreifen ist, wenn die erhaltene Gegenleistung nicht vollständig für die persönlichen Zwecke des Erwerbers brauchbar ist.[721]

Als wegweisend für die Anerkennung des individuellen Schadenseinschlags im Zivilrecht wird man jedoch die Entscheidung des BGH vom 26.09.1997[722] bezeichnen müssen. Thematisch ging es dabei darum, dass die Kläger von der Beklagten eine Eigentumswohnung erwarben. Zur Kaufpreisfinanzierung und zur Deckung der Nebenkosten nahmen die Käufer bei einem Kreditinstitut ein Darlehen auf. Den Käufern wurde von einem Mitarbeiter der Beklagten versichert, dass der Kauf für die Kläger rein tatsächlich keine finanzielle Mehrbelastung bedeute, da diese mit dem Erwerb zusammenhängenden Finanzierungskosten durch Mieteinnahmen und Steuervorteile vollständig gedeckt seien. Wie sich später herausstellte, war dies jedoch nicht der Fall. Auch wenn die Eigentumswohnung objektiv betrachtet ihren Kaufpreis wert gewesen sein sollte (was zwischen den Parteien streitig war), waren die Kläger jedenfalls gehalten, die Finanzierungskosten für die Immobilie wider Erwarten mit eigenen finanziellen Mitteln zu stemmen. Der BGH prüfte die Möglichkeit einer Rückabwicklung des Kaufvertrags unter dem Gesichtspunkt des Verschuldens bei Vertragsschluss.[723] In dieser bereits an früherer Stelle[724] thematisierten Leitentscheidung des V. Zivilsenats wurde nicht nur das Erfordernis eines Vermögensschadens bei der c.i.c. klargestellt, sondern darüber hinaus auch, nach welchen Kriterien sich die Feststellung eines Vermögenschadens bestimmt. Der Senat führt hierzu aus:

> *„Ob ein Vermögensschaden vorliegt, beurteilt sich grundsätzlich nach der sogenannten Differenzhypothese, also nach einem Vergleich der infolge des*

---

719 OLG Frankfurt, Urteil vom 05.03.1963 – 5 U 232/62 = NJW 1964, 256.

720 OLG Köln, Urteil vom 02.11.1971 – 15 U 77/71 = NJW 1972, 497 (498 f.).

721 Siehe hierzu *Schumacher*, Vertragsaufhebung, S. 117 f.

722 BGH, Urteil vom 26.09.1997 – V ZR 29/96 = NJW 1998, 302.

723 Ein Spezialitätsverhältnis der kaufrechtlichen Gewährleistungsvorschriften bestand vorliegend nicht, da sich die unwahren Angaben des Verkäufers nicht auf die Beschaffenheit der Kaufsache bezogen und der Verkäufer darüber hinaus auch arglistig gehandelt hatte, vgl. hierzu *Tiedtke*, DNotZ 1998, 355 (356).

724 Siehe Kap. 4, Ziff. I.

haftungsbegründenden Ereignisses eingetretenen Vermögenslage mit derjenigen, die sich ohne jenes Ereignis ergeben hätte (...). Zu einem Schaden kommt man infolgedessen dann, wenn bei diesem Vergleich ein rechnerisches Minus verbleibt, wenn also der Vertragsschluß für die Kl. wirtschaftlich nachteilig gewesen ist. Das ist grundsätzlich dann der Fall, wenn die erworbene Eigentumswohnung den Kaufpreis nicht wert ist oder wenn trotz Werthaltigkeit des Kaufgegenstandes die mit dem Vertrag verbundenen Verpflichtungen und sonstigen Nachteile durch die Vorteile nicht ausgeglichen werden. Bei dieser Gegenüberstellung sind die Rechnungsposten allerdings, gemessen am Schutzzweck der Haftung und an der Ausgleichsfunktion des Schadensersatzes, wertend zu bestimmen (...). Die Differenzhypothese hat sich einer normativen Kontrolle zu unterziehen, die sich einerseits an der jeweiligen Haftungsgrundlage, konkret also an dem sie ausfüllenden haftungsbegründenden Ereignis, und andererseits an der darauf beruhenden Vermögensminderung orientiert. (...)
Ist – was zwischen den Parteien streitig ist – der Kaufgegenstand den Kaufpreis wert, so kann ein Vermögensschaden schon darin liegen, daß der von dem schuldhaften Pflichtverstoß Betroffene in seinen Vermögensdispositionen beeinträchtigt ist. Der Schadensersatzanspruch dient dazu, den konkreten Nachteil des Geschädigten auszugleichen; der Schadensbegriff ist mithin im Ansatz subjektbezogen (...). Wird jemand durch ein haftungsbegründendes Verhalten zum Abschluß eines Vertrages gebracht, den er sonst nicht geschlossen hätte, kann er auch bei objektiver Werthaltigkeit von Leistung und Gegenleistung dadurch einen Vermögensschaden erleiden, daß die Leistung für seine Zwecke nicht voll brauchbar ist (...). Insoweit besteht eine Vergleichbarkeit zur strafrechtlichen Bewertung solcher Konstellationen im Rahmen des Betrugstatbestandes (vgl. nur BGHSt 16, 321 [325ff.] = NJW 1962, 309 = LM § 263 StGB Nr. 56 L). Die Bejahung eines Vermögensschadens unter diesem Aspekt setzt allerdings voraus, daß die durch den unerwünschten Vertrag erlangte Leistung nicht nur aus rein subjektiver willkürlicher Sicht als Schaden angesehen wird, sondern daß auch die Verkehrsanschauung bei Berücksichtigung der obwaltenden Umstände den Vertragsschluß als unvernünftig, den konkreten Vermögensinteressen nicht angemessen und damit als nachteilig ansieht.“[725]

725 BGH, Urteil vom 26.09.1997 – V ZR 29/96 = NJW 1998, 302 (304).

b) Kritik in der Literatur

Die Entscheidung des BGH wurde in der Rechtswissenschaft breit diskutiert.[726] Obgleich das Judikat vielfach auf Zustimmung stieß, wurde auch erhebliche Kritik hiergegen vorgebracht. *Lorenz* sieht in der Entscheidung einen „Griff in die Trickkiste".[727] Der BGH nehme es – so *Lorenz* – mit dem Erfordernis eines Vermögensschadens selbst „nicht ganz ernst", indem er bei der Annahme eines Vermögensschadens auf einen subjektiven Vermögensbegriff zurückgreife.[728] *Grigoleit* spricht von einem „entleerten Vermögensschadenskriterium".[729] Wenn sich ein schadensrechtliches Rückabwicklungsbegehren im Einzelfall willkürlich darstelle, könne – so *Grigoleit* – mit dem Missbrauchseinwand aus § 242 BGB Abhilfe geschaffen werden, der gegenüber der Schadensformel des BGH „keine erkennbaren Nachteile" habe.[730] Ähnlich kritisch äußern sich *Kaiser*, die von einer „Verwässerung des Vermögensschadens"[731] spricht sowie *Singer/Finckenstein*, die dem BGH vorwerfen, dass sein Vermögensschadensverständnis „subtile Betrachtungen" erfordere.[732] Nach *Hahn* käme die an den Vermögensschaden keine allzu hohen Anforderungen stellende Rechtsprechung in aller Regel zum gleichen Ergebnis wie diejenigen, die ohnehin eine jede Beeinträchtigung der fehlerfreien Willensbildung für eine schadensrechtliche Rückabwicklung des Vertrags genügen lassen.[733] Auch *Fleischer* meint, die Streitfrage werde nur „in Ausnahmefällen" virulent.[734]

c) Eigene Auswertung und Stellungnahme

Zutreffend ist zunächst die Feststellung des BGH, dass an der Notwendigkeit eines Vermögensschadens bei der Rückabwicklung von Verträgen

---

726 Vgl. z.B. *Lorenz*, ZIP 1998, 1053; *Grigoleit*, NJW 1999, 900; *Wiedemann*, JZ 1998, 1176; *Fleischer*, AcP 200 (2000), 91; *Tiedtke*, DNotZ 1998, 355; *Ewers*, DStR 1999, 421; *Imping*, MDR 1998, 27; *Lieb*, FS Medicus, S. 337 ff.

727 *Lorenz*, NZM 1998, 359 (361).

728 *Lorenz*, JuS 2015, 398 (400); ebenso *Fehling/Faust/Rönnau*, JuS 2006, 18 (22).

729 *Grigoleit*, NJW 1999, 900 (902).

730 *Grigoleit*, NJW 1999, 900 (902).

731 *Kaiser*, Rückabwicklung, S. 210.

732 Staudinger/*Singer/Finckenstein*, 16. Auflage, BGB § 123 Rn. 104.

733 *Hahn*, Aufklärungspflicht, S. 176 f.

734 *Fleischer*, AcP 200 (2000), 91 (118); vgl. auch *Milanin*, Informationelle Fahrlässigkeitshaftung, S. 56, der der Ansicht ist, dass das Vermögensschadenserfordernis mehr der „*dogmatischen Beruhigung*" zu dienen scheine.

über den Schadensersatz kein Weg vorbeiführt.[735] Dogmatisch korrekt stellt der BGH weiter klar, dass Ausgangspunkt einer jeden Vermögensschadensbetrachtung zwar grundsätzlich die Differenzhypothese ist, jedoch ein alleiniges Abstellen hierauf nicht genügt.[736] In Einklang mit der Spruchpraxis des Großen Senats für Zivilsachen[737] sieht damit auch der V. Zivilsenat die funktionale Vermögensfunktion als im vermögenswerten Recht mitgeschützt an.

Richtigerweise erkennt der BGH auch, dass die Beeinträchtigung der wirtschaftlichen Handlungsfreiheit allein für die Annahme eines Vermögensschadens nicht ausreichen kann, sondern es einschränkender Kriterien bedarf.[738] Der BGH fordert hierzu, dass zur subjektiven Verfehlung des Dispositionsmotivs zusätzlich die „Unbrauchbarkeit" des Vertragsgegenstands hinzukommen muss. Der Senat zeigt dabei die Vergleichbarkeit zur strafrechtlichen Bewertung dieser Konstellationen beim Betrugstatbestand auf und verweist in den Urteilsgründen auch explizit auf den *Melkmaschinenfall*[739], die Leitentscheidung des BGH zur Anerkennung des individuellen Schadenseinschlags im Strafrecht. Der BGH zieht damit zur Vermögensschadensbestimmung ausdrücklich die Voraussetzungen des aus der Strafrechtsdogmatik bekannten individuellen Schadenseinschlags heran.[740]

Die von Teilen der Literatur vorgebrachte Behauptung einer angeblich (weitgehenden) Entbehrlichkeit des Vermögensschadenskriteriums erweist sich als unzutreffend. Denn der „lediglich" ungewollte Vertrag wird damit gerade nicht als Vermögensschaden anerkannt.[741] Der Vermögensschadensbegriff des BGH fordert daher ein *„Mehr"* als die bloße Beeinträchtigung der Willensfreiheit. Die Kritiker, die keine wesentlichen Unterschie-

---

735 Siehe hierzu ausführlich Kap. 4.

736 Vgl. hierzu Kap. 6, Ziff. II.

737 BGH, Beschluss vom 09.07.1986 – GSZ 1/86 = NJW 1987, 50 (51).

738 Siehe hierzu Kap. 6, Ziff. II, Nr. 3.

739 BGH, Beschluss vom 16.08.1961 – 4 StR 166/61 = NJW 1962, 309.

740 Auch *Mankowski*, Beseitigungsrechte, S. 204; *Milanin*, Informationelle Fahrlässigkeitshaftung, S. 153; *Staudinger/Ewert*, JA 2010, 241 (246) sowie *Lorenz*, NZM 1998, 359 (362) sprechen bei der Auswertung der Schadensbegründung des BGH vom aufgestellten Erfordernis eines *„persönlichen / individuellen Schadenseinschlags"*.

741 Hieran hat der V. Zivilsenat auch in der Folge eindeutig festgehalten, vgl. BGH, Urteil vom 30.03.2007 – V ZR 89/06 –, juris: *„Der Umstand, dass er bei vollständiger Information über die erforderlichen Aufwendungen den Vertrag nicht geschlossen hätte, begründet einen allein von § 123 BGB sanktionierten Angriff auf die Entschließungsfreiheit, belegt aber nicht die Entstehung eines für einen Schadensersatzanspruch erforderlichen Vermögensschadens"*.

de zwischen den vom BGH dargelegten Vermögensschadenskriterien und der reinen Störung der Willensbildung sehen wollen, verkennen das dem individuellen Schadenseinschlag innewohnende objektive Korrektiv.[742] In dieser „Entsubjektivierung" liegt auch in der Strafrechtsdogmatik gerade der Unterschied des (anerkannten) individuellen Schadenseinschlags zu den (ganz überwiegend abgelehnten) personalen Vermögenslehren. Bei stringenter Anwendung dieses Korrektivs ergeben sich vielfach und nicht nur in Ausnahmekonstellationen unterschiedliche Ergebnisse.[743] Wie in der Strafrechtsdogmatik erscheint dieses Korrektiv auch im Zivilrecht sachgerecht. Denn trotz Respektierung des autonomen Willens des Getäuschten, darf die wirtschaftliche Vernunft auch im zivilrechtlichen Kontext nicht ausgeklammert werden.[744]

Um die erforderliche „Nachteilhaftigkeit" des Vertrags bzw. „Unbrauchbarkeit" der Vertragsleistung zu beurteilen, fordert der BGH, dass „auch die Verkehrsanschauung bei Berücksichtigung der obwaltenden Umstände den Vertragsschluss als unvernünftig" und „den konkreten Vermögensinteressen nicht angemessen" ansehen müsse.[745] Die Formulierung ist denkbar abstrakt.[746] Sie bedarf daher im Sinne einer prognostizierbaren Rechtsanwendung greifbarerer Kriterien. Ohne nähere Konkretisierung wäre einer Einzelfallkasuistik Tür und Tor geöffnet. Ein Grundansatz für eine Konkretisierung stammt von *Lehmann*, der auf die Gedanken des Frustrations- und Bedarfsschadens zurückgreift.[747] Bei einem täuschungsbedingten Vertragsschluss und dessen anschließender Durchführung werde nach *Lehmann* ein grundsätzlich frei verfügbares Geldvermögen in einen anderen

742 Siehe hierzu Kap. 5, Ziff. II, Nr. 3 lit. b) (1).

743 Insoweit zutreffend *Saliger/Rüsse*, NStZ 2021, 513 (515 ff.).

744 Vgl. zur strafrechtlichen Perspektive: Schönke/Schröder/*Perron*, StGB § 263 Rn. 121.

745 Dass sich die Vermögensschadensbetrachtung nicht nach dem rein subjektiven Empfinden des Getäuschten richtet, folgt bereits aus der richtigen Anwendung des individuellen Schadenseinschlags; die Feststellung, dass es für die Nachteilhaftigkeit des Vertrags auf die „*Verkehrsanschauung*" ankommt, ist daher im Wesentlichen klarstellender Natur.

746 *Ahrens* spricht in VersR 2020, 933 (934) gar von einer „*nichts sagenden Formel*".

747 *Lehmann*, Vertragsanbahnung, S. 281 ff.; die Lehre vom Bedarfsschaden geht in seinem Ursprung auf *Zeuner* zurück, vgl. AcP 163 (1963), 380 (380 ff.); siehe auch *ders.* in: JZ 1986, 395 (395 ff.); nach der Bedarfsschadenslehre kann Schadensersatz bereits dann verlangt werden, wenn durch das schädigende Ereignis ein abstrakter finanzieller (Mehr-)Bedarf hervorgerufen wird. Ob der Geschädigte tatsächlich Aufwendungen tätigt, um diesen Bedarf zu stillen, ist dabei grundsätzlich irrelevant.

„Aggregatzustand" („Umwandlung von Geldvermögen in Sachvermögen") versetzt, der vom Käufer so nie beabsichtigt war.[748] Diese „Geldverknappung" begründe nach *Lehmann* bereits eine „Vermögensbeschädigung".[749]

Allein dieser ungewollte „Aggregatwechsel" genügt für sich genommen jedoch noch nicht für einen Vermögensschaden. Grund für eine (wirtschaftliche Nachteilhaftigkeit) kann jedoch sein, dass der Betroffene – wenn er seinen ursprünglichen Dispositionszweck erreichen will – auf den Abschluss eines *weiteren* Vertrags angewiesen ist. Hierfür hat der Betroffene wiederum neue Geldmittel aufzuwenden, über die er nun möglicherweise nicht mehr verfügt, da diese in dem ungewollten Vertrag fehlallokiert sind. Zu beachten ist jedoch, dass der Betroffene auch tatsächlich auf den Abschluss eines solchen Ersatzgeschäfts *angewiesen* sein muss. Hierzu bedarf es einer wertenden Prüfung im Einzelfall. So ist die Vornahme eines Ersatzgeschäfts aus Sicht eines sachlichen Beurteilers beispielsweise dann nicht nötig, wenn ein Käufer ein voll funktions- und gebrauchsfähiges Kraftfahrzeug erwirbt, er jedoch in seiner Erwartung enttäuscht wird, damit einen „individuellen Beitrag zum kollektiven Umweltschutz" leisten zu können.[750] Denn der Käufer muss seine Dispositionsziele an den Maßstäben wirtschaftlicher Vernunft messen lassen; ob er den Gegenstand auch gebrauchen *will*, ist daher irrelevant.[751]

Anders liegt es beispielsweise, wenn ein Anleger für seine Absicherung im Alter eine risikoaverse Anlageform wünscht, ihm jedoch eine hochspekulative Anlageform vermittelt wird. Zum Ausgleich hierfür darf sich der Anleger bei normativer Betrachtung durchaus veranlasst sehen, zu seiner Absicherung ein risikoarmes Zweitgeschäft zu tätigen (sog. „hedging").[752] Die Annahme eines Vermögensschadens erscheint hier gerechtfertigt, da er auf den Abschluss eines weiteren Geschäfts *angewiesen* ist.

Nicht immer muss jedoch der wirtschaftliche „Nachteil" in den (hypothetischen) Aufwendungen für einen ersetzenden „Zweitvertrag" liegen. Eine wirtschaftliche Nachteilhaftigkeit kann sich auch daraus ergeben, dass der Vertrag aus objektiv-individueller Perspektive für den Betroffenen *wirtschaftlich völlig sinnlos* ist. Beispielsweise trifft dies auf einen täuschungsbe-

748 *Lehmann*, Vertragsanbahnung, S. 282; vgl. hierzu auch *Grigoleit*, Vorvertragliche Informationshaftung, S. 69.

749 *Lehmann*, Vertragsanbahnung, S. 282; siehe hierzu auch Kap. 6, Ziff. II, Nr. 3.

750 Vgl. auch *Heese*, JZ 2020, 178, (182): *"ohne erkennbare Vermögensrelevanz"*; **a.A.** jedoch OLG Koblenz, Urteil vom 12.06.2019 – 5 U 1318/18 = NJW 2019, 2237 (2243).

751 So bereits RG, Urteil vom 20.04.1887 – 2237/86 = RGSt 16, 1 (7 ff.).

752 Soergel/*Ekkenga/Kuntz*, BGB, Vor § 249 Rn. 63.

dingt geschlossenen Versicherungsvertrag zu, der ein Risiko absichert, für das bereits Versicherungsschutz besteht oder bei dem sicher feststeht, dass sich das versicherte Risiko beim Versicherungsnehmer niemals wird realisieren können. In der eingangs genannten Leitentscheidung des BGH[753] ergab sich die wirtschaftliche Nachteilhaftigkeit daraus, dass die Finanzierungskosten der erworbenen Immobilie entgegen der Zusage vom Verkäufer nicht durch Mieteinnahmen und Steuervorteile gedeckt, sondern aus dem eigenen Vermögen der Käufer zu tragen waren. Der Vertrag war damit nicht „kostenneutral", sondern mit einem (nicht einkalkulierten) finanziellen Mehraufwand verbunden.[754]

Aufgrund der Mannigfaltigkeit der Gründe für eine (wirtschaftliche) Nachteilhaftigkeit des Vertrags bedarf es stets einer einzelfallbezogenen Betrachtung. Nur bei Vorliegen der wirtschaftlichen Nachteilhaftigkeit wird jedoch die Schwelle zum Vermögensschaden überschritten, da in diesem Falle nicht mehr nur die *Persönlichkeitssphäre*, sondern auch die *Vermögenssphäre* des Betroffenen beeinträchtigt wird.

2. Weitere Anwendungsfelder aus der Rechtsprechung

a) Herstellerhaftung im „Diesel-Skandal"

Das zivilrechtliche Schadensrecht ist neuerdings durch den „Diesel-Skandal" wieder in erheblichem Maße sowohl in den wissenschaftlichen[755] als auch gerichtlichen[756] Fokus geraten. Um zu einer Haftung der Hersteller zu gelangen, bedarf es zunächst einer tauglichen Anspruchsnorm. Vereinzelt wurde (zweifelhaft) eine quasi-vertragliche Vertrauenshaftung des Her-

---

753 BGH, Urteil vom 26.09.1997 – V ZR 29/96 = NJW 1998, 302.

754 *Tiedtke*, DNotZ 1998, 355 (357).

755 Vgl. nur *Lorenz*, NJW 2020, 1924; *Ring*, NZV 2020, 385; *Fervers/Gsell*, NJW 2020, 1393; *Schaub*, NJW 2020, 1028; *Gsell*, JZ 2020, 1142; *Pfeiffer*, NJW 2019, 3337; *Bruns*, NJW 2019, 2211; *Riehm*, NJW 2019, 1105; *Heese*, NJW 2021, 887; *ders.*, JZ 2020, 178; *ders.*, NJW 2019, 257; *ders.* NZV 2019, 273; *Legner*, VuR 2018, 251.

756 BeckOK BGB/*Förster*, § 826 Rn. 57a *„wahre Flut gerichtlicher Entscheidungen"*; *Gsell*, JZ 2020, 1142 (1142): *„Tausende von Einzelklagen"*.

stellers über §§ 311 Abs. 3, 280 Abs. 1 BGB konstruiert.[757] Daneben wurde von anderen Gerichten eine potentielle Schadensersatzhaftung auf § 823 Abs. 2 BGB i.V.m. §§ 6, 27 Abs. 1 EG-FVG[758] oder § 823 Abs. 2 BGB i.V.m § 263 Abs. 1 StGB[759] gestützt. Ganz überwiegend wurde von den Gerichten jedoch § 826 BGB als Anspruchsgrundlage herangezogen. Auch bevor der BGH die Haftung in seiner Leitentscheidung[760] ebenfalls auf diese Norm stützte, galt dies in der Spruchpraxis bereits als „Königsweg".[761]

§ 826 BGB stellt neben § 823 Abs. 1 BGB und § 823 Abs. 2 BGB die dritte „kleine Generalklausel"[762] des Deliktsrechts dar. Der Tatbestand zeigt in seinen zu überwindenden Hürden eine gewisse Ambivalenz. Einerseits weist er mangels jedweder Beschränkung auf normierte Rechtsgüter oder in Bezug genommener Schutzgesetze eine gewisse Weite auf. Andererseits sind die Haftungsvoraussetzungen wegen des Vorsatz- und Sittenwidrigkeitserfordernisses grundsätzlich sehr eng ausgestaltet.[763] Traditionell erfährt die Norm bei der Verleitung eines anderen zum Abschluss eines nachteilhaften Vertrags hohe Bedeutung.[764] *Lorenz* sieht in der Vorschrift gar das „wichtigste deliktsrechtliche Korrelat zur Rechtsgeschäftslehre".[765]

---

757 So das LG Traunstein, vgl. Urteil vom 21.01.2019 – 3 O 1296/18 = BeckRS 2019, 34174; Urteil vom 23.11.2018 – 6 O 1194/18 = BeckRS 2018, 43570; *Heese*, JZ 2020, 178 (178) bezeichnet diese Konstruktion zurecht als *„etwas verwegen"*; ablehnend auch BGH, Urteil vom 16.09.2021 – VII ZR 190/20 = WM 2021, 2108 (2112).

758 LG Augsburg, Urteil vom 29.01.2018 – 082 O 4497/16 = NJW-RR 2018, 1073 (1080); *Harke*, VuR 2017, 83 (83 ff.); gegen eine Schutznormqualität der Vorschriften hingegen OLG Braunschweig, Urteil vom 19.02.2019 – 7 U 134/17 = BeckRS 2019, 2737; *Lorenz*, NJW 2020, 1924 (1926); zweifelnd noch BGH, Urteil vom 25.05.2020 – VI ZR 252/19 = NJW 2020, 1962 (1971 f.); mangels Schutznormqualität schließlich ablehnend BGH, Urteil vom 30.07.2020 – VI ZR 5/20 = NJW 2020, 2798 (2799 f.).

759 LG Ellwangen, Urteil vom 19.09.2018 – 5 O 161/18 = BeckRS 2018, 45886; LG Köln, Urteil vom 18.07.2017 – 22 O 59/17 = BeckRS 2017, 124393; LG Bayreuth Urteil vom 31.01.2019 – 21 O 238/18 = BeckRS 2019, 33859; nach BGH, Urteil vom 30.07.2020 – VI ZR 5/20 = NJW 2020, 2798 (2800 f.) scheide eine Haftung des Herstellers nach § 823 Abs. 2 BGB i.V.m. § 263 Abs. 1 StGB jedenfalls mangels Stoffgleichheit einer etwaigen Vermögenseinbuße mit den denkbaren Vermögensvorteilen aus.

760 BGH, Urteil vom 25.05.2020 – VI ZR 252/19 = NJW 2020, 1962.

761 So *Heese*, JZ 2020, 178 (179).

762 BeckOK BGB/*Förster*, BGB § 826 Rn. 2.

763 Vgl. hierzu *Lorenz*, JuS 2020, 493 (493).

764 Vgl. nur MüKoBGB/*Wagner*, BGB § 826 Rn. 70.

765 *Lorenz*, NJW 2020, 1924 (1925); *ders.* in: Der Schutz vor dem unerwünschten Vertrag, S. 388.

Während sich die Gerichte im Ergebnis ganz überwiegend einig waren, dass – jedenfalls soweit der Kaufvertrag über ein betroffenes Fahrzeug vor dem öffentlichen Bekanntwerden des Diesel-Skandals geschlossen wurde[766] – eine sittenwidrige Handlung des Herstellers vorlag,[767] waren die Begründungen hierfür unterschiedlich. Teilweise wurde von den Gerichten eine *aktive Täuschung* der Käufer angenommen, da es sich bei den angegebenen Schadstoffwerten nicht um ordnungsgemäß ermittelte, sondern um manipulativ herbeigeführte Werte handelte.[768] Andere Gerichte sahen im Inverkehrbringen der Fahrzeuge ohne Hinweis auf die „erschlichene" Typgenehmigung und Betriebserlaubnis eine *Täuschung durch pflichtwidriges Unterlassen*.[769] Die überwiegende Ansicht stellte bei der Tathandlung schlicht auf die Herstellung und das Inverkehrbringen eines Fahrzeugmotors ab, der mit einer unzulässigen Abschalteinrichtung versehen wurde.[770] Freilich geht auch mit dieser tatsächlichen Handlung eine *konkludente Täuschung* der Fahrzeugkäufer einher.[771]

Das Hauptproblem der Haftung war jedoch, neben der Feststellung der Sittenwidrigkeit, die Begründung eines Schadens. Der Norm des § 826 BGB wird bei der Schadensbetrachtung vielfach eine Sonderstellung zugesprochen. Der Schadensbegriff des § 826 BGB weise einen „subjektiven Einschlag"[772] auf und sei von der Rechtsprechung „seit jeher weit"[773] verstanden worden. Zur Begründung wird angeführt, dass die Norm sich tatbestandlich nicht auf den Schutz bestimmter Rechte oder Rechtsgüter

---

766 BGH, Urteil vom 30.07.2020 – VI ZR 5/20 = NJW 2020, 2798; als haftungsausschließende zeitliche Zäsur gilt dabei die ad-hoc-Mitteilung und gleichlautende Pressemitteilung der Volkswagen AG vom 22.09.2015; die Rspr. ablehnend *Arnold*, JuS 2020, 1076 (1076 ff.); *Gsell*, JZ 2020, 1142 (1146 f.)

767 Vgl. die umfangreichen Rechtsprechungsnachweise bei BeckOK BGB/*Förster*, § 826 Rn. 57a; **a.A.** jedoch insbesondere das LG Braunschweig, siehe Urteil vom 06.07.2018 – 11 O 3017/17 = BeckRS 2018, 14999; Urteil vom 14.02.2018 – 3 O 1915/17 (155) = BeckRS 2018, 1421; Urteil vom 10.01.2018 – 3 O 622/17 = BeckRS 2018, 27.

768 LG Hildesheim, Urteil vom 17.01.2017 – 3 O 139/16 = VuR 2017, 111 (115).

769 LG Mönchengladbach, Urteil vom 01.06.2017 – 10 O 84/16 = BeckRS 2017, 132861, siehe hierzu auch *Legner*, VuR 2018, 251 (252).

770 BGH, Urteil vom 25.05.2020 – VI ZR 252/19 = NJW 2020, 1962 (1964); OLG Stuttgart, Urteil vom 24.09.2019 – 10 U 11/19 = BeckRS 2019, 23215; OLG Naumburg, Urteil vom 27.09.2019 – 7 U 24/19 = BeckRS 2019, 24547; vgl. auch *Heese*, JZ 2020, 178 (179) m.w.N.

771 OLG München, Urteil vom 15.10.2019 – 24 U 797/19 = BeckRS 2019, 25424; OLG Naumburg, Urteil vom 27.09.2019 – 7 U 24/19 = BeckRS 2019, 24547.

772 *Pfeiffer*, NJW 2019, 3337 (3337); MüKoBGB/*Wagner*, BGB § 826 Rn. 45.

773 BeckOK BGB/*Förster*, BGB § 826 Rn. 25.

beschränke.[774] Nach *Lorenz* ergäben sich vor diesem Hintergrund „keine Probleme auf der Ebene des Schadensbegriffs“.[775] Jede Belastung mit einer „ungewollten Verpflichtung“ stelle sich daher bei § 826 BGB als ersatzfähiger Schaden dar.[776] Dass sich die Schadensbetrachtung jedoch auch bei § 826 BGB rein tatsächlich nicht so unproblematisch darstellt, ergibt sich schon daraus, dass *Lorenz* selbst auf die schon damals bestehende abweichende Ansicht in Literatur und insbesondere auch Rechtsprechung hinwies.[777] In der von *Lorenz* in Bezug genommenen Entscheidung des OLG Köln[778] stellte das Gericht (richtigerweise) klar, dass der Ersatzanspruch auch bei § 826 BGB einen Vermögensschaden voraussetzt.[779] Für einen Vermögensschaden reiche es nicht aus, dass ein Käufer ohne die Täuschung vom Vertragsschluss Abstand genommen hätte, weil durch § 826 BGB das Vermögen, nicht aber die Verfügungsfreiheit geschützt wird.[780]

Mit Urteil vom 25.05.2020 hat sich der für das Deliktsrecht zuständige VI. Zivilsenat des BGH zur „Diesel-Problematik“ grundlegend geäußert.[781] Wie auch sonst zog der BGH auch hier einen immateriellen Vertragsabschlussschaden durch Beeinträchtigung der reinen vertraglichen Entschließungsfreiheit von vornherein nicht in Betracht, sondern prüfte direkt das Vorliegen eines Vermögensschadens.[782] Die Feststellung eines solchen ist in den „Diesel-Fällen“ jedoch äußerst problematisch, weil sich

---

774 BeckOK BGB/*Förster*, BGB § 826 Rn. 25; *Lorenz*, Der Schutz vor dem unerwünschten Vertrag, S. 384.

775 *Lorenz*, Der Schutz vor dem unerwünschten Vertrag, S. 384.

776 *Lorenz*, Der Schutz vor dem unerwünschten Vertrag, S. 384; ebenso Palandt/*Sprau*, BGB, § 826 Rn. 3; BeckOK BGB/*Förster*, § 826 Rn. 25; Jauernig/*Teichmann*, BGB § 826 Rn. 6.

777 *Lorenz*, Der Schutz vor dem unerwünschten Vertrag, S. 384 [Fn. 1007].

778 OLG Köln, Urteil vom 18.03.1994 – 6 U 184/93 = NJW-RR 1995, 51.

779 Zwar werden von § 826 BGB – wie grundsätzlich bei jedem Schadensersatzanspruch – im Ausgangspunkt sowohl materielle als auch immaterielle Schäden erfasst, vgl. *Möllers/Leisch*, WM 2001, 1648 (1655). Jedoch setzt die Ersatzfähigkeit des Vertragsabschlussschadens zwingend einen Vermögensschaden voraus, siehe hierzu ausführlich Kap. 4; speziell zu § 826 BGB: *Ahrens*, FS Huber, S. 1 (3 ff.).

780 OLG Köln, Urteil vom 18.03.1994 – 6 U 184/93 = NJW-RR 1995, 51 (52) unter Verweis auf OLG Düsseldorf, Beschluss vom 01.02.1991 – 2 Ws 541/90 = NJW 1991, 1841 (1842); insoweit ergeben sich keine Unterschiede zur Schutzzweckbetrachtung bei der c.i.c., vgl. hierzu bereits Kap. 4, Ziff. I, Nr. 2 b) und 3 b).

781 BGH, Urteil vom 25.05.2020 – VI ZR 252/19 = NJW 2020, 1962.

782 BGH, Urteil vom 25.05.2020 – VI ZR 252/19 = NJW 2020, 1962 (1967 ff.).

ein Minderwert der Fahrzeuge regelmäßig nicht nachweisen lässt.[783] Insbesondere nach Durchführung des Software-Updates an den Fahrzeugen bleibt es in aller Regel unklar, ob und falls ja, in welchem Umfang den Käufern ein (makelbedingter) merkantiler Minderwert verbleiben wird.[784] Der BGH ließ sich auf diese Diskussion nicht ein und stellte bei der Schadensbetrachtung allein auf den Abschluss des Kaufvertrags ab und begründete den Vermögensschaden dabei wie folgt:

> *„Da der Schadensersatz dazu dient, den konkreten Nachteil des Geschädigten auszugleichen, ist der Schadensbegriff im Ansatz subjektbezogen. Wird jemand durch ein haftungsbegründendes Verhalten zum Abschluss eines Vertrags gebracht, den er sonst nicht geschlossen hätte, kann er auch bei objektiver Werthaltigkeit von Leistung und Gegenleistung dadurch einen Vermögensschaden erleiden, dass die Leistung für seine Zwecke nicht voll brauchbar ist. Die Bejahung eines Vermögensschadens unter diesem Aspekt setzt allerdings voraus, dass die durch den unerwünschten Vertrag erlangte Leistung nicht nur aus rein subjektiv willkürlicher Sicht als Schaden angesehen wird, sondern dass auch die Verkehrsanschauung bei Berücksichtigung der obwaltenden Umstände den Vertragsschluss als unvernünftig, den konkreten Vermögensinteressen nicht angemessen und damit als nachteilig ansieht. (Senat NJW-RR 2015, 275 = WM 2014, 2318 Rn. 18 mwN; BGH NJW 1998, 302 [304] Rn. 28; Heese, Beratungspflichten, 2015, 220).*
> *Im Fall einer vorsätzlichen sittenwidrigen Schädigung dient der Schadensersatzanspruch nicht nur dem Ausgleich jeder nachteiligen Einwirkung durch das sittenwidrige Verhalten auf die objektive Vermögenslage des Geschädigten. Vielmehr muss sich der Geschädigte auch von einer auf dem sittenwidrigen Verhalten beruhenden Belastung mit einer „ungewollten" Verpflichtung wieder befreien können. Schon eine solche stellt unter den dargelegten Voraussetzungen einen gem. § 826 BGB zu ersetzenden Schaden dar. Insoweit bewirkt § 826 BGB einen Schutz der allgemeinen Handlungsfreiheit und speziell des wirtschaftlichen Selbstbestimmungsrechts des Einzelnen (…).“*[785]

---

783 Vgl. zu dieser Problematik *Lorenz*, NJW 2020, 1924 (1925); *Gsell*, JZ 2020, 1142 (1145); *Riehm*, NJW 2019, 1105 (1106); *ders.*, NJW 2021, 1625 (1627).

784 MüKoBGB/*Oetker*, BGB § 249 Rn. 54; vgl. hierzu auch OLG Dresden, Urteil vom 01.03.2018 – 10 U 1561/17 = NZV 2018, 269 (269 ff.); LG Braunschweig Urteil vom 17.01.2018 – 3 O 1138/16 = BeckRS 2018, 143; hingegen eine Wertminderung des Fahrzeugs auch nach Durchführung des Software-Updates bejahend: LG Ravensburg, Urteil vom 09.01.2018 – 2 O 171/17 = BeckRS 2018, 358; LG Hamburg, Urteil vom 07.03.2018 – 329 O 105/17 = BeckRS 2018, 2981.

785 BGH, Urteil vom 25.05.2020 – VI ZR 252/19 = NJW 2020, 1962 (1967 f.).

Der BGH zieht zu Beginn dieser Ausführungen die gleichen Grundsätze heran, die er auch in seiner Grundsatzentscheidung zur Notwendigkeit und zu den Voraussetzungen eines Vermögensschadens bei der culpa in contrahendo[786] zugrunde gelegt hat. Auf dieses Urteil, das seinerseits wiederum ausdrücklich auf den strafrechtlichen *Melkmaschinefall*[787] Bezug nimmt, verweist der BGH auch explizit in seinen Urteilsgründen.

Es ist offenbar die in den Urteilsgründen nachfolgende Passage, die für Fehlinterpretationen sorgt. Denn vereinzelt wird aus dem Urteil abgeleitet, dass der BGH den Schaden bereits in der „unerwünschten vertraglichen Bindung" an sich sehe und dies auf der besonderen Funktion des § 826 BGB beruhe, der nicht „nur das Vermögen, sondern auch die rechtsgeschäftliche Entscheidungsfreiheit als solche zu schützen vermag".[788] Das Urteil stützt dies bei genauer Lesart jedoch gerade nicht. Vielmehr ergibt sich aus den Urteilsgründen, dass der BGH den „ungewollten Vertrag" nur *„unter den dargelegten Voraussetzungen"* als ersatzfähigen Schaden anerkennt und der Schutz der allgemeinen Handlungsfreiheit auch nur *„insoweit"* gewährleistet werde.[789] Der BGH hat damit die reine Dispositionsstörung auch bei § 826 BGB nicht als ersatzfähigen Schaden anerkannt. Dies zeigt sich auch daran, dass in den Urteilsgründen konkret dargelegt wird, aus welchen Umständen der BGH eine „Unbrauchbarkeit" des Vertragsgegenstands ableiten will.[790] Wenn der BGH bereits den ungewollten Vertragsschluss an sich als Vermögensschaden begriffen hätte, wären all diese Ausführungen überflüssig gewesen.[791] Klarstellend hat der BGH wie auch im

---

786 BGH, Urteil vom 26.09.1997 – V ZR 29/96 = NJW 1998, 302 (304).

787 BGH, Beschluss vom 16.08.1961 – 4 StR 166/61 = NJW 1962, 309.

788 So *Lorenz*, NJW 2020, 1924 (1925).

789 Die Ausführungen des VI. Zivilsenats zum Vermögensschaden entsprechen im Wesentlichen denjenigen aus seinen Urteilen vom 21.12.2004 – VI ZR 306/03 = NJW-RR 2005, 611 (612) und vom 28.10.2014 – VI ZR 15/14 = NJW-RR 2015, 275 (276); *Weiler* hat in NZV 2019, 545 (546 f.) bei Auswertung dieser früheren Entscheidungen bereits (richtigerweise) darauf hingewiesen, dass die bloße „Ungewolltheit" des Vertrags vom BGH als nicht ausreichend angesehen wird, sondern zusätzlich das Merkmal der fehlenden Brauchbarkeit verlangt wird.

790 BGH, Urteil vom 25.05.2020 – VI ZR 252/19 = NJW 2020, 1962 (1968 f.).

791 Dies übersehen *Saliger/Rüsse*, NStZ 2021, 513 (515), die den Entscheidungsgründen entnehmen wollen, dass der Senat die Unbrauchbarkeit der Leistung *„allein aus der Unerwünschtheit bzw. Ungewolltheit des Vertrages"* ableite und die wirtschaftliche Nachteilhaftigkeit *„keine selbständige Voraussetzung"* beinhalte; zutreffend dagegen *Schiemann*, LMK 2020, 432155: *„Es gehe [Anm.: nach Ansicht des BGH] nicht um das willkürliche Empfinden des Käufers, einen solchen Vertrag eben nicht zu wollen"*.

Melkmaschinenfall[792] und der Leitentscheidung zum persönlichen Schadenseinschlag bei der c.i.c.[793] ausgeführt, dass es eben nicht auf die subjektiv-willkürliche Sicht des Betroffenen ankommt. Richtigerweise sind es daher – wie vor der Entscheidung des BGH bereits *Pfeiffer*[794] und *Riehm*[795] aufgezeigt haben – auch bei der Norm des § 826 BGB die Grundsätze des persönlichen Schadenseinschlags, die für die Feststellung des Vermögensschadens maßgebend sind. Die Entscheidung verdient somit hinsichtlich dieser abstrakten Kriterien zur Bestimmung des Vermögensschadens Zustimmung.

Nicht überzeugend ist indessen die konkrete Subsumtion des BGH unter seine eigenen Vorgaben. Der Senat begründet die (angeblich) fehlende Brauchbarkeit damit, dass der Käufer sich zum Erwerb eines Fahrzeugs verpflichtet habe, dem zu diesem Zeitpunkt eine Betriebsbeschränkung oder -untersagung gedroht habe und zu dieser Zeit in keiner Weise absehbar war, ob dieses „Problem" behoben werden könne.[796] Der BGH vermischt hierbei zunächst zwei Aspekte, die getrennt voneinander zu betrachten sind. Die Brauchbarkeit einer vertraglichen Leistung ist ein Umstand, der anhand der gegenwärtigen Sachlage überprüft werden kann. Hingegen unterfällt die Frage, ob möglicherweise künftige Beeinträchtigungen der Nutzungsmöglichkeit des Vertragsgegenstands zu erwarten sind, dem Anwendungsbereich des Gefährdungsschadens. Denn mit dieser Fallgruppe werden gerade Konstellationen erfasst, in denen die künftige Entwicklung von Vermögenswerten im Beurteilungszeitpunkt unsicher

---

792 BGH, Beschluss vom 16.08. 1961 – 4 StR 166/61 = NJW 1962, 309.

793 BGH, Urteil vom 26.09. 1997 – V ZR 29/96 = NJW 1998, 302 (304).

794 *Pfeiffer*, NJW 2019, 3337 (3338): *„Insofern genügt das bloße Ungewolltsein des Vertrags allein für die Bejahung eines Schadens gerade nicht. Diese Einordnung bestätigt im Übrigen auch die strafrechtliche Rechtsprechung zum Begriff des Vermögensschadens im Rahmen des § 263 StGB"*.

795 *Riehm*, DAR 2016, 12 (15): *„Hinsichtlich der Lehre von der „schadensgleichen Vermögensgefährdung", die zu § 826 BGB in Parallele zur h. M. bei § 263 StGB vertreten wird, kann auf die strafrechtlichen Ausführungen oben verwiesen werden.*; *ders*, NJW 2019, 1105 (1105 ff.): *„Zu beiden Normen [Anm. § 826 BGB und § 263 StGB] existiert eine reichhaltige wissenschaftliche Debatte über den anzusetzenden Schadensbegriff, die ihren Ausgangspunkt in der Strafrechtsdogmatik zu § 263 I StGB findet. (…) Vielmehr genügt es nach der so genannten „Lehre vom subjektiven Schadenseinschlag", wenn die – objektiv gleichwertige Gegenleistung – für den Betroffenen nicht oder nicht in vollem Umfang brauchbar ist und er sie auch nicht in anderer zumutbarer Weise verwenden oder ohne Schwierigkeiten wieder veräußern kann"*; dem zustimmend auch *Armbrüster*, ZIP 2019, 837 (845); **a.A.** *Fervers/Gsell*, NJW 2020, 1393 (1396) [Fn. 22]; *Heese*, NZV 2019, 273 (277) [Fn. 55].

796 BGH, Urteil vom 25.05.2020 – VI ZR 252/19 = NJW 2020, 1962 (1968).

ist.[797] Auf einen etwaigen Gefährdungsschaden wird daher an späterer Stelle eingegangen.[798]

Ein Vermögensschaden nach den Grundsätzen des individuellen Schadenseinschlags lag in der Sache jedenfalls nicht vor. Die Funktion eines Kraftfahrzeugs besteht in der Fortbewegung im (öffentlichen) Straßenverkehr. Diese Gebrauchsmöglichkeit ist und war bei den vom „Diesel-Skandal" betroffenen Fahrzeugen (auch innerhalb innerstädtischer Umweltzonen) zu keinem Zeitpunkt tatsächlich beeinträchtigt.[799] Die Käufer konnten das Fahrzeug jederzeit einschränkungslos nutzen. Die Verpflichtung zur Zahlung des Kaufpreises war daher bei objektiver Betrachtung gerade keine frustrierte Ausgabe. Den Käufern entstand nach Abschluss des Vertrags auch keinerlei finanzieller Mehrbedarf. Ein Vermögensschaden unter dem Blickwinkel des individuellen Schadenseinschlags ist daher zu verneinen.[800]

Die Entscheidung zur Herstellerhaftung im „Diesel-Skandal" wäre für den BGH bestens geeignet gewesen, die Kritiker an der eigenen Rechtsprechung zu widerlegen. Denn die Fallkonstellation ist grundsätzlich ein Paradebeispiel dafür, dass es sich beim Kriterium der „Brauchbarkeit" gerade nicht um ein „entleertes Vermögensschadenskriterium"[801] handelt, das als Abgrenzung zum immateriellen Schaden allenfalls in Ausnahmefällen Bedeutung erlangt.[802] Diese Chance hat der BGH jedoch verpasst. Insoweit wird sich das Gericht den Vorwurf gefallen lassen müssen, die eigenen postulierten Vorgaben selbst nicht stringent zur Anwendung zu bringen.

---

797 Auch in der Rechtsprechung des BGH zum Kapitalanlagerecht werden beide Aspekte nicht sauber auseinandergehalten und eine fehlende *„Brauchbarkeit"* mit dem *„Risiko"* von Vermögensnachteilen begründet, vgl. BGH, Urteil vom 08.03.2005 – XI ZR 170/04 = NJW 2005, 1579 (1580); ebenfalls beides vermengend Soergel/*Ekkenga/Kuntz*, BGB, Vor § 249 Rn. 63.

798 Kap. 7, Ziff. III, Nr. 4 lit. b).

799 So auch LG Braunschweig, Urteil vom 29.12.2016 – 1 O 2084/15 = BeckRS 2016, 111293; LG Marburg, Urteil vom 02.03.2017 – 5 O 49/16 –, juris; *Pfeiffer*, NJW 2019, 3337 (3340); *Ahrens*, VersR 2020, 933 (934); *Weiler*, NZV 2019, 545 (554); *Lempp*, NZV 2017, 189 (189).

800 Insoweit zutreffend *Saliger/Rüsse*, NStZ 2021, 513 (515 f.); siehe zur strafrechtlichen Betrachtung des „Diesel-Skandals" allgemein *Brand/Hotz*, NZG 2017, 976 (976 ff.); *Isfen*, JA 2016, 1 (1 ff.).

801 *Grigoleit*, NJW 1999, 900 (902).

802 So *Fleischer*, AcP 200 (2000), 91 (118); ähnlich *Milanin*, Informationelle Fahrlässigkeitshaftung, S. 56; *Hahn*, Aufklärungspflicht, S. 176 f.

b) Kapitalanlagerecht

(1) Vertragshaftung

Grundlage der berufsmäßigen Anlageberatung ist in aller Regel ein zwischen den Parteien geschlossener Vertrag. An den Abschluss eines eigenständigen Beratungsvertrags stellt die Rechtsprechung, wie auch bei sonstigen Auskunftsverträgen[803], relativ geringe Anforderungen. Sofern ein Anlageinteressent für eine bestimmte Anlageentscheidung die Beratung einer Bank oder eines (berufsmäßigen) Beraters in Anspruch nimmt und sodann auch Beratungsleistungen gegenüber dem Interessenten erbracht werden, kommt ein eigenständiger Beratungsvertrag zwischen den Parteien zustande.[804] Der (entgeltliche) Beratungs- bzw. Auskunftsvertrag wird regelmäßig als Geschäftsbesorgungsvertrag mit Dienstvertragscharakter[805] bzw. als Dienstvertrag mit Geschäftsbesorgungscharakter[806] angesehen.[807] Bei der Verletzung von Aufklärungs- bzw. Hinweispflichten haftet der Berater grundsätzlich nach der allgemeinen Norm des § 280 Abs. 1 BGB.[808] Wie auch sonst bei der Informationshaftung erfordert dies den Eintritt eines Vermögensschadens.[809] Nach der Rechtsprechung stellt dabei der Erwerb einer „für den Anlageinteressenten nachteiligen, seinen konkreten Anlagezielen und Vermögensinteressen nicht entsprechenden Kapitalanlage" bereits für sich genommen einen Vermögensschaden dar und zwar unabhängig davon, ob sich diese als werthaltig darstellt oder nicht.[810] Als Grund hierfür nennt die Rechtsprechung den Eingriff in das Recht des Anlegers, „zutreffend informiert über die Verwendung seines Vermögens selbst zu

---

803 Siehe hierzu allgemein Kap. 4, Ziff. I, Nr. 3 a).

804 St. Rspr.; BGH, Urteil vom 19.03.2013 – XI ZR 431/11 = NJW 2013, 3293 (3294); BGH, Urteil vom 06.07.1993 – XI ZR 12/93 = NJW 1993, 2433 (2433); **a.A.** *Medicus/Petersen*, BürgerlR, Rn. 371; *Krüger*, NJW 2013, 1845.

805 BGH, Urteil vom 19.04.2007 – III ZR 75/06 = NJW-RR 2007, 1271 (1272); *Buck-Heeb/Dieckmann*, BKR 2020, 425 (427) [Fn. 23].

806 OLG Frankfurt a.M., Urteil vom 08.07.2013 – 23 U 246/12 = BKR 2013, 433 (437).

807 Bei einer Unentgeltlichkeit ist der Vertrag hingegen als Auftrag i.S.v. § 662 BGB einzuordnen, vgl. BGH, Urteil vom 11.03.1999 – III ZR 292–97 = NJW 1999, 1540 (1541); *Buck-Heeb*, WM 2012, 625 (626).

808 BeckOGK/*Buck-Heeb/Lang*, BGB § 675 Rn. 203.

809 Speziell zur Anlageberatung BGH, Urteil vom 08.07.2010 – III ZR 249/09 = NJW 2010, 3292 (3294); *Heese*, Beratungspflichten, S. 450.

810 BGH, Urteil vom 08.07.2010 – III ZR 249/09 = NJW 2010, 3292 (3294); siehe auch Assmann/Schütze/*Buck-Heeb*, KapAnlR-HdB, § 3 Rn. 123 m.w.N.

bestimmen und sich für oder gegen eine Anlage zu entscheiden".[811] Letztlich kommt dabei wiederum die funktional-subjektbezogene Schadensbetrachtung von *Mertens*[812] zum Tragen. Es zeigt sich erneut, dass Vermögen und wirtschaftliche Dispositionsfreiheit nicht nur im Strafrecht, sondern auch im Zivilrecht nicht als Gegensätze zu begreifen sind.[813]

Bemerkenswert ist jedoch, dass das Kriterium der Werthaltigkeit der Anlage und damit auch die Differenzhypothese für gänzlich entbehrlich gehalten wird.[814] Denn im Allgemeinen sieht der BGH in der Differenzhypothese den Ausgangspunkt einer jeden Vermögensschadensberechnung, die dann erst in einem zweiten Schritt einer wertenden Kontrolle zu unterziehen ist.[815] Es mutet an, dass der BGH ein gleichwertiges Nebeneinander oder gar einen Vorrang der subjektbezogenen Betrachtung annimmt. Derartige Ansätze werden vereinzelt auch im Rahmen des strafrechtlichen Anlagebetrugs vertreten.[816] Im Kapitalanlagerecht hat sich der normative Vermögensschaden jedenfalls, trotz seiner eigentlichen Funktion als (bloße) Ergänzung zur Differenzhypothese,[817] zum „haftungsrechtlichen Fundament"[818] entwickelt. Der BGH argumentiert dabei jedoch wie gewohnt,

---

811 BGH, Urteil vom 23.04.2012 – II ZR 211/09 = VuR 2012, 403 (403); OLG München, Urteil vom 09.06.2016 – 23 U 2661/15 = BeckRS 2016, 10947.

812 *Mertens*, Vermögensschaden, S. 128 ff; siehe hierzu ausführlich Kap. 6, Ziff. II.

813 Vgl. zum strafrechtlichen Vermögensbegriff BGH, Urteil vom 29.08.2008 – 2 StR 587/07 = NJW 2009, 89 (92): *„Kern des Vermögens"*; ebenso *Rönnau*, in: Dogmatik und Praxis des Vermögensschadens, S. 33; aus zivilrechtlicher Perspektive grundlegend BGH, Beschluss vom 09.07.1986 – GSZ 1/86 = NJW 1987, 50.

814 BGH, Urteil v. 23.04.2012 – II ZR 211/09 = VuR 2012, 403 (403): *„Hinsichtlich des Schadens des Klägers kommt es auf einen Schaden im Sinne fehlender Werthaltigkeit der Beteiligung nicht an;* ebenso OLG München, Urteil vom 09.06.2016 – 23 U 2661/15 = BeckRS 2016, 10947; die Differenzhypothese ist jedoch dann von Bedeutung, wenn der Anleger geltend macht, er hätte bei ordnungsgemäßer Beratung ein gewinnbringendes Alternativgeschäft getätigt, vgl. *Heese*, Beratungspflichten, S. 450 m.w.N.

815 BGH, Urteil vom 25.05.2020 – VI ZR 252/19 = NJW 2020, 1962 (1967); BGH, Urteil vom 28.10.2014 – VI ZR 15/14 = NJW-RR 2015, 275 (276); BGH, Urteil vom 21.12.2004 – VI ZR 306/03 = NJW-RR 2005, 611 (612).

816 *Schmidt*, NJW 2015, 284 (286 f.); **a.A.** BGH, Beschluss vom 02.07.2014 – 5 StR 182/14 = NStZ 2014, 517 (519).

817 *Mertens*, Vermögensschaden, S. 50 f.; Palandt/*Grüneberg*, BGB, Vorb. v. § 249 Rn. 13; NK-BGB/*Magnus*, Vor §§ 249–255 BGB, Rn. 20; *Steffen*, NJW 1995, 2057 (2057 ff.).

818 *Heese*, JZ 2020, 178 (181).

dass die Zeichnung der Anlage *nachteilig* sein müsse.[819] Ein Vermögensschaden liegt somit wie auch sonst nur dann vor, wenn der Anleger ein Anlageprodukt erworben hat, das für seine Anlageziele und Vermögensinteressen *nicht voll brauchbar* ist.[820] Es werden damit wiederum die in der Strafrechtsdogmatik bekannten Grundsätze des persönlichen Schadenseinschlags adaptiert.[821]

Der BGH nimmt eine solche (wirtschaftliche) Nachteilhaftigkeit bzw. fehlende Brauchbarkeit bereits dann an, wenn das erworbene Produkt nicht den „konkreten Anlagezielen und Vermögensinteressen" des Anlegers entspricht.[822] Diese Begründung allein vermag eine wirtschaftliche Nachteilhaftigkeit jedoch noch nicht zu stützen, da damit letztlich allein auf die Verfehlung des subjektiven Dispositionsziels des Anlegers und damit auf die Verletzung seiner reinen Dispositionsfreiheit abgestellt wird.[823] In der Sache erweist sich die Rechtsprechung gleichwohl als zutreffend,

---

819 BGH, Urteil vom 08.04.2014 – XI ZR 341/12 = NJW 2014, 2348 (2350); BGH, Urteil vom 26.02.2013 – XI ZR 498/11 = VuR 2013, 177 (178); BGH, Urteil vom 15.02.2012 – IV ZR 194/09 = NJW 2012, 2113 (2116); gleiches gilt im Bereich der Versicherungsberatung, vgl. BGH, Beschluss vom 20.05.2015 – IV ZR 127/14 = BeckRS 2015, 10851; BGH, Urteil vom 28.06.2017 – IV ZR 440/14 = NJW 2017, 3387 (3390).

820 BGH, Urteil vom 11.07.2012 – IV ZR 164/11 = NJW 2012, 3647 (3653); MüKoHGB/ *Zahrte*, Band 6, Teil II, Anlageberatung Rn. 421; siehe hierzu insbesondere auch *Geibel*, Kapitalanlegerschaden, S. 98: *„Eine gewisse Parallele zu dieser neuen Tendenz in der zivilrechtlichen Rechtsprechung kann zum strafrechtlichen Begriff des Vermögensschadens in § 263 StGB gezogen werden. Denn auch im Rahmen von § 263 StGB wird beim Abschluss eines für das Opfer ungünstigen Vertrages trotz objektiver Werthaltigkeit der Leistung dann ein Vermögensschaden angenommen, wenn das Opfer die Leistung „nicht oder nicht in vollem Umfang zu dem vertraglich vorausgesetzten Zweck oder in anderer zumutbarer Weise verwenden kann" und bestimmte weitere Umstände hinzutreten (sogenannter persönlicher Schadenseinschlag)".*

821 So auch ausdrücklich OLG München, Urteil vom 17.11.2000 – 23 U 2136/99 = NZG 2001, 910 (912): *„Ein Schaden der Kl. ist nicht deshalb zu verneinen, weil sie eine mindestens gleichwertige Beteiligung erworben haben sollen. Im Wege der normativen Schadensfeststellung hat der BGH (...) die Gegenleistung an die Anleger unberücksichtigt gelassen. Sonst könnte dem Anleger nämlich ein Investitionsmodell gegen seinen Willen aufgedrängt werden. Das ist schon deshalb nicht akzeptabel, weil die Investitionsentscheidung in aller Regel von persönlichen Wert- und Risikovorstellungen abhängt und damit unvertretbar ist (sog. objektiv-individueller Schadenseinschlag – vgl. BGHSt 16, 321ff.).*"; ebenso OLG München, Urteil vom 17.09.1999 – 23 U 1514/98 –, juris.

822 BGH, Urteil vom 24.03.2011 – III ZR 81/10 = NJW-RR 2011, 842 (843); BGH, Urteil vom 08.07.2010 – III ZR 249/09 = NJW 2010, 3292 (3294).

823 Siehe *Lorenz*, NZM 1998, 359 (362).

da eine wirtschaftliche Nachteilhaftigkeit in aller Regel vorliegen wird. Denn das Vermögen ist bei Zeichnung einer nicht anlegergerechten Kapitalanlage fehlallokiert, die getätigte Aufwendung frustriert.[824] Wenn die Kapitalanlage jedenfalls nicht problemlos und verlustfrei wieder abgestoßen werden kann, ist das eingesetzte Kapital fest gebunden und steht damit für den Erwerb der ursprünglich anvisierten Anlageform nicht mehr zur Verfügung.[825] Der Anleger muss, wenn er sein ursprüngliches Anlageziel erreichen möchte, weitere finanzielle Mittel aufbringen.[826] Ein Anleger, dem eine nicht seinen Bedürfnissen entsprechende Kapitalanlage vermittelt wird, darf sich bei normativer Betrachtung auch grundsätzlich veranlasst sehen, ein bedarfsdeckendes Ersatzgeschäft zu tätigen.[827] Allein dieser abstrakte finanzielle Bedarf rechtfertigt es, den eingegangenen „fehlgeschlagenen" Vertrag als Vermögensschaden zu begreifen.

Die im Ergebnis zutreffende Spruchpraxis leidet daher vielfach allein an einem Begründungsdefizit. Es wäre wünschenswert, wenn die Rechtsprechung diese (oder andere im Einzelfall vorliegende) Aspekte zur Begründung der erforderlichen „wirtschaftlichen Nachteilhaftigkeit" auch in den Entscheidungsgründen thematisieren würde, um einerseits Fehlinterpretationen vorzubeugen und anderseits nicht den Anschein einer „Sonderdogmatik" aufkommen zu lassen.

---

824 Von der Rechtsprechung wird im Bereich der Prospekthaftung gefordert, es müsse sich beim vermittelten Anlagemodell um ein *„grundlegend verschiedenes"*, mit dem gewünschten *„in keiner Weise austauschbares Investitionsmodell"* handeln, siehe BGH, Urteil vom 26.09.1991 – VII ZR 376/89 = NJW 1992, 228 (228), dies entspricht der *„aliud"*-Rechtsprechung beim strafrechtlichen Kapitalanlagebetrug, wonach der Anleger *„etwas völlig anderes"* erwerben müsse, als er erwerben wollte, siehe BGH, Urteil vom 07.03.2006 – 1 StR 379/05 = NJW 2006, 1679 (1681).

825 *Regenfus*, VersR 2017, 977 (983): *„Liquiditätsentzug durch mangelnde Fungibilität"*; auch hier zeigt sich wiederum die Kongruenz zur strafrechtlichen Betrachtung, in der ebenfalls davon ausgegangen wird, dass ein unproblematisch realisierbarer Geldwert bei der Vermögensschadensbetrachtung nicht unberücksichtigt bleiben darf, vgl. BGH, Beschluss vom 02.07.2014 – 5 StR 182/14 = NStZ 2014, 517 (519); MüKoStGB/*Hefendehl*, StGB § 263 Rn. 812.

826 Soergel/*Ekkenga/Kuntz*, BGB, Vor § 249 Rn. 63.

827 Siehe zu diesem „Bedarfsschadensargument" bereits Kap. 7, Ziff. II, Nr. 1 lit. c).

(2) Besonderheiten bei der Deliktshaftung nach § 826 BGB?

Der II. Zivilsenat des BGH hatte in den Jahren 2004 und 2005 in mehreren Entscheidungen[828] über Konstellationen zu entscheiden, die die Irreführung von Kapitalanlegern wegen falscher ad-hoc-Mitteilungen betrafen. Hierbei ging es um die Haftung von Aktiengesellschaften oder deren Organe, die Anleger durch fehlerhafte ad-hoc-Mitteilungen veranlassten, einem Wertverfall ausgesetzte Aktien zu erwerben. Die getäuschten Anleger, die auf dem Sekundärmarkt die Aktien erwarben, standen mit den Aktiengesellschaften selbst in keinerlei Vertragsbeziehung, sodass vertragliche Ersatzansprüche für die Anleger nicht gegeben waren.[829] Auch ein Rückgriff auf § 823 Abs. 2 BGB war wegen Fehlens eines verletzten Schutzgesetzes nicht möglich.[830] Entsprechend war auf den deliktischen „Auffangtatbestand"[831] des § 826 BGB zurückzugreifen, um gegen den Emittenten bzw. gegen dessen Organe Schadensersatzansprüche geltend machen zu können. Zum Tatbestandsmerkmal des Schadens führte der II. Zivilsenat jeweils wie folgt aus:

> *„§ 826 BGB stellt hinsichtlich des Schadens begrifflich nicht auf die Verletzung bestimmter Rechte oder Rechtsgüter ab: Schaden ist danach nicht nur jede nachteilige Einwirkung auf die Vermögenslage, sondern darüber hinaus jede Beeinträchtigung eines rechtlich anerkannten Interesses und jede Belastung mit einer ungewollten Verpflichtung."*[832]

Trotz der allgemein gehaltenen Verwendung des Begriffs des „Schadens" ergibt sich bei genauer Lektüre der jeweiligen weiteren Urteilsgründe, dass der Senat auch in diesen Fällen vom Vorliegen eines Vermögensschadens

828 BGH, Urteil vom 19.07.2004 – II ZR 217/03 = NJW 2004, 2668; BGH, Urteil vom 19.07. 2004 – II ZR 402/02 = NJW 2004, 2971; BGH, Urteil vom 09.05.2005 – II ZR 287/02 = NJW 2005, 2450.

829 Vgl. zur hier typischen Dreieckskonstellation *Teichmann*, JuS 2006, 953 (955).

830 BGH, Urteil vom 19.07.2004 – II ZR 402/02 = NJW 2004, 2971; OLG München, Urteil vom 01.10.2002 – 30 U 855/01 = NJW 2003, 144; siehe hierzu auch *Barnert*, WM 2002, 1473 (1473 ff.).

831 *Looschelders*, SchuldR BT, Rn. 1288; Palandt/*Sprau*, BGB, § 826 Rn. 1.

832 BGH, Urteil vom 19.07.2004 – II ZR 217/03 = NJW 2004, 2668 (2669); BGH, Urteil vom 09.05.2005 – II ZR 287/02 = NJW 2005, 2450 (2451); BGH, Urteil vom 19.07.2004 – II ZR 402/02 = NJW 2004, 2971 (2972).

ausging.[833] Insoweit weicht der Senat in dieser Hinsicht jedenfalls nicht von den bereits dargestellten Entscheidungen des BGH ab, wonach ein ersatzfähiger Vertragsabschlussschaden nur dann bejaht wurde, wenn ein Vermögensschaden gegeben ist.[834]

Die Besonderheit der Rechtsprechung des II. Zivilsenats liegt jedoch darin, dass er bei der Haftung nach § 826 BGB einen *jeden* ungewollten Vertrag eo ipso zum Vermögensschaden erklärt. Vereinzelt wird dies in der Literatur mit einem Bedürfnis nach einer „Deprivilegierung des Vorsatztäters“ zu rechtfertigen versucht.[835] Der Ansatz ist jedoch verfehlt. Zunächst ist bereits strittig, ob der Norm des § 826 BGB ein solcher Regelungszweck überhaupt zu entnehmen ist.[836] Selbst, wenn man dies annähme, wäre der Vorsatztäter schon deshalb deprivilegiert, weil es für eine Haftung bei § 826 BGB weder einer Beeinträchtigung eines absoluten Rechts noch der Verletzung eines Schutzgesetzes bedarf. Wenn der Handelnde nun nochmals auf der Ebene des Schadens benachteiligt würde, wäre dieser in doppelter Hinsicht schlechter gestellt. Die vermeintliche „Deprivilegierung“ würde spätestens hier in eine reine (dem Zivilrecht fremde) Sanktion umschlagen.

Im Übrigen sind auch bei vorvertraglichen oder vertraglichen Ersatzansprüchen vorsätzliche Täuschungen denkbar. Wenn man den Gedanken der „Deprivilegierung“ zu Ende führen würde, müsste man dann auch hier je nach Verschuldensgrad unterschiedliche Anforderungen an das Schadensmerkmal stellen. Dies würde jedoch einerseits die jeweilige Eigenständigkeit von Verschulden und Schaden ignorieren und anderseits

---

833 BGH, Urteil vom 19.07.2004 – II ZR 402/02 = NJW 2004, 2971 (2973 f.): *„Ein solches Handeln verstößt derart gegen die Mindestanforderungen im Rechtsverkehr auf dem Kapitalmarkt, dass ein Ausgleich der durch sie bei den einzelnen Marktteilnehmern verursachten Vermögensschäden geboten erscheint.“*; BGH, Urteil vom 09.05.2005 – II ZR 287/02 = NJW 2005, 2450 (2545): *„Der Tatrichter ist (…) in der Lage, sich (…) die gebotene wissenschaftlich abgesicherte Schätzungsgrundlage für die Ermittlung des Vermögensschadens der Kapitalanleger i.S. von 287 ZPO zu verschaffen.“*; BGH, Urteil vom 19.07.2004 – II ZR 217/03 = NJW 2004, 2668 (2670): *„Abgesehen davon beträfe die etwaige Hoffnung oder Erwartung der Bekl. (…) nur die Möglichkeit einer künftigen Minderung oder wirtschaftlichen Beseitigung eines beim Anleger mit dem Aktienkauf bereits eingetretenen Vermögensschadens“.*

834 **A.A.** Engelhardt, BKR 2006, 443 (446).

835 Staudinger/*Oechsler*, 18. Auflage, BGB, § 826 Rn. 12, 149.

836 Ablehnend jedenfalls MüKoBGB/*Wagner,* BGB § 826 Rn. 6; BeckOK BGB/*Förster*, BGB § 826 Rn. 4.

auch in Widerspruch zum klaren Willen des historischen Gesetzgebers stehen.[837]

Weiter erzeugt die Rechtsprechung des II. Zivilsenats auch einen erheblichen Wertungswiderspruch zwischen der Haftung aus § 826 BGB und der Haftung aus der c.i.c.[838] Bei letzterer ist es in der senatsübergreifenden Rechtsprechung des BGH quasi einhellig anerkannt, dass die Rückabwicklung eines Vertrags eine wirtschaftliche Nachteilhaftigkeit erfordert.[839] Wenn jedoch sogar bei einem auf Vertrauen basierenden Institut, aus dem Aufklärungspflichten erwachsen, die dem anderen Teil die interessengerechteste vertragliche Gestaltung erkennen lassen sollen, eine wirtschaftliche Nachteilhaftigkeit gefordert wird, wäre es verfehlt, bei einer Deliktsnorm, die keinerlei Pflichtenverbindung voraussetzt, auf dieses Kriterium zu verzichten.[840] Daneben bliebe bei dieser Betrachtung auch völlig unklar, anhand welcher Kriterien der immaterielle vom materiellen Vertragsabschlussschaden abzugrenzen sein soll. Der Senat lässt zudem die Merkmale der Kausalität und des (ersatzfähigen) Schadens vollständig verschwimmen und gibt damit den eigenständigen Bedeutungsgehalt des Schadensmerkmals letztlich auf. Schließlich verkennt der II. Zivilsenat auch die Vorgaben des Großen Senats für Zivilsachen beim BGH, die dieser für die Bestimmung von Vermögensschäden formuliert hat.[841] Der Große Senat hat klargestellt, dass es bei der Prüfung eines Vermögensschadens nicht auf die subjektiven Wertschätzungen des Einzelnen ankommen darf, sondern auf „objektivierbare Bewertungsmaßstäbe" zurückzugreifen ist.[842] Der II. Zivilsenat führt den Vermögensbegriff hingegen einer voll-

---

837 Mot. II, S. 17 f. = *Mugdan* II, S. 10: *„Der Entw. verwirft hiermit die für die Fälle, wo jene Pflicht in einem Verschulden des Verpflichteten begründet ist, in mehreren Kodifikationen, namentlich auch im ALR (…), aufgestellte Abstufung des Umfanges der Schadensersatzpflicht je nach der Art oder dem Grade des Verschuldens. Die Hereinziehung moralisirender oder strafrechtlicher Gesichtspunkte, worauf jene Abstufung beruht, muß bei der Bestimmung der civilrechtlichen Folgen unerlaubten, widerrechtlichen Verhaltens durchaus fern gehalten werden."*

838 Siehe hierzu *Weiler*, NZV 2019, 545 (549).

839 BGH, Urteil vom 17.01.2008 – III ZR 224/06 = NJW-RR 2008, 564 (565); BGH, Urteil vom 26.09.1997 – V ZR 29/96 = NJW 1998, 302 (304); BGH, Urteil vom 18.09. 2001 – X ZR 107/00 = NJW-RR 2002, 308 (310); offenlassend hingegen lediglich der VII. Zivilsenat in einer Entscheidung vor der Schuldrechtsreform, vgl. BGH, Urteil vom 07.09.2000 – VII ZR 443/99 = NJW 2001, 436 (438).

840 *Weiler*, NZV 2019, 545 (549).

841 BGH, Beschluss vom 09.07.1986 – GSZ 1/86 = NJW 1987, 50.

842 BGH, Beschluss vom 09.07.1986 – GSZ 1/86 = NJW 1987, 50 (53).

ständigen Subjektivierung zu, indem er ausnahmslos auf die individuellen Befindlichkeiten des jeweiligen Rechtssubjekts abstellt.[843]

c) Einseitige Vermögenshingaben / Erschleichen öffentlicher Gelder

Im Bereich des Strafrechts ist anerkannt, dass auch das Erschleichen einseitiger Zuwendungen einen unter den Betrugstatbestand des § 263 StGB fallenden Vermögensschaden begründen kann.[844] Einen solchen Vermögensschaden nimmt der BGH dann an, wenn sich für den (staatlichen) Zuwendungsgeber zweckgebundene Mittel verringern, ohne dass der zugedachte Subventionszweck erreicht wird. Wird der sozialpolitische Zweck der Beihilfe hingegen trotz Täuschung erreicht, soll ein Vermögensschaden nicht vorliegen.[845] Dies betrifft beispielsweise Täuschungen über formelle Voraussetzungen oder Vorgaben, die der Erleichterung der Verwaltungstätigkeit oder der Erfüllung von Nachweispflichten dienen sollen.[846] Diese Grundsätze gelten nicht erst, wenn es zur Auszahlung der Gelder gekommen ist, sondern bereits dann, wenn sich der Vermögensträger zur Auszahlung verbindlich verpflichtet. Denn die Auszahlung vertieft letztlich nur diesen Eingehungsschaden.[847]

Im Strafrecht hat sich für diese Fälle der einseitigen Vermögenshingaben die Kategorie der *Zweckverfehlungslehre* herausgebildet.[848] Die dogmatische Wurzel der Zweckverfehlungslehre ist letztlich dieselbe wie beim persönlichen Schadenseinschlag. Denn wie der individuelle Schadenseinschlag ist auch die Zweckverfehlungslehre Konsequenz der (begrenzten) Anerkennung des Vermögensschutzes als „Nutzungsschutz".[849] Der Unterschied zum – bei Austauschverträgen anwendbaren – individuellen Schadenseinschlag ist derjenige, dass mangels vorhandener Gegenleistung auf das Kriterium der „Brauchbarkeit" bzw. „Verwendbarkeit" logischerweise

843 Zurecht ablehnend daher auch *Weiler*, NZV 2019, 545 (546, 557).

844 Vgl. nur *Fischer*, StGB, § 263 Rn. 140 ff; m.w.N.; bei Subventionen stellt sich § 264 StGB im Rahmen seines tatbestandlichen Anwendungsbereichs jedoch als lex specialis dar, vgl. BGH, Beschluss vom 23.04.2020 – 1 StR 559/19 = NStZ-RR 2020, 349 (349); Schönke/Schröder/*Perron*, StGB § 264 Rn. 87.

845 BGH, Beschluss vom 26.01.2006 – 5 StR 334/05 = NStZ 2006, 624 (625).

846 ERST-WirtschaftsstrR/*Saliger* § 263 StGB Rn. 184.

847 Allgemein hierzu *Rengier*, StrafR BT I, § 13 Rn. 201.

848 Hoffmann-Holland/*Voigt*, StrafR BT, Rn. 1040 f.; *Rengier*, StrafR BT I, § 13 Rn. 150 ff.; *Bosch*, JA 2006, 492 (492 ff.).

849 ERST-WirtschaftsstrR/*Saliger* § 263 StGB Rn. 178.

nicht zurückgegriffen werden kann. Bei einseitigen Verträgen werden diese Parameter daher durch die Verfehlung des wirtschaftlich relevanten[850] bzw. bei Subventionen sozialpolitischen Zwecks ersetzt. Wie auch beim individuellen Schadeneinschlag wird jedoch auch hier die reine Dispositionsstörung nicht als Vermögensschaden anerkannt. Denn bloße Motivirrtümer, die zum Rechtsgeschäft veranlasst haben, begründen noch keinen Vermögensschaden.[851] Aufgrund des gemeinsamen dogmatischen Kerns von individuellem Schadenseinschlag und Zweckverfehlungslehre verwundert es nicht, dass das OLG Hamm in einer zivilrechtlichen Entscheidung zur Haftung aus § 823 Abs. 2 BGB (i.V.m. § 264 StGB) beides zusammenführt und – wenn auch sprachlich etwas sperrig – ausführt, dass eine Subventionsgewährung für den Subventionsgeber „jedenfalls nicht vollständig brauchbar" sei, „wenn die Mittel nicht vollständig den Subventionszweck erfüllten".[852]

Die vorgenannten strafrechtlichen Grundsätze der Zweckverfehlungslehre hat auch der BGH in zwei Entscheidungen[853] vollumfänglich auf den zivilrechtlichen Schadenersatzanspruch aus § 823 Abs. 2 BGB (i.V.m. § 264 StGB) übertragen. Unter Rekurs auf die Grundsatzentscheidung des Großen Senats für Zivilsachen zur Kommerzialisierung von Nutzungsvorteilen[854] verweist der Senat im Urteil vom 16.07.2013[855] darauf, dass sich die Bedeutung des Vermögens nicht in einem formalen Bestandsschutz erschöpft, sondern sich der Schutzumfang auch auf die Nutzung des Vermögens für eigene Dispositionsziele erstreckt. Sodann schlägt der BGH die Brücke zur strafrechtlichen Judikatur und zitiert in den Urteilsgründen zur Begründung der Ersatzpflicht die einschlägigen strafrechtlichen Entscheidungen[856], ohne auch nur zu problematisieren, ob sich hierdurch Friktionen zum Zivilrecht ergeben könnten.[857]

---

850 BGH, Urteil vom 10.11.1994 – 4 StR 331/94 = NJW 1995, 539 (539).

851 *Eisele/Bechtel*, JuS 2018, 97 (103).

852 OLG Hamm, Urteil vom 25.06.2012 – 6 U 67/11 = BeckRS 2012, 15313.

853 BGH, Urteil vom 13.12.1988 – VI ZR 235/87 = NJW 1989, 974; BGH, Urteil vom 16.07.2013 – VI ZR 442/12 = NZG 2014, 835.

854 BGH, Beschluss vom 09.07.1986 – GSZ 1/86 = NJW 1987, 50.

855 BGH, Urteil vom 16.07.2013 – VI ZR 442/12 = NZG 2014, 835 (837).

856 Beispielsweise BGH, Urteil vom 30.06.1982 – 1 StR 757/81 = NJW 1982, 2453; BGH, Beschluss vom 26.01.2006 – 5 StR 334/05 = NStZ 2006, 624.

857 BGH, Urteil vom 16.07.2013 – VI ZR 442/12 = NZG 2014, 835 (837); neben der tatbestandlichen Verwirklichung des Schutzgesetzes bedarf es auch bei § 823 Abs. 2 BGB stets des Eintritts eines eigenen zivilrechtlichen Schadens, vgl. MüKoBGB/*Wagner*, BGB § 823 Rn. 614 ff.

Auch soweit die Haftung nicht auf § 823 Abs. 2 BGB, sondern auf § 826 BGB gestützt wurde, ergaben sich keine Unterschiede. Der BGH hatte in zwei Entscheidungen[858] über Konstellationen zu befinden, in denen zweckgebundene Haushaltsmittel des Staates wegen falscher Auskünfte an Personen ausgezahlt wurden, die nicht dem Kreis der begünstigten Bevölkerung angehörten. Der VI. Zivilsenat stellte richtigerweise – abweichend von der Auffassung des II. Zivilsenats[859] – klar, dass nur derjenige einen Vermögensschaden erleidet, der „durch ein haftungsbegründendes Verhalten zum Abschluss eines Vertrags gebracht worden ist, den er sonst nicht geschlossen hätte" – *„und"*–„die Leistung für seine Zwecke *nicht voll brauchbar*" ist.[860] Das Kriterium der "Brauchbarkeit" wird bei einseitigen Vermögenshingaben dabei, wie bereits dargestellt, durch das Erreichen des wirtschaftlichen oder sozialpolitischen Zwecks bestimmt.

Auch hierin zeigt sich nochmals, dass § 826 BGB keine schadensrechtliche „Sonderstellung" inne hat und über keinen „eigenen" Vermögensschadensbegriff verfügt. Gleichwohl werden die beiden auf § 826 BGB gestützten Entscheidungen des VI. Zivilsenats[861] von der gängigen Kommentarliteratur als angebliche Belege dafür herangezogen, dass bereits die „Belastung mit einer ungewollten Verpflichtung" einen nach § 826 BGB ersatzfähigen Schaden darstelle.[862] Dies gibt jedoch den tatsächlichen Inhalt der in Bezug genommenen Urteile gerade nicht wieder. Vielmehr werden die vom BGH geforderten Kriterien verkürzt und damit unzutreffend dargestellt.[863]

---

858 BGH, Urteil vom 21.12.2004 – VI ZR 306/03 = NJW-RR 2005, 611; BGH, Urteil vom 28.10.2014 – VI ZR 15/14 = NJW-RR 2015, 275.

859 BGH, Urteil vom 19.07.2004 – II ZR 217/03 = NJW 2004, 2668 (2669); BGH, Urteil vom 09.05.2005 – II ZR 287/02 = NJW 2005, 2450 (2451); BGH, Urteil vom 19.07.2004 – II ZR 402/02 = NJW 2004, 2971 (2972).

860 BGH, Urteil vom 21.12.2004 – VI ZR 306/03 = NJW-RR 2005, 611 (612); BGH, Urteil vom 28.10.2014 – VI ZR 15/14 = NJW-RR 2015, 275 (276); vgl. hierzu auch *Weiler*, NZV 2019, 545 (546).

861 BGH, Urteil vom 21.12.2004 – VI ZR 306/03 = NJW-RR 2005, 611; BGH, Urteil vom 28.10.2014 – VI ZR 15/14 = NJW-RR 2015, 275.

862 Palandt/*Sprau*, BGB, § 826 Rn. 3; BeckOK BGB/*Förster*, BGB § 826 Rn. 25.

863 Auch *Ahrens*, FS Huber, S. 1 (4) und *Riehm*, NJW 2019, 1105 (1106) [Fn. 8] weisen darauf hin, dass die Literatur zum Teil ein unrichtiges Bild hinsichtlich des Schadenserfordernisses vermittelt.

3. Zwischenergebnis

Mit der Melkmaschinen-Entscheidung aus dem Jahr 1961[864] hat der BGH für das Strafrecht grundlegend entschieden, dass ein Vermögensschaden auch bei objektiver Gleichwertigkeit von Leistung und Gegenleistung vorliegen kann, wenn eine Brauchbarkeit oder Verwendbarkeit des Vertragsgegenstands für den Erwerber nicht gegeben ist. Für die Perspektive des Zivilrechts wird man die Entscheidung des BGH vom 26.09.1997[865], in der diese Grundsätze in die privatrechtliche Schadensdogmatik transferiert wurden, als ebenso wegweisend ansehen müssen. Das Urteil bezog sich auf eine Fallgestaltung zur Haftung aus der culpa in contrahendo. Hier ist die Entwicklung jedoch nicht stehen geblieben. Vielmehr wurde diese Rechtsprechung auch auf die Vertrags- und Deliktshaftung übertragen und ist aus der Informationshaftung nicht mehr wegzudenken. Mit *Heese* wird man sagen können, dass die normative Schadenskategorie, mit der der BGH seine Entscheidungen begründet, mittlerweile eine „rechtsgebietsunabhängige Verfestigung" erfahren hat.[866] Zu beachten ist jedoch, dass diese Grundsätze nicht im Sinne einer vollständigen Subjektivierung missverstanden werden dürfen. Denn ebenso wie auch im Strafrecht eine rein personale Vermögenslehre richtigerweise überwiegend abgelehnt wird, ist auch im Zivilrecht nicht jede Änderung in der Zusammensetzung des Vermögens per se als ersatzfähiger „Vermögens(dispositions)schaden"[867] zu begreifen.[868]

---

864 BGH, Beschluss vom 16.08.1961 – 4 StR 166/61 = NJW 1962, 309.

865 BGH, Urteil vom 26.09.1997 – V ZR 29/96 = NJW 1998, 302.

866 *Heese*, JZ 2020, 178 (181); ebenso *Lange/Schiemann*, Schadensersatz, S. 41: *„So gilt allgemein: Wer durch eine zum Schadensersatz verpflichtende Handlung zum Abschluss eines Vertrags veranlaßt worden ist oder einen Dritten für den Abschluss eines Vertrags verantwortlich machen kann, ist geschädigt, wenn die Gegenleistung für seinen subjektiven Zweck nicht oder doch nicht voll brauchbar ist."*

867 Begriff nach *Heese*, JZ 2020, 178 (180).

868 *Lange/Schiemann*, Schadensersatz, S. 41; *Stoll*, Begriff und Grenzen des Vermögensschadens, S. 35; *Regenfus*, VersR 2017, 977 (979).

III. Der Gefährdungsschaden beim ungewollten Vertrag

1. Der allgemeine Aufgriff des Gefährdungsschadens in Rechtsprechung und Lehre

a) Die Leitlinien des BGH

Eine bloße Vermögensgefährdung reicht nach der Rechtsprechung des BGH für die Annahme eines Schadens grundsätzlich nicht aus.[869] Erforderlich sei stattdessen, dass die Vermögenslage „objektiv schlechter geworden ist".[870] Soweit „noch offen" sei, ob sich ein „pflichtwidriges, mit einem Risiko behaftetes Verhalten" tatsächlich realisiert und zu einem Schaden führen werde, sei ein Schaden noch nicht entstanden.[871] Vor einer Risikorealisierung handle es sich „nicht um einen gegenwärtigen, bereits eingetretenen Schaden, sondern um einen möglichen künftigen Schaden".[872] Jedoch betont der BGH auch, dass ein Schaden bereits dann vorliegen kann, wenn dieser „wenigstens dem Grunde nach erwachsen" sei, auch wenn „seine Höhe noch nicht beziffert" werden könne.[873] Ebenfalls müsse nicht feststehen, dass der Schaden „bestehen bleibt und damit endgültig" werde.[874] Zur Feststellung, ob lediglich das Risiko eines Vermögensnachteils, also noch eine bloße Vermögensgefährdung vorliege, oder schon ein Schaden eingetreten ist, sei eine *„wertende Betrachtung"* geboten.[875]

Ausgehend von diesen Entscheidungen zeigen sich Parallelen zur strafrechtlichen Rechtsprechung. Denn auch im Strafrecht gilt jedenfalls der Grundsatz, dass eine bloße Vermögensgefährdung noch keinen Vermögensschaden darstellt. Vielmehr soll ein Schaden erst dann anzunehmen sein, „wenn die Wahrscheinlichkeit eines endgültigen Verlusts eines Vermögensbestandteils so groß ist, dass dies bereits im Zeitpunkt der Ver-

869 BGH, Urteil vom 25.04.2013 – IX ZR 65/12 = NJW-RR 2013, 1212 (1213).
870 BGH, Urteil vom 07.02.1995 – X ZR 32/93 = NJW 1995, 2039 (2040).
871 BGH, Urteil vom 02.07.1992 – IX ZR 268/91 = NJW 1992, 2766 (2767); BGH, Urteil vom 07.02.1995 – X ZR 32/93 = NJW 1995, 2039 (2040); BGH, Urteil vom 24.06.1993 – IX ZR 216/92 = NJW 1993, 2747 (2750 f.).
872 BGH, Urteil vom 07.02.1995 – X ZR 32/93 = NJW 1995, 2039 (2040).
873 BGH, Urteil vom 16.10.2008 – IX ZR 135/07 = NJW 2009, 685 (685).
874 BGH, Urteil vom 17.02.2000 – IX ZR 436/98 = NJW 2000, 1498 (1499).
875 BGH, Urteil vom 16.07.2015 – IX ZR 197/14 = NJW 2015, 3447 (3451): *„Risiko-Schaden-Formel"*; BGH, Urteil vom 25.04.2013 – IX ZR 65/12 = NJW-RR 2013, 1212 (1213); BGH, Urteil vom 16.10.2008 – IX ZR 135/07 = NJW 2009, 685 (685), zustimmend *Fischer*, WM 2019 Heft 14 Sonderbeilage 1, 3 (26 f.).

mögensverfügung eine objektive Minderung des Gesamtvermögens" bewirke.[876] Letztlich gründet die Anerkennung der schadensgleichen Vermögensgefährdung jedoch rein tatsächlich auf *normativen* Erwägungen.[877] Der BGH hält sich indessen auch in seinen zivilrechtlichen Entscheidungen nicht nur die Option offen, sondern hält es gar für geboten, die Abgrenzung von Gefährdung und Schaden anhand einer *wertenden Betrachtung* vorzunehmen.[878]

Dass der BGH der Rechtsfigur des Gefährdungsschadens im Zivilrecht nicht a priori abgeneigt ist, zeigte sich bereits in der Entscheidung des VI. Zivilsenats vom 31.05.1994.[879] In dem zugrunde liegenden Fall wirkte ein Bankangestellter kollusiv mit einem Dritten (Gutschriftempfänger) zusammen und fälschte einen Überweisungsauftrag zulasten des späteren Klägers (belasteter Kontoinhaber). Das Fälschungsrisiko trug jedoch das Kreditinstitut, sodass das Guthaben aus dem Bankkonto rein rechtlich in unveränderter Höhe bestehen blieb und das Vermögen des Kontoinhabers somit an sich nicht vermindert war. Dennoch sei – so der BGH – eine Beeinträchtigung von *„vermögensrechtlicher Relevanz"* gegeben, solange die Belastungsbuchung nicht rückgängig gemacht werde.[880] Allein die Tatsache, dass auf dem Konto (fehlerhaft und rechtlich an sich irrelevant) kein Guthaben, sondern ein Schuldsaldo ausgewiesen war, reichte dem BGH für die Annahme eines Schadens im Rechtssinne aus.[881] Zur Begründung verwies der BGH wiederum auf den normativen Schadensbegriff, der es erlaube, die in die Differenzbilanz einzustellenden Posten wertend zu bestimmen.[882] Der BGH spricht von einer durch die Belastungsbuchung

---

876 BGH, Beschluss vom 20.09.2016 – 2 StR 497/15 = NStZ 2017, 30 (30); zur Kritik an dieser Begründung, vgl. Kap. 5, Ziff. II, Nr. 3 lit. b) (2).

877 Siehe hierzu Kap. 5, Ziff. II, Nr. 3 lit. b) (2).

878 BGH, Urteil vom 16.07.2015 – IX ZR 197/14 = NJW 2015, 3447 (3451); BGH, Urteil vom 25.04.2013 – IX ZR 65/12 = NJW-RR 2013, 1212 (1213).

879 BGH, Urteil vom 31.05.1994 – VI ZR 12/94 = NJW 1994, 2357.

880 BGH, Urteil vom 31.05.1994 – VI ZR 12/94 = NJW 1994, 2357 (2359).

881 BGH, Urteil vom 31.05.1994 – VI ZR 12/94 = NJW 1994, 2357 (2359).

882 BGH, Urteil vom 31.05.1994 – VI ZR 12/94 = NJW 1994, 2357 (2359).

hervorgerufenen „Vermögensgefährdung (...), die ihrerseits bereits einen ausgleichspflichtigen Schaden darstellt".[883]

In einer anderen Entscheidung sah der BGH in der bloßen Existenz eines Titels (im Streitfall ein Versäumnisurteil) einen vollwertigen Vermögensschaden, weil der Gegner mit dem *Risiko* eines Unterliegens allein aus formalen Gründen (z.B. wegen Ablaufs der Einspruchsfrist) belastet sei.[884] Die Frage, ob das Urteil rechtskräftig geworden ist, erachtet der BGH als nicht entscheidungserheblich.[885] Er erhebt dadurch auch in diesem Falle die (schadensgleiche) Vermögensgefährdung zum vollwertigen Vermögensschaden.[886] Ähnlich judiziert der BGH auch in Fällen der Steuerberaterhaftung. Hat ein Steuerberater durch sein Fehlverhalten steuerliche Nachteile seines Mandanten verursacht, entstehe der Schaden bereits mit der Bekanntgabe des nachteiligen Bescheids, ohne dass es auf dessen Bestandskraft oder Unanfechtbarkeit ankäme.[887]

b) Kommentarliteratur

(1) Darstellung

Die Rechtsfigur des Gefährdungsschadens hat mittlerweile auch in die zivilrechtliche Kommentarliteratur Eingang gefunden. Diskutiert wird die Thematik in verschiedenen Themenbereichen, namentlich im Verjährungsrecht, im allgemeinen Schadensrecht sowie teilweise speziell bei der Anspruchsnorm des § 826 BGB.

---

883 BGH, Urteil vom 31.05.1994 – VI ZR 12/94 = NJW 1994, 2357 (2359); dem BGH zustimmend *Schnauder*, ZIP 1994, 1069 (1075 ff.), der ebenfalls der Ansicht ist, dass für eine Haftung bereits eine Vermögensgefährdung („*konkrete Wahrscheinlichkeit einer Vermögenseinbuße*") ausreiche, die je nach Lage des Falles materiellrechtlich als Schaden zu behandeln sein kann; ablehnend hingegen *Paschke/Wofram*, DZWir 1995, 485 (485 ff.), die in der Entscheidung des BGH eine Rechtsfortbildung hin zu einer „*neuen schadensersatzrechtlichen Kategorie im Zwischenbereich von ersatzfähigen Schäden und bloßen Vermögensgefährdungen*" sehen; gleichwohl könne jedoch auch nach deren Ansicht ein Vermögensschaden bereits dann vorliegen, wenn „*konkrete Vermögenseinbußen zu erwarten*" seien (S. 490).

884 BGH, Urteil vom 09.02.2009 – II ZR 292/07 = NJW 2009, 2127.

885 BGH, Urteil vom 09.02.2009 – II ZR 292/07 = NJW 2009, 2127 (2129).

886 So auch das Verständnis von MüKoBGB/*Wagner*, BGB § 826 Rn. 47.

887 BGH, Urteil vom 12.02.1998 – IX ZR 190–97 = NJW-RR 1998, 742 (742 f.).

Spindler[888] thematisiert die Problematik im Verjährungsrecht. Der Grund liegt darin, dass die Verjährung eines Schadensersatzanspruchs gemäß § 199 Abs. 1 Nr. 1 BGB voraussetzt, dass der Anspruch voll entstanden ist. Erforderlich ist damit der Eintritt eines realen (vollwertigen) Schadens.[889] Nach *Spindler* reiche hierfür eine reine Gefährdung nicht.[890] Für den Fall, dass das Vermögen aber „so sehr" gefährdet werde, dass dies schon eine Vermögensverschlechterung darstellt, entstehe der Schaden jedoch bereits mit der Verletzungshandlung.[891] Der Sache nach ähnlich fordert auch *Grothe* eine Differenzierung zwischen „bloßer" und „schadensgleicher" Vermögensgefährdung.[892] *Piekenbrock* spricht sich in Fällen fehlerhafter Anlageberatung dezidiert für eine strafrechtakzessorische Behandlung des Problems aus und sieht für eine Schadensentstehung – und damit zugleich auch für den Verjährungsbeginn – bereits den Vertragsschluss (also die Zeichnung der Anlage) als maßgeblich an.[893]

Auch *Wagner* greift den Gefährdungsschaden auf, beschränkt diesen aber auf die Anwendung bei § 826 BGB.[894] In Parallele zur Betrugsdogmatik habe der Schadensbegriff bei der Norm des § 826 BGB einen „subjektiven Einschlag".[895] Das Vermögen werde hier nicht nur in seinem wirtschaftlichen Wert, sondern auch im Hinblick auf die Dispositionsfreiheit des Einzelnen geschützt.[896] Daher stehe auch die „bloße Vermögensgefährdung" durch Eingehung eines nachteiligen Geschäfts, beispielsweise im Wege der Investition in ein riskantes Kapitalanlagegeschäft, einem Schadenseintritt gleich.[897] Auch *Spindler* führt unter Hinweis auf die Kommen-

---

888 BeckOK BGB/*Spindler*, BGB § 199 Rn. 19.

889 BeckOGK/*Piekenbrock*, BGB § 199 Rn. 54 ff.

890 BeckOK BGB/*Spindler*, BGB § 199 Rn. 19.

891 BeckOK BGB/*Spindler*, BGB § 199 Rn. 19.

892 MüKoBGB/*Grothe*, BGB § 199 Rn. 24: *„Für die Entstehung von Schadensersatzansprüchen kommt es auf den Zeitpunkt des Schadenseintritts an. Daraus folgt zum einen, dass eine bloße (nicht schadensgleiche) Vermögensgefährdung verjährungsrechtlich irrelevant ist, (…)"*.

893 BeckOGK/*Piekenbrock*, BGB § 199 Rn. 55.2: *„Dies entspricht der strafgerichtlichen Rspr., die einen vollendeten Eingehungsbetrug (§ 263 Absatz 1 StGB) bereits mit dem Vertragsschluss bejaht"*.

894 MüKoBGB/*Wagner*, BGB § 826 Rn. 45 ff.

895 MüKoBGB/*Wagner*, BGB § 826 Rn. 45.

896 MüKoBGB/*Wagner*, BGB § 826 Rn. 45.

897 MüKoBGB/*Wagner*, BGB § 826 Rn. 46 f.; *Wagner* stellt dabei jedoch klar, dass er die Fallgruppe der schadensgleichen Vermögensgefährdung nicht auf das Kapitalanlagerecht beschränkt sieht.

tierung von *Wagner* aus, dass bei § 826 BGB bereits die „Gefährdung des Vermögens" einen tatbestandlichen Schaden darstellen könne.[898]

Eine Erörterung des Problems speziell im Schadensrecht der §§ 249 ff. BGB erfolgt von *Ekkenga/Kuntz*.[899] Nach ihnen könne auch die Vermögensgefährdung bereits einen Schaden darstellen.[900] Zwar könne das dafürsprechende Argument nicht eine gegenwärtig messbare Vermögensminderung sein. Vermindert könne jedoch bereits das „Vermögenspotential" des Vermögensträgers sein.[901] Wenn der Betroffene von einem anderen verleitet werde, sein Vermögen in einer Art zu binden, die so nicht vorgesehen war, werde dessen „durch § 249 BGB grundsätzlich geschützte Verwendungsplanung" beeinträchtigt.[902] Das Bestehen von Verlustrisiken, die der Betroffene niemals tragen wollte, beispielsweise durch Erwerb einer Kapitalanlage mit gegenläufigem Risikoprofil, stelle „finanzwirtschaftlich" bereits eine „aktuelle Vermögensminderung" dar.[903] Auch *Brand* verortet die Problematik direkt in den §§ 249 ff. BGB.[904] Nach *Brand* könne man „in Anlehnung an das Vermögensstrafrecht" annehmen, dass auch eine „bloße Vermögensgefährdung bereits einen Schaden im Sinne der Differenzhypothese" darstelle.[905] Dies sei aber in Anlehnung an die Rechtsprechung des 1. Strafsenats des BGH[906] nur dann der Fall, wenn sich die Gefahr des späteren Vermögensabflusses schon „soweit konkretisiert habe, dass faktisch bereits eine Vermögensminderung eingetreten" sei.[907]

(2) Bewertung

Zuzustimmen ist den Ausführungen *Wagners* insoweit, als der Gefährdungsschaden (ebenso wie der individuelle Schadenseinschlag) Konsequenz eines funktional-subjektiven Vermögensverständnisses ist, welches das Vermögen nicht nur als Wertsumme begreift, sondern auch die indivi-

---

898 BeckOGK/*Spindler*, BGB § 826 Rn. 15.
899 Soergel/*Ekkenga/Kuntz*, BGB, Vor § 249 Rn. 61 ff.
900 Soergel/*Ekkenga/Kuntz*, BGB, Vor § 249 Rn. 61 ff.
901 Soergel/*Ekkenga/Kuntz*, BGB, Vor § 249 Rn. 63.
902 Soergel/*Ekkenga/Kuntz*, BGB, Vor § 249 Rn. 63.
903 Soergel/*Ekkenga/Kuntz*, BGB, Vor § 249 Rn. 63.
904 BeckOGK/*Brand*, BGB § 249 Rn. 15.
905 BeckOGK/*Brand*, BGB § 249 Rn. 15.
906 BGH, Urteil vom 21.02.2017 – 1 StR 296/16 = NJW 2018, 177; BGH, Beschluss vom 19.09.2018 – 1 StR 194/18 = NJW 2019, 378.
907 BeckOGK/*Brand*, BGB § 249 Rn. 15.

duelle Dispositionsfreiheit eines Rechtssubjekts berücksichtigt. Diese Feststellungen wurzeln jedoch im Vermögensbegriff selbst und beschränken sich nicht auf eine konkrete Haftungsnorm.[908] Wie bei der vorvertraglichen und vertraglichen Informationshaftung wird die Dispositionsfreiheit auch bei § 826 BGB nicht um ihrer selbst willen geschützt. Schutzzweckerwägungen gebieten daher keine abweichende Betrachtung des Vermögensschadens bei § 826 BGB.[909] Zutreffend wird die Problemstellung daher von *Ekkenga/Kuntz* und *Brand* im Rahmen der allgemeinen §§ 249 ff. BGB lokalisiert. Denn wie der individuelle Schadenseinschlag folgt auch der Gefährdungsschaden aus der allgemeinen und damit rechtsgebiets- und haftungsnormunabhängigen Notwendigkeit eines umfassenden Vermögensschutzes innerhalb der zivilrechtlichen Informationshaftung. Anders als von *Brand* dargestellt, ergibt sich die Legitimation des Gefährdungsschadens jedoch nicht aus der Differenzhypothese. Vielmehr ist die schadensgleiche Vermögensgefährdung, wie auch im Strafrecht, eine normative Korrektur der rein objektiv-wirtschaftlichen Betrachtung.[910]

2. Die Parallelproblematik im Gewährleistungsrecht („Mangelverdacht")

Aufklärungspflichtverletzungen ereignen sich – außerhalb von selbständigen Beratungsverträgen – grundsätzlich im vorvertraglichen Stadium. Nach allgemeinen Regeln kann der Getäuschte dann seinen Schadensersatzanspruch auf die culpa in contrahendo (§§ 280 Abs. 1, 241 Abs. 2, 311 Abs. 2 BGB) stützen. Soweit jedoch im Kaufrecht die Pflichtwidrigkeit des Verkäufers darin besteht, über die Beschaffenheit der Kaufsache unzurei-

908 Siehe Kap. 6, Ziff. II.

909 Siehe hierzu auch Kap. 7, Ziff. II, Nr. 2.

910 Auch der BGH hat in seinen zivilrechtlichen Entscheidungen wiederholt ausgeführt, dass die Frage, ob eine (bloße) Vermögensgefährdung oder ein (vollwertiger) Vermögensschaden vorliege, anhand einer „*wertenden Betrachtung*" zu entscheiden sei, vgl. BGH, Urteil vom 25.04.2013 – IX ZR 65/12 = NJW-RR 2013, 1212 (1213); BGH, Urteil vom 16.10.2008 – IX ZR 135/07 = NJW 2009, 685 (685); auch in der Entscheidung des BGH vom 31.05.1994 – VI ZR 12/94 = NJW 1994, 2357 (2359) wurde die als Vermögensschaden kategorisierte „*Beeinträchtigung von vermögensrechtlicher Relevanz*" auf den normativen Schadensbegriff gestützt.

chend oder fehlerhaft informiert zu haben, wird die c.i.c. grundsätzlich[911] ab Gefahrübergang von den §§ 434 ff. BGB als leges speciales verdrängt.[912] Während sich bei der c.i.c. die Betrachtung auf den nicht interessengerechten Vertrag selbst richtet, konzentriert sich das Gewährleistungsrecht auf die Frage der vertragsgerechten Erfüllung dieses Vertrags.[913] Es entscheidet der oft zufällige Zeitpunkt des Gefahrübergangs, welches Haftungsregime zur Anwendung kommt.

Nach den gesetzlichen Regelungen der §§ 434, 437 BGB kann der Käufer nur dann Mängelrechte geltend machen, wenn die Kaufsache im maßgeblichen Zeitpunkt des Gefahrübergangs tatsächlich mangelhaft ist, grundsätzlich jedoch dann nicht, wenn sie es nur möglicherweise sein könnte.[914] Gleichwohl ist anerkannt, dass unter bestimmten Voraussetzungen auch der bloße Mangelverdacht den Weg in das Gewährleistungsrecht ebnen kann. Ganz überwiegend wird nämlich angenommen, dass unter den Beschaffenheitsbegriff des § 434 BGB Abs. 1 BGB nicht nur die Faktoren fallen, die einer Sache selbst anhaften, sondern darüber hinaus auch sämtliche Beziehungen der Sache zur Umwelt, die nach der maßgeblichen Auffassung des Rechtsverkehrs Relevanz für die Wertschätzung des Gegenstands haben.[915]

911 Eine parallele Geltung von c.i.c. und kaufrechtlicher Gewährleistung gilt nach der Rspr., wenn der Verkäufer arglistig gehandelt oder selbständige Beratungspflichten übernommen hat, vgl. zur Arglist: BGH, Urteil vom 06.11.2015 – V ZR 78/14 = NJW 2016, 1815 (1817); BGH, Urteil vom 30.11.2012 – V ZR 25/12 = NJW 2013, 1671 (1673); vgl. zur Übernahme von Beratungspflichten: BGH, Urteil vom 13.07.1983 – VIII ZR 112/8 = NJW 1983, 2697 (2697 f.); BGH, Urteil vom 06.06.1984 – VIII ZR 83/83 = NJW 1984, 2938 (2938).

912 BGH, Urteil vom 27.03.2009 – V ZR 30/08 = NJW 2009, 2120; BGH, Urteil vom 29.06.2016 – VIII ZR 191/15 = NJW 2016, 3015 (3021 f.); **a.A.** *Häublein*, NJW 2003, 388 (388 ff.); für die gleichzeitige Geltung der c.i.c. und der §§ 437 ff. BGB beim Unternehmenskauf *Barnert*, WM 2003, 416 (416 ff.); eine grundsätzliche Subsidiarität der c.i.c. gilt nach h.M. auch im Werkvertragsrecht nach Abnahme der Werkleistung durch den Besteller sowie im Mietrecht nach Überlassung der Mietsache an den Mieter, vgl. nur Palandt/*Grüneberg*, BGB, § 311 Rn. 18.

913 *Kaiser* spricht in Rückabwicklung, S. 25 von einer *„Zwitterstellung"* des nicht erwartungsgerechten Vertrags, siehe hierzu auch *Medicus*, Gutachten und Vorschläge zur Überarbeitung des Schuldrechts, S. 538.

914 *Pfeiffer*, NJW 2019, 3337 (3341).

915 BGH, Urteil vom 15.06.2016 – VIII ZR 134/15 = NJW 2016, 2874 (2874); BGH, Urteil vom 19.04.2013 – V ZR 113/12 = NJW 2013, 1948 (1949); BGH, Urteil vom 05.11.2010 – V ZR 228/09 = NJW 2011, 1217 (1218).

Als grundlegend für die Rechtsfigur des „Mangelverdachts" gilt die *Hasenfleisch-Entscheidung* des BGH.[916] Der BGH entschied dabei, dass ein Mangel der gekauften Ware (im vorliegenden Fall Hasenfleisch) bereits dann vorliegen kann, wenn die Ware unter dem konkreten Verdacht gesundheitsschädlicher Auswirkungen bei seinem Verzehr (hier: Salmonellenbefall) steht und dieser Verdacht sich auch nicht durch zumutbare Maßnahmen ausräumen lässt.[917] Der BGH setzte diese Rechtsprechung, ohne die Fallgruppe auf Lebens- und Futtermittel zu beschränken, weiter fort. So finden sich Entscheidungen zum Verdacht von Hausschwamm[918], zum Verdacht eines Baumangels aufgrund von Feuchtigkeit im Hausfundament[919], zum Verdacht auf Hausbockkäferbefall[920], zum Verdacht versteckter Mängel im Motorbereich von Kraftfahrzeugen[921] oder zum Verdacht von Altlasten bei Grundstücken.[922] Allen Entscheidungen gemeinsam ist dabei, dass ein einfacher Verdacht nicht als ausreichend für die Annahme eines (vollwertigen) Mangels angesehen wird; vielmehr müsse dieser „konkret"[923] sein, sich in ausreichendem Maße „erhärtet haben"[924] oder „nahe liegen".[925] Die Terminologie ähnelt hierbei stark derjenigen, die auch zur Begründung der konkreten (schadensgleichen) Vermögensgefährdung gebraucht wird.[926] In beiden Bereichen wird damit eine bloße (abstrakte) Gefährdung als nicht ausreichend angesehen.[927]

Der Gesetzgeber selbst geht davon aus, dass ein Käufer, dem der Verkäufer die Sache nicht sachmangelfrei verschafft, einen „*Schaden*" erleidet.[928] Einen solchen Schadensautomatismus im Sachmangelrecht nimmt auch

---

916 BGH, Urteil vom 16.04.1969 – VIII ZR 176/66 = NJW 1969, 1171.

917 BGH, Urteil vom 16.04.1969 – VIII ZR 176/66 = NJW 1969, 1171 (1171).

918 BGH, Urteil vom 07.02.2003 – V ZR 25/02 = NJW-RR 2003, 772.

919 LG Bonn, Urteil vom 30.10.2003 – 10 O 27/03 = NJW 2004, 74.

920 LG Bonn, Urteil vom 23.03.2005 – 2 O 341/04 = BeckRS 2006, 01701.

921 OLG Naumburg, Urteil vom 06.11.2008 – 1 U 30/08 = BeckRS 2008, 25864.

922 OLG München, Urteil vom 21.04.1994 – 32 U 2088/94 = NJW 1995, 2566.

923 BGH, Urteil vom 16.04.1969 – VIII ZR 176/66 = NJW 1969, 1171; OLG Celle, Urteil vom 21.08.2008 – 8 U 49/08 = NJOZ 2009, 3778 (3779).

924 LG Bonn, Urteil vom 23.03.2005 – 2 O 341/04 = BeckRS 2006, 01701.

925 BGH, Urteil vom 23.11.1988 – VIII ZR 247/87 = NJW 1989, 218 (219).

926 Siehe hierzu Kap. 5, Ziff. II, Nr. 3 lit. b) (2).

927 Siehe zur strafrechtlichen Betrachtung bspw. BVerfG, Beschluss vom 23.06.2010 – 2 BvR 2559/08 = NJW 2010, 3209 (3218); BayObLG, Beschluss vom 27.05.2020 – 205 StRR 2332/19 –, juris; OLG Hamm, Beschluss vom 03.09.2019 – I-32 SA 54/19 = NJW-RR 2020, 60 (61).

928 BT-Drs. 14/6040, S. 224.

der BGH an.[929] Aufgrund der Kongruenz von Mangel und Schaden führt damit im Recht der Sachmängel der *Mangelverdacht* konsequent auch zum *Schadensverdacht.* Dass dieser Rechtsgedanke des Schadensverdachts genuin auf das (kaufrechtliche) Gewährleistungsrecht beschränkt wäre, lässt sich nicht erkennen. Vielmehr wäre es nicht einleuchtend, warum sich ein getäuschter Käufer *nach* dem (zufälligen) Zeitpunkt des Gefahrübergangs problemlos vom Vertrag lösen können soll[930], ihm hingegen *vor* Gefahrübergang ein Anspruch auf Aufhebung des Vertrags aus der c.i.c. oder aus dem Deliktsrecht verwehrt bleiben sollte.

3. Notwendigkeit einer konkreten Schadensbezifferung?

a) Bei Rückabwicklung des Vertrags

Im Strafrecht ist die Anwendung des Gefährdungsschadens häufig deshalb problematisch, weil nach der neueren verfassungsgerichtlichen Judikatur der Vermögensschaden der Höhe nach zu beziffern ist.[931] Dogmatisch folge diese Pflicht nach dem BVerfG aus Art. 103 Abs. 2 GG. Ausweislich des Gesetzeswortlauts findet die Norm jedoch nur dort Anwendung, wo staatliche „Strafen" verhängt werden.[932] Für das zivilgerichtliche Verfahren bleibt die Vorschrift daher außer Betracht.[933]

929 So zum parallel konzipierten werkvertraglichen Sachmangelrecht BGH, Urteil vom 10.04.2003 – VII ZR 251/02 = NJW-RR 2003, 878 (879): *„Der Mangel selbst ist bereits der Schaden"*; zustimmend auch *Weyer*, NZBau 2013, 269 (271).

930 Siehe zur Rücktrittsmöglichkeit: §§ 437 Nr. 2 BGB i.V.m. §§ 326 Abs. 5, 323, 346 BGB; eine Nachfristsetzung wird in Fällen des Mangelverdachts regelmäßig nach § 326 Abs. 5 BGB entbehrlich sein. Möglich ist eine Vertragsrückabwicklung auch über den Schadensersatz statt der ganzen Leistung; der Käufer kann hierbei den Kaufpreis – soweit er diesen bereits entrichtet hat – wegen des synallagmatischen Zusammenhangs von Leistung und Gegenleistung als „Mindestschaden" zurückverlangen, vgl. BGH, Urteil vom 31.03.2006 – V ZR 51/05 = NJW 2006, 1582 (1584); Palandt/*Grüneberg*, BGB, § 281 Rn. 23.

931 BVerfG, Beschluss vom 23.06.2010 – 2 BvR 2559/08 = NJW 2010, 3209; BVerfG, Beschluss vom 07.12.2011 – 2 BvR 2500/09 = NJW 2012, 907; zur Kritik an der Rspr. vgl. Kap.5, Ziff. II, Nr. 3 lit. b) (2).

932 Sachs/*Degenhart*, GG, Art. 103 Rn. 57.

933 BVerfG, Beschluss vom 14.02.1973 – 1 BvR 112/65 = NJW 1973, 1221 (1226); BVerfG, Beschluss vom 23.04.1991 – 1 BvR 1443/87 = NJW 1991, 3139 (3140).

Gleichwohl sieht auch die ganz herrschende Meinung in der Zivilrechtswissenschaft das Kriterium der „geldwerten Messbarkeit" als Wesensmerkmal des Vermögensschadens an.[934] Hieraus darf jedoch nicht der Fehlschluss gezogen werden, dass die Annahme eines Gefährdungsschadens (bei der Informationshaftung) ausscheiden müsste. Denn die Höhe der eigenen erbrachten Leistung (also in aller Regel das vertragliche Entgelt) ist für den Geschädigten grundsätzlich ohne weiteres bezifferbar. Probleme bei der Bezifferbarkeit ergeben sich allein bei dem Vermögensgegenstand, den der Geschädigte vom Schädiger im Gegenzug erhält. So lässt sich die Werthaltigkeit einer erworbenen Kapitalanlage nie „endgültig" bestimmen, da deren Wert stets Schwankungen unterliegt. Für den Käufer eines vom „Diesel-Skandal" betroffenen Fahrzeugs ist ungewiss, ob und falls ja, in welcher Höhe das Fahrzeug aufgrund seiner „Bemakelung" einen objektiven Minderwert aufweist. Der tatsächlich bestehende (Differenz-)Schaden, wollte man ihn konkret beziffern, liegt im entrichtenden Vertragsentgelt abzüglich des – oft ungewissen oder Schwankungen unterliegenden – Werts der erhaltenen Gegenleistung.

Bei der schadensrechtlichen Rückabwicklung eines Vertrags bedarf es jedoch schon eines solchen „Differenzschadens" nicht[935] und erst recht wäre der Geschädigte nicht gehalten, diesen konkret zu beziffern. Denn durch die Verpflichtung des Geschädigten, den erhaltenen Vorteil Zug-um-Zug an den Schädiger herauszugeben[936], wird eine Überkompensation – unabhängig davon, welchen genauen Wert man dem erhaltenen Gegenstand beimessen will – gerade vermieden. Durch diese (beidseitige) Methode des Schadensausgleichs wird sichergestellt, dass der Geschädigte nicht bereichert wird und das schadensrechtliche Ausgleichsprinzip gewahrt bleibt. Dieses Ergebnis ist auch sachgerecht. Denn es wäre erkennbar unbillig, dem Geschädigten, der über den Gegenstand allein wegen des illegitimen Verhaltens des anderen Teils verfügt, eine Bezifferungsobliegenheit aufzubürden. Um diese Bezifferung zu ermöglichen, wäre der Geschädigte letztlich gezwungen, den Vermögensstand selbst zu verwerten. Zunächst birgt dies das Risiko, diesen mangels Nachfrage überhaupt nicht verwerten

934 *Larenz*, SchuldR AT § 29 I (S. 485 f.); Soergel/*Ekkenga/Kuntz*, BGB, Vor § 249 Rn. 74; *Brand*, Schadenersatzrecht, § 2 Rn. 14; *ders.* in: BeckOGK BGB § 249 Rn. 26; *Roussos*, Schaden und Folgeschaden, S. 144; siehe auch Kap. 6, Ziff. I, Nr. 1.

935 Erforderlich ist jedoch freilich ein Vermögensschaden (siehe Kap. 4), dessen Bestehen sich jedoch nicht allein nach der Differenzhypothese richtet, siehe ausführlich Kap. 6.

936 Siehe hierzu Kap. 4, Ziff. III.

zu können. Selbst falls eine Verwertung gelingt, wäre der Geschädigte vielfach mit dem Einwand des Schädigers konfrontiert, er hätte den Gegenstand zu „billig“ veräußert.[937] Da jedoch der mit einem Wertrisiko behaftete Gegenstand aus der Sphäre des sich rechtsfeindlich verhaltenden Schädigers stammt, ist es nur sachgerecht, dem Geschädigten, nach (Wieder-)Erhalt des Gegenstands, das Verwertungsrisiko und das Risiko eines zu niedrigen Veräußerungspreises aufzubürden.[938] Den Anspruchsteller trifft damit bei der schadensrechtlichen Rückabwicklung des nachteilhaften Vertrags jedenfalls keine summenmäßige Bezifferungspflicht der Schadenshöhe, zumal eine solche Differenz (also ein Minderwert der erhaltenen Vertragsleistung) bei diesem Rückabwicklungsmodell schon dem Grunde nach nicht vorzuliegen braucht.[939]

Hieraus folgt des Weiteren auch, dass der Betroffene bei einer konkreten Vermögensgefährdung bereits unmittelbar Leistungsklage erheben kann und sich nicht auf eine bloße Feststellungsklage verweisen lassen muss.[940] Zwar hält das Zivilprozessrecht für Konstellationen, in denen die Schadensentwicklung noch nicht abgeschlossen ist, das Instrument der Feststellungsklage vor.[941] Wenn jedoch schon dem Grunde nach keine Obliegenheit zu einer Schadensbezifferung besteht, muss eine (der endgültigen Bezifferung dienende) weitere Wert- und damit Schadensentwicklung

---

937 Dogmatischer Ansatzpunkt für diesen Einwand wäre die aus § 254 Abs. 2 Satz 1 BGB folgende Schadensminderungspflicht, wonach dem Geschädigten die Obliegenheit trifft, dazu beizutragen, dass der Schaden nicht unnötig groß wird, vgl. BeckOK BGB/*Lorenz*, BGB § 254 Rn. 30.

938 *Geibel*, Kapitalanlegerschaden, S. 114.

939 In diese Richtung geht auch das – leider nur knapp begründete – Urteil des BGH vom 30.07.2020 – VI ZR 5/20 = NJW 2020, 2798 (2801). Der BGH formulierte hierbei, dass *„im Hinblick auf das Bestimmtheitsgebot und Analogieverbot (…) die Anforderungen an die Feststellung eines Vermögensschadens im Sinne von § 263 Abs. 1 StGB andere als an die Feststellung eines Schadens im Sinne von § 826 BGB“* seien; in den verfassungsgerichtlichen Entscheidungen, auf die der BGH Bezug nimmt, wurde die Bezifferungspflicht gerade aus dem Bestimmtheitsgrundsatz und dem Analogieverbot aus Art. 103 Abs. 2 GG abgeleitet, vgl. BVerfG, Beschluss vom 23.06.2010 – 2 BvR 2559/08 = NJW 2010, 3209 (3210, 3215); BVerfG, Beschluss vom 07.12.2011 – 2 BvR 2500/09 = NJW 2012, 907 (915 f.).

940 **A.A.** *Paschke/Wofram*, DZWir 1995, 485 (486), die die Ansicht vertreten, dass in Fällen der Vermögensgefährdung allein die Möglichkeit bestehe, auf Feststellung einer Pflicht zur Leistung künftigen Schadensersatzes zu klagen; vgl. auch *Ahrens*, FS Huber, S. 1 (13).

941 Vgl. z.B. BGH, Urteil vom 30.03.1983 – VIII ZR 3/82 = NJW 1984, 1552 (1554); siehe auch *Ahrens*, FS Huber, S. 1 (13).

auch nicht abgewartet werden. Ein „Abwarten“ wäre auch weder zielführend noch praktikabel. Dies zeigt anschaulich ein Blick in das Kapitalanlagerecht. Eine Kapitalanlage unterliegt im Laufe der Zeit wertmäßigen Schwankungen. So ist es möglich, dass diese zunächst im Wert fällt, später jedoch im Wert steigt. Umgekehrt kann diese zunächst im Wert steigen und später wieder fallen. Es gibt keinen abschließenden „Endpunkt“, bei dem der Wert der Anlage unverrückbar und endgültig feststeht. Der Anspruchsteller könnte, wenn man ihn zunächst auf eine Feststellungsklage verweisen wollte, in der Folge quasi niemals mit Aussicht auf Erfolg Leistungsklage erheben. Denn selbst wenn er zu einem Zeitpunkt Leistungsklage erheben würde, zu dem der Wert der Kapitalanlage niedrig ist, liefe er Gefahr, dass im Zeitpunkt der mündlichen Verhandlung der Wert wieder ansteigt oder gar den ursprünglichen Erwerbspreis übersteigt. Für die Beurteilung, ob dem Kläger ein Schaden entstanden ist, kommt es jedoch in prozessualer Hinsicht nach ganz herrschender Meinung auf den Zeitpunkt der letzten mündlichen Verhandlung an.[942] Sollte der Wert der Anlage bis zu diesem Zeitpunkt zufällig ansteigen, müsste die Leistungsklage abgewiesen werden und zwar – entgegen jeder Billigkeit – trotz der Möglichkeit, dass die Anlage unmittelbar nach Prozessbeendigung wieder an Wert verlieren könnte.

b) Bei Geltendmachung eines (behaupteten) objektiven Minderwerts

Derjenige, der durch Verletzung (vor-)vertraglicher Aufklärungspflichten oder durch deliktisches Handeln zum Abschluss eines wirtschaftlich nachteilhaften Vertrags bestimmt worden ist, kann im Rahmen des Vertrauensschadensersatzes nach der Rechtsprechung grundsätzlich zwischen zwei Arten des Schadensausgleichs wählen.[943] Zum einen kann er die soeben beschriebene Rückabwicklung des Vertrags wählen, zum anderen kann er stattdessen am Vertrag festhalten und den Ersatz der ihm entstandenen Mehraufwendungen verlangen. Auf letzteres muss der Betroffene dann

---

942 BGH, Urteil vom 22.02.2018 – VII ZR 46/17 = NJW 2018, 1463 (1465); BGH, Urteil vom 16.07.2015 – IX ZR 197/14 = NJW 2015, 3447 (3449); BGH, Urteil vom 11.11.1997 – VI ZR 376/96 = NJW 1998, 810 (813); BGH, Urteil vom 12.07.1996 – V ZR 117/95 = NJW 1996, 2652 (2654); MüKoBGB/*Oetker*, BGB § 249 Rn. 317 m.w.N.; BeckOGK/*Brand*, BGB § 249 Rn. 342 m.w.N.; BeckOK BGB/*Flume*, BGB § 249 Rn. 402.

943 BGH, Urteil vom 06.07.2021 – VI ZR 40/20 = WM 2021, 1652 (1654); BGH, Urteil vom 25.09.2018 – II ZR 27/17 = BeckRS 2018, 26239.

ausweichen, wenn er zu dem erforderlichen (Zug-um-Zug zu leistenden) Vorteilsausgleich nicht mehr in der Lage ist, weil er beispielsweise den erworbenen Gegenstand bereits an einen Dritten veräußert hat. Die Thematik wurde zuletzt im „Diesel-Skandal" aktuell, bei dem Käufer wegen des zwischenzeitlichen Weiterverkaufs ihres Fahrzeugs nicht mehr in der Lage waren, dieses an den in Anspruch genommenen Hersteller zu übereignen. Grundsätzlich endet mit dem Weiterverkauf die Fehlallokation des Vermögens, sodass ein Vermögensschaden nicht mehr gegeben ist.[944] Das Vermögen ist nicht mehr gegenständlich gebunden, sondern steht dem Geschädigten wieder als Geldsumme zur freien Verfügung.

Problematisch ist jedoch die in der Praxis übliche Situation, in der der Verkaufspreis unter dem Ankaufpreis liegt und sich die Frage stellt, ob der Betroffene diesen Differenzbetrag als Schadensersatz verlangen kann.[945] Wenn der Käufer das Fahrzeug jedoch an einen Dritten veräußert, ist völlig ungewiss, ob der Differenzbetrag zwischen Ankaufs- und Verkaufswert auf eine objektiv-wirtschaftliche Nachteilhaftigkeit des Vertrags zurückzuführen ist. Denn der niedrige Wiederverkaufspreis kann mannigfaltige Ursachen haben (z.B. übermäßige Abnutzung des Gegenstands, schlechte Bewerbung der Kaufsache, allgemeiner Nachfragerückgang am KFZ-Markt, Gefälligkeitspreise für Familien- oder Betriebsangehörige, etc.).[946] Wenn sich – wie in aller Regel – ex post nicht mehr sicher klären lässt, worauf der Preisverfall des Fahrzeugs konkret beruht und der Betroffene gleichwohl auf Auskehrung dieser Differenz klagt, muss damit geklärt werden, ob bereits die *(konkrete) Gefahr eines makelbedingten Minderwerts* einem feststehenden makelbedingten Minderwert gleichstehen kann. Richtigerweise muss der für den Schaden nach allgemeinen Grundsätzen beweispflichtige Anspruchsteller im Prozess nachweisen können, dass er bei der Veräußerung gerade wegen der „Bemakelung" des Fahrzeugs einen geringeren Kaufpreis erzielt hat.[947] Bei anderer Betrachtung bliebe unklar, ob die „Ersatzleistung" tatsächlich nur zu einem Schadensausgleich oder stattdessen zu einer Überkompensation führt. Nach dem schadensrechtlichen Be-

944 OLG Schleswig, Urteil vom 22.11.2019 – 17 U 70/19 = BeckRS 2019, 29885.

945 Siehe hierzu *Peterek*, NJW 2021, 1425.

946 Vgl. hierzu *Peterek*, NJW 2021, 1425 (1428).

947 So auch OLG Celle, Urteil vom 19.02.2020 – 7 U 424/18 = BeckRS 2020, 6243; OLG Schleswig, Urteil vom 22.11.2019 – 17 U 70/19 = BeckRS 2019, 29885; OLG Brandenburg, Beschluss vom 24.03.2021 – 11 U 109/20 = BeckRS 2021, 7530; **a.A.** BGH, Urteil vom 20.07.2021 – VI ZR 533/20 = WM 2021, 1817; OLG Stuttgart, Urteil vom 29.09.2020 – 12 U 449/19 = NJW-RR 2021, 212; OLG Oldenburg, Urteil vom 21.02.2020 – 6 U 286/19 = BeckRS 2020, 6830;

reicherungsverbot, dem Grundprinzip des Schadensrechts, darf über den Schadensersatz keine Besserstellung oder Bereicherung des Geschädigten erfolgen.[948] Dieses zentrale Prinzip darf durch das Anstellen bloßer Vermutungen nicht ausgehebelt werden. Die unterschiedliche Behandlung dieser Fallgruppe, verglichen mit der Ausgleichsmethode der Vertragsrückabwicklung, rechtfertigt sich dadurch, dass es gerade der dortige *beidseitige* Abwicklungsmechanismus ist, der sicherstellt, dass einerseits der Geschädigte nicht bereichert und andererseits der Schädiger nicht über Gebühr belastet wird. Bei einer konkreten[949] Gefahr eines makelbedingten Minderwerts ist daher eine haftungsrechtliche Rückabwicklung des Vertrags grundsätzlich möglich, während hingegen die Zahlung eines – in seiner Ursache nicht nachgewiesenen – Differenzbetrags vom Schädiger nicht geschuldet ist.[950]

4. Anwendungsbeispiele aus der gerichtlichen Spruchpraxis

a) Verlustrisiken im Kapitalanlagerecht

Besondere praktische Relevanz erlangt der Topos der Vermögensgefährdung im Kapitalanlagerecht. Denn gerade hier zeigt sich besonders plastisch, dass ein Vermögensgegenstand in seinem materiellen Wert bereits in kurzer Zeit starken Schwankungen unterliegen kann. Das heißt, auch wenn sich die Kapitalanlage zunächst als wertmäßig äquivalent zu ihrem Erwerbspreis darstellt, ist der Erwerber – jedenfalls bei spekulativen Anlageformen – mit dem stetigen Risiko konfrontiert, das investierte Kapital wieder zu verlieren.

---

948 BGH, Urteil vom 06.07.2004 – VI ZR 266/03= NJW 2004, 3324 (3325); BGH, Urteil vom 28.06.2007 – VII ZR 81/06 = NJW 2007, 2695 (2696).

949 Vgl. zu den Anforderungen, die vorliegen müssen, damit in den „Diesel-Fällen" von einer konkreten (und nicht lediglich) abstrakten Gefahr eines makelbedingten merkantilen Minderwerts des Fahrzeugs ausgegangen werden kann: Kap. 7, Ziff. III, Nr. 4, lit. b) (2).

950 Vgl. zur vollen Nachweislast des Anspruchstellers für einen „negativen Vertragssaldo" bei Geltendmachung einer Geldentschädigung *Grigoleit,* ZIP 2021, 1993 (2004).

(1) Darstellung der Rechtsprechung

Der Anlageberater ist bei einem Anlageberatungsvertrag zur anleger- und anlagegerechten Beratung des Kunden verpflichtet.[951] *Anlegergerechte* Beratung meint, dass der Berater den Wissensstand, die Erfahrungen und insbesondere das Anlageziel des Kunden zu beachten hat. Im Hinblick auf das Anlageziel darf der Anlageberater nur solche Anlagen empfehlen, die auch der gewünschten Risikoklasse des Anlegers entsprechen.[952] Im Rahmen der *anlagegerechten* („objektgerechten") Beratung ist der Anlageberater verpflichtet, über alle Umstände und Risiken, die für eine Anlageentscheidung Relevanz haben, richtig und vollumfänglich zu informieren. Hierunter fallen zunächst allgemeine Risiken, wie etwa die gesamtwirtschaftliche Lage und die Entwicklung des Finanzmarkts, anderseits jedoch insbesondere die speziellen Risiken, die sich aus der konkreten Anlage selbst ergeben.[953] Insoweit hat sich zum Umfang der Aufklärungspflichten des Anlageberaters eine diffizile Kasuistik entwickelt.[954]

Soweit der Anlageberater gegen diese Pflichten verstoßen hat, bedarf es für eine Schadensersatzpflicht des Beraters wiederum eines Vermögensschadens.[955] Ausgehend von der bereits dargestellten[956] allgemeinen Dogmatik stellt der BGH auch hier fest, dass ein Schaden grundsätzlich erst dann eingetreten ist, wenn es zu einer Verminderung des Gläubigervermögens gekommen ist; der bloße Eintritt einer „risikobehafteten Situation" sei nicht genügend.[957] Allerdings könne nach dem BGH der auf einer Falschberatung basierende Erwerb einer für den Erwerber nachteilhaften, den Anlageabsichten zuwiderlaufenden Kapitalanlage bereits einen Vermögensschaden darstellen, der dem Anleger – „unabhängig von der Werthaltigkeit der Anlage" – das Recht gewähre, die Rückabwicklung des Anlageerwerbs qua Schadensersatz zu verlangen. Der Anleger sei bei der „gebotenen wertenden Betrachtung" von diesem Zeitpunkt an nicht mehr

951 Grundlegend BGH, Urteil vom 06.07.1993 – XI ZR 12/93 = NJW 1993, 2433 (2433f.).

952 Palandt/*Grüneberg*, BGB, § 280 Rn. 48 m.w.N.

953 BGH, Urteil vom 22.03.2011 – XI ZR 33/10 = NJW 2011, 1949 (1950).

954 Darstellungen hierzu finden sich bei Palandt/*Grüneberg*, BGB, § 280 Rn. 49 sowie bei MüKoBGB/*Emmerich*, BGB § 311 Rn. 106ff.

955 BGH, Urteil vom 08.07.2010 – III ZR 249/09 = NJW 2010, 3292 (3294); *Heese*, Beratungspflichten, S. 450.

956 Siehe Kap. 7, Ziff. III, Nr. 1 lit. a).

957 BGH, Urteil vom 08.07.2010 – III ZR 249/09 = NJW 2010, 3292 (3294).

nur dem „Risiko eines Vermögensnachteils" ausgesetzt, sondern bereits in seinem Vermögensrecht *geschädigt*.[958]

Der BGH judiziert dabei parallel zum strafrechtlichen Kapitalanlagebetrug. Denn auch dort hält es der BGH nicht für geboten, stichtagsbezogene Feststellungen zum Marktpreis der Kapitalanlage zu treffen, um diesen Wert dann dem Zeichnungsbetrag gegenüberzustellen. Vielmehr begründet auch im Strafrecht bereits die täuschungsbedingte Zeichnung der Anteile grundsätzlich einen Vermögensschaden im Umfang der gesamten vertraglichen Bindung.[959]

(2) Schadensrechtliche Analyse und Bewertung

Der BGH lässt bei der Bestimmung von Vermögensschäden im Kapitalanlagerecht die Differenzhypothese ausdrücklich außen vor.[960] Schadensgrundlage ist stattdessen der Abschluss des nachteilhaften, weil mit erhöhten Verlustrisiken behafteten Vertrags.[961] Soweit sich jedoch die Werthaltigkeit einer Anlage nicht tatsächlich verschlechtert hat – was der BGH explizit nicht verlangt – liegt entgegen der Formulierung des BGH an sich allein ein *Risiko* vor, dass Verluste künftig eintreten könnten. Vom BGH wird damit de facto bereits die (konkrete) Vermögensgefährdung als (vollwertiger) Schaden begriffen.[962]

Wie bereits oben dargestellt[963], kann für den Anleger bei objektiver Gleichwertigkeit von Leistung und Gegenleistung ein Vermögensschaden jedoch auch bereits unter dem Blickwinkel des „individuellen Schadenseinschlags" bestehen. Es bedarf daher der Abgrenzung, wann auf welche der beiden Doktrinen zurückzugreifen ist. Ein Vermögensschaden nach den Grundsätzen des individuellen Schadenseinschlags liegt dann vor, wenn dem Anleger eine Anlageform vermittelt wird, die nicht seinen

958 BGH, Urteil vom 08.03.2005 – XI ZR 170/04 = NJW 2005, 1579 (1580).

959 BGH, Urteil vom 07.03.2006 – 1 StR 379/05 = NJW 2006, 1679 (1681).

960 Siehe bereits Kap. 7, Ziff. II. Nr. 2 lit. b).

961 **A.A.** LG Hof, Urteil vom 13.01.2004 – 11 O 436/03 = BKR 2004, 489 (490), wonach ohne Wertverlust allein ein möglicher zukünftiger Schaden gegeben sei; gegen das LG Hof: BGH, Urteil vom 08.03.2005 – XI ZR 170/04 = NJW 2005, 1579 (1580).

962 So auch ausdrücklich OLG Frankfurt a. M., Urteil vom 18.07.2013 – 16 U 191/12 = NZG 2013, 1111 (1112); BeckOGK/*Buck-Heeb/Lang*, BGB § 675 Rn. 558; Soergel/ *Ekkenga/Kuntz*, BGB, Vor § 249 Rn. 63.

963 Siehe Kap. 7, Ziff. II, Nr. 2 lit. b).

Wünschen und Bedürfnissen entspricht und dieser deshalb gehalten ist, für sein ursprüngliches Dispositionsziel ein weiteres Anlagegeschäft abzuschließen.[964] Mit der Gefahr eines Vermögensverlusts muss dies nicht zwangsläufig in Verbindung stehen. Denn eine Anlage kann auch dann „unbrauchbar“ sein, wenn der Anleger hohe Renditen erzielen möchte, ihm jedoch eine konservative Anlage vermittelt wird. Ein Gefährdungsschaden kann hingegen in den Fällen angenommen werden, in denen die vermittelte Anlage zwar grundsätzlich dem Risikoprofil des Anlegers entspricht, dieser jedoch nicht oder fehlerhaft darüber aufgeklärt wurde, wie hoch die Eintrittswahrscheinlichkeiten der Risiken tatsächlich sind.[965] Ein Vermögensschaden nach den Grundsätzen des *individuellen Schadenseinschlags* kommt daher dann in Betracht, wenn keine *anlegergerechte* Beratung erfolgt ist, ein Vermögensschaden nach den Grundsätzen des *Gefährdungsschadens* dann, wenn der Anleger nicht *anlagegerecht* aufgeklärt wurde.

Aus dogmatischer Sicht erweist sich die Anerkennung des Gefährdungsschadens im Kapitalanlagerecht als stringent. Denn der BGH berücksichtigt, dass zur Wahrung eines umfassenden Vermögensschutzes auch die subjektiv- wirtschaftlichen Dispositionsziele des Anlegers zu betrachten sind. Wie auch beim individuellen Schadenseinschlag bedarf es jedoch innerhalb dieser subjektiven Vermögensschadensbetrachtung eines *einschränkenden objektiven Korrektivs*, um den materiellen Vermögens(dispositions)schaden[966] vom immateriellen (reinen) Dispositionsschaden abzugrenzen.[967] Überzeugend ist es, im Zivilrecht auf die Argumentationslinien zurückzugreifen, die auch im Strafrecht als Legitimationsansatz für die (normative) Gleichsetzung von Gefährdung und Schaden dienen. Dort nimmt der BGH dann einen Gefährdungsschaden an, wenn eine „nicht zu kontrollierende und nur noch im Belieben der Täter stehende Möglichkeit des endgültigen Vermögensverlusts“besteht.[968] Es kommt damit darauf an, dass die Vermögensgefährdung bereits *hinreichend konkret* ist und für den

964 Soergel/*Ekkenga/Kuntz*, BGB, Vor § 249 Rn. 63.

965 Mit dieser Tendenz der Abgrenzung OLG Düsseldorf, Urteil vom 28.08.2020 – I-4 U 57/19 –, juris.

966 Begriff nach *Heese*, JZ 2020, 178 (180).

967 Siehe zur Dogmatik insbesondere Kap. 6, Ziff. II, Nr. 3.

968 BGH, Urteil vom 18.10.2006 – 2 StR 499/05 = NJW 2007, 1760 (1764).

Betroffenen keine „*Vermeidemacht*“[969] mehr hinsichtlich des Eintritts eines endgültigen Schadens gegeben ist.

Sofern der geschlossene Anlagevertrag daher beispielsweise durch ein gesetzliches Widerrufsrecht noch beseitigt werden kann, ist nach diesen dargestellten Grundsätzen die Vermögensgefährdung noch nicht so konkret bzw. handgreiflich, dass bereits von einem Vermögensschaden gesprochen werden kann.[970] Auch wenn der Anleger die sichere Möglichkeit hat, die Anlage ohne nennenswerte Mühe wieder verlustfrei zu veräußern, besteht nach diesen Maßgaben noch kein Vermögensschaden.[971] Erst recht ist damit auch Tendenzen entgegenzutreten, einen Vermögensschaden bereits dort anzunehmen, wo allein abstrakte Besorgnisse bestehen, dass Vermögensinteressen des Anlegers möglicherweise nicht hinreichend beachtet wurden. Allein die Nichtaufklärung über einen möglichen Interessenkonflikt des Beraters durch den Erhalt von Innenprovisionen oder Rückvergütungen begründet noch keinen Vermögensschaden.[972]

In der monographischen Literatur hat sich *Geibel* eingehend mit dem Schaden des Kapitalanlegers und auch mit der Problematik der Vermögensgefährdung auseinandergesetzt.[973] Soweit einem Anleger der Beweis gelinge, dass ein Wertverlust konkret einzutreten droht, trete „neben die Beeinträchtigung der Willens- und Dispositionsfreiheit der zusätzliche Aspekt der konkreten Vermögensgefährdung“.[974] Nach *Geibel* sei es für einen Anleger „nach Treu und Glauben unzumutbar“ beim Erwerb einer Kapitalanlage erst einen Wertverlust abwarten zu müssen, um eine Aufhebung bzw. Rückabwicklung des Anlagegeschäfts im Wege des Schadensersatzes fordern zu können.[975] Eine Rückabwicklung des Vertrags über die allgemeinen haftungsbegründenden Normen der Schadensersatzhaftung sieht

---

969 Siehe hierzu ERST-WirtschaftsstrR/*Saliger*, § 263 StGB Rn. 187 m.w.N.; vgl. auch SK-*Hoyer*, StGB, § 263 Rn. 235 *„nicht mehr umkehrbarer Kausalverlauf in Richtung eines dauerhaften Vermögensverlustes“*.

970 So im Ergebnis auch der III. Zivilsenat des BGH, vgl. Urteil vom 08.11.2018 – III ZR 628/16 = NJW 2019, 356 (356 ff.); BGH, Urteil vom 08.07.2010 – III ZR 249/09 = NJW 2010, 3292 (3294). **a.A.** der XI. Zivilsenat des BGH, vgl. Urteil vom 08.04.2014 – XI ZR 341/12 = NJW 2014, 2348 (2350): *„Bereits mit Vertragsschluss ist der Vermögensschaden eingetreten“*, vgl. hierzu auch *Kräft*, NJW 2019, 358 (358 f.).

971 So im Ergebnis auch *Geibel*, Kapitalanlegerschaden, S. 101 f.

972 So auch BeckOGK/*Piekenbrock*, BGB § 199 Rn. 55; **a.A.** jedoch BGH, Urteil vom 19.12.2006 – XI ZR 56/05 = NJW 2007, 1876.

973 *Geibel*, Der Kapitalanlegerschaden [2002].

974 *Geibel*, Kapitalanlegerschaden, S. 101.

975 *Geibel*, Kapitalanlegerschaden, S. 101.

Geibel jedoch als nicht möglich an, da die Vermögensgefährdung eine (reine) Beeinträchtigung der Willens- und Dispositionsfreiheit und damit einen (nicht ersatzfähigen) immateriellen Schaden darstelle.[976] Allerdings gäbe es „genügend Umstände, die es rechtfertigen, dem Anleger auch in diesen Fällen ein Rückabwicklungsrecht einzuräumen".[977] *Geibel* will hierfür als Anspruchsgrundlage § 242 BGB heranziehen und über die Norm ein „Rückabwicklungsrecht nach Treu und Glauben" mit „schadensersatzrechtlichen Zügen" kreieren.[978]

Das Bedürfnis, dem Anleger bereits bei einer konkreten Vermögensgefährdung ein Rückabwicklungsrecht zuzugestehen, wird von *Geibel* zunächst zutreffend dargestellt. Unnötig erscheint dabei jedoch die Behelfskonstruktion über § 242 BGB. Schon im Ansatz erscheint der Rekurs auf die Norm besonders rechtfertigungsbedürftig, da § 242 BGB in aller Regel nicht als Anspruchsgrundlage taugt.[979] Ein Abstellen auf § 242 BGB ist auch nicht notwendig, wenn man den Vermögensschadensbegriff nicht auf die starre Differenzbetrachtung verengt. *Geibel* übersieht, dass die von ihm genannte Willens- und Dispositionsfreiheit nicht nur ein immaterielles Schutzgut darstellt, sondern auch im Vermögensrecht mitgeschützt sein kann.[980] Die Schadenskategorien lassen sich mit den aus der Strafrechtsdogmatik bekannten Kriterien der hinreichenden Konkretheit bzw. Unmittelbarkeit der Gefährdung und der (fehlenden) Vermeidemacht eines endgültigen Vermögensverlusts sachgerecht abgrenzen. Soweit diese Voraussetzungen gegeben sind, liegt nach der stets gebotenen[981] normativen Schadensbetrachtung ein vollwertiger Vermögensschaden vor. Für die Rückabwicklung des Anlagegeschäfts kann demnach auch auf die allgemeinen Haftungsnormen zurückgegriffen werden.

---

976 *Geibel*, Kapitalanlegerschaden, S. 102 f.
977 *Geibel*, Kapitalanlegerschaden, S. 102.
978 *Geibel*, Kapitalanlegerschaden, S. 102.
979 Jauernig/*Mansel*, BGB § 242 Rn. 2.
980 BGH, Beschluss vom 09.07.1986 – GSZ 1/86 = NJW 1987, 50 (51); siehe hierzu ausführlich Kap. 6, Ziff. II.
981 BGH, Urteil vom 28.10.2014 – VI ZR 15/14 = NJW-RR 2015, 275 (276); BGH, Urteil vom 21.12.2004 – VI ZR 306/03 = NJW-RR 2005, 611 (612).

b) Herstellerhaftung im „Diesel-Skandal“

(1) Darstellung der Rechtsprechung

Im soeben dargestellten Kapitalanlagerecht beruht das Gefährdungsmoment auf der marktmäßigen Volatilität des Vermögensgegenstands selbst. Daneben können jedoch auch von außen kommende Umstände, wie z.B. drohende behördliche Maßnahmen, eine Gefahr für die Werthaltigkeit eines Vermögensgegenstands darstellen. Dies kann beispielsweise dann der Fall sein, wenn das Risiko einer behördlichen Nutzungsbeschränkung oder -untersagung im Raum steht. Bereits bevor solche Maßnahmen tatsächlich verfügt werden, stellt sich wiederum die Frage, ob allein diese *Einschränkungsgefahr* für die Annahme eines Vermögensschadens ausreichend ist.

Der BGH hat hierzu in seiner Grundsatzentscheidung vom 25.05.2020[982] zur Herstellerhaftung im „Diesel-Skandal“ Folgendes ausgeführt[983]:

> *„Bei einem zur eigenen Nutzung erworbenen Kraftfahrzeug sind dessen Gebrauchsfähigkeit und ständige Verfügbarkeit für den Eigentümer von so großer Bedeutung, dass die vorübergehende Entziehung eines Kraftfahrzeugs auch bei der Anlegung des gebotenen strengen Maßstabs einen Vermögensschaden darstellt. Der Verlust der Nutzungsmöglichkeit eines Kraftfahrzeugs wirkt sich typischerweise als solcher auf die materiale Grundlage der Lebenshaltung signifikant aus; bei generalisierender Betrachtung erfolgen Anschaffung und Unterhaltung eines Kraftfahrzeugs in erster Linie um des wirtschaftlichen Vorteils willen, der in der Zeitersparnis liegt (stRspr, vgl. etwa Senat BGHZ 217, 218 = NJW 2018, 1393 Rn. 5–7 mwN). Das rechtfertigt nach der allgemeinen Lebenserfahrung die Annahme, dass ein Käufer, der – wie hier der Kl. – ein Fahrzeug zur eigenen Nutzung erwirbt, bei der bestehenden Gefahr einer Betriebsbeschränkung oder -untersagung von dem Erwerb des Fahrzeugs abgesehen hätte (vgl. auch Heese JZ 2020, 178, 182). (…)*
> *Nach den nicht angegriffenen Feststellungen des BerGer. wies das Fahrzeug im Zeitpunkt des Erwerbs eine unzulässige Abschalteinrichtung auf. Damit lag – wie bereits oben ausgeführt – ein Sachverhalt vor, der – gegebenenfalls in Verbindung mit weiteren Umständen – dazu führen konnte, dass die*

982 BGH, Urteil vom 25.05.2020 – VI ZR 252/19 = NJW 2020, 1962.
983 BGH, Urteil vom 25.05.2020 – VI ZR 252/19 = NJW 2020, 1962 (1968 f.).

Zulassungsbehörde eine Betriebsbeschränkung oder -untersagung nach § 5 Abs. 1 FZV vornimmt. Zu Recht hat das BerGer. ausgeschlossen, dass ein Käufer, dem es auf die Gebrauchsfähigkeit des Kraftfahrzeugs wie ausgeführt maßgeblich ankommt, ein Fahrzeug erwirbt, bei dem eine auch nur abstrakte Gefahr der Betriebsbeschränkung oder -untersagung besteht, wenn gleichzeitig unklar ist, ob überhaupt, wenn ja zu welchem Zeitpunkt und wie – vor allem ohne Nachteil für den Käufer – der Mangel behoben werden kann. Das Fahrzeug war – wovon das BerGer. zu Recht ausgeht und was die Revision der Bekl. verkennt – im Zeitpunkt des Erwerbs für die Zwecke des Kl. nicht voll brauchbar, weil es – wie ausgeführt – einen verdeckten Sachmangel aufwies, der zu einer Betriebsbeschränkung oder -untersagung hätte führen können (…).
Für die Frage der Brauchbarkeit kommt es – anders als die Revision meint – nicht lediglich darauf an, dass das Fahrzeug von dem Kl. tatsächlich genutzt werden konnte und sich die bestehende Stilllegungsgefahr nicht verwirklicht hat. Ein Fahrzeug ist für die Zwecke desjenigen, der durch ein sittenwidriges Verhalten zum Vertragsabschluss veranlasst wird, dann nicht voll brauchbar, wenn es aus der ex-ante-Sicht des Käufers letztlich vom Zufall abhängt, ob der unerkannt bestehende Mangel aufgedeckt und die Gebrauchsfähigkeit des Fahrzeugs in der Folge eingeschränkt wird. Bei Berücksichtigung dieser Umstände des Einzelfalls ist der Erwerb des Fahrzeugs auch nach der Verkehrsanschauung unvernünftig und damit für den Kl. nachteilig, die Brauchbarkeit des Fahrzeugs mithin nicht nur aus rein subjektiv willkürlicher Sicht des Kl. eingeschränkt. Entgegen der Ansicht der Revision (vgl. auch Weiler NZV 2019, 545, 554) lag nicht lediglich eine Vermögensgefährdung vor.“

(2) Schadensrechtliche Analyse und Bewertung

Dem BGH ist insoweit zuzustimmen, als auch das Drohen öffentlich-rechtlicher Restriktionen bei der gebotenen normativen Betrachtung grundsätzlich bereits als vollwertiger Vermögensschaden angesehen werden kann. Terminologisch unpräzise ist jedoch wiederum die Formulierung des BGH, es handle sich dabei „nicht lediglich um eine Vermögensgefährdung.“ Denn solange behördliche Maßnahmen noch nicht ergangen sind und der Vermögensgegenstand voll nutzbar ist, liegt allein eine Gefährdungslage vor, die potentiell geeignet ist, wirtschaftliche Nachteile für den Erwerber nach sich zu ziehen.

Für eine schadensgleiche Vermögensgefährdung ist, wie bereits dargestellt, nicht jede abstrakte oder ungewisse Möglichkeit einer Risikoverwirklichung ausreichend. Für den konkreten Fall heißt dies, dass eine Betriebsbeschränkung oder -untersagung hinreichend wahrscheinlich zu sein hat bzw. unmittelbar bevorstehen müsste, damit sie einem Vermögensschaden gleichstehen kann.[984]

An dieser Stelle liegt jedoch bereits die erste Schwäche in der Urteilsbegründung des BGH. In den Entscheidungsgründen findet sich keinerlei rechtliche Prüfung, ob eine Nutzungsbeschränkung oder -untersagung tatsächlich auf rechtmäßigem Wege hätte erlassen werden können. Der BGH führt lediglich pauschal und ohne nähere Substantiierung aus, dass der Sachverhalt „gegebenenfalls in Verbindung mit weiteren Umständen" geeignet gewesen sei, behördliche Maßnahmen nach sich zu ziehen. Dies reicht jedoch für einen Vermögensschaden nicht aus. Ein Gefährdungsschaden setzt ein konkretes, geradezu handgreifliches Bevorstehen eines Schadens voraus, der unter diesen Vorzeichen nicht feststeht. Die öffentlich-rechtlichen Voraussetzungen wären für die Feststellung eines Vermögensschadens inzident zu prüfen gewesen; der zivilrechtliche Vermögensschaden verhält sich insoweit akzessorisch.[985] Entgegen dem BGH ist es auch unerheblich, wenn es „aus der ex-ante-Sicht des Käufers" allein „vom Zufall" abhing, ob die Gebrauchsfähigkeit des Fahrzeugs eingeschränkt werde. Denn zur Beantwortung dieser Frage kann es nicht auf die laienhafte Sicht eines regelmäßig juristisch ungebildeten Käufers ankommen. Entscheidend ist allein die objektive Rechtslage.[986]

Doch selbst wenn ein erforderliches (objektives) Betriebsuntersagungsrisiko ursprünglich bestanden hätte – was mit guten Gründen bezweifelt wird[987] und wohl auch deshalb vom BGH nicht näher thematisiert wur-

---

984 So auch *Röhl*, NZV 2020, 183 (183, 194).

985 *Röhl*, NZV 2020, 183 (194): *„öffentlich-rechtliche Vorfrage"*; zu restriktiv jedoch *Ahrens*, VersR 2020, 933 (934), nach dessen Ansicht erst der Erlass eines Verwaltungsakts abgewartet werden müsse, um zu einem Schaden zu gelangen.

986 Zutreffend *Ahrens*, VersR 2020, 933 (936).

987 Ausführlich hierzu *Röhl*, NZV 2020, 183 (183 ff.), wonach eine wirksame EG-Typgenehmigung eine Betriebsuntersagung ausschließe. Auch wäre eine Betriebsuntersagung *ultima ratio*, die aus Gründen der Verhältnismäßigkeit dann ausscheiden müsse, wenn mildere Maßnahmen (z.B. Abhilfemaßnahmen durch den Hersteller) möglich seien; siehe hierzu auch *Pfeiffer*, NJW 2019, 3337 (3340 ff.) sowie *Ahrens*, FS Huber, S. 1 (14): *„Die Möglichkeit der Stilllegung des Fahrzeugs aufgrund einer behördlichen Intervention war ein bloßes rechtliches Schreckgespenst, das sich nicht einmal zur Einleitung eines darauf gerichteten Verfahrens konkretisiert hatte."*

de – ist die Entscheidung wegen eines weiteren Aspekts verfehlt. Denn der Erlass behördlicher Maßnahmen scheidet nach wohl allgemeiner Ansicht jedenfalls dann aus, wenn der Käufer die erforderliche und durch das Kraftfahrtbundesamt angeordnete Nachrüstung an seinem Fahrzeug durchführen ließ.[988] Der BGH umschifft auch dieses Problem, indem er als maßgeblichen Zeitpunkt für die Schadensfeststellung den *Zeitpunkt des Vertragsschlusses* heranzieht. Der Schaden sei nach Auffassung des BGH durch das später durchgeführte Update nicht wieder entfallen; ein sittenwidrig herbeigeführter ungewollter Vertragsschluss werde nach einem durchgeführten Software-Update „nicht rückwirkend zu einem gewollten Vertragsschluss".[989] Auch andere Gerichte teilten bereits zuvor diese Ansicht mit der Begründung, dem Deliktsrecht „sei eine Nacherfüllung fremd".[990]

Diese Argumente erscheinen jedoch nur vordergründig stichhaltig, da sie die eigentliche Kernproblematik verschleiern. Denn zu klären ist schlicht die Frage, welcher Zeitpunkt für die Feststellung eines Schadens maßgeblich ist. Kommt es zu einem gerichtlichen Rechtsstreit, ist grundsätzlich allgemein anerkannt, dass der Zeitpunkt der *letzten mündlichen Verhandlung* entscheidend ist.[991] Wenn also der Schaden – wie vom BGH – in einer drohenden Nutzungsbeschränkung oder Stilllegung des Fahrzeugs gesehen wird, jedoch im Zeitpunkt der letzten mündlichen Verhandlung sicher feststeht, dass die Gefahr sich nicht mehr wird verwirklichen können, kann ein Schaden auch nicht gegeben sein.[992] Es besteht dann auch keinerlei Diskrepanz mehr zwischen der vom Käufer vor Vertragsschluss erwarteten und der nunmehr hergestellten Beschaffenheit des Fahrzeugs.[993] Der Käufer hat – wenn auch mit zeitlicher Verzögerung – ge-

988 *Pfeiffer*, NJW 2019, 3337 (3343) m.w.N.

989 BGH, Urteil vom 25.05.2020 – VI ZR 252/19 = NJW 2020, 1962 (1969).

990 Vgl. OLG Koblenz, Urteil vom 12.06.2019 – 5 U 1318/18 = NJW 2019, 2237 (2245).

991 BGH, Urteil vom 22.02.2018 – VII ZR 46/17 = NJW 2018, 1463 (1465); BGH, Urteil vom 16.07.2015 – IX ZR 197/14 = NJW 2015, 3447 (3449); BGH, Urteil vom 13.11.2012 – XI ZR 334/11 = NJW 2013, 450 (451); MüKoBGB/*Oetker*, BGB § 249 Rn. 317; BeckOGK/*Brand*, BGB § 249 Rn. 343; HK-BGB/*Schulze*, vor § 249–253 Rn. 36 jew. m.w.N.

992 So auch OLG Frankfurt a. M., Urteil vom 31.08.2018 – 25 U 17/18 = NJW-RR 2019, 114 (115); *Ahrens*, FS Huber, S. 1 (14); *Pfeiffer*, NJW 2019, 3337 (3338 f.); *Riehm*, NJW 2019, 1105 (1110 f.).

993 *Riehm*, NJW 2019, 1105 (1110 f.).

nau das erhalten, wofür er sich vertraglich entschieden hatte.[994] Der BGH kommt zu dem paradoxen Ergebnis, dass der Abschluss eines Vertrags, durch den der Erwerber nunmehr die vollständig vertragsgerechte und mit den behördlichen Vorgaben konforme Kaufsache erlangt hat, einen zivilrechtlichen Schaden darstellen soll.[995]

Gleicher Ansicht wie der BGH ist hingegen *Heese*.[996] Nach *Heese* lasse sich der allgemein herangezogene Zeitpunkt der Schadensfeststellung, also derjenige der letzten mündlichen Verhandlung, dann nicht anwenden, wenn der Vermögensschaden normativer Natur ist. Für die Fälle des normativen Schadens bedürfe es stattdessen einer „funktional konsequenten Anpassung."[997] Denn bei der ungewollten Verbindlichkeit stehe die „Dispositionsfreiheit über das Vermögen und nicht der rechnerische Vermögensbestand" im Vordergrund. Geschützt sei dabei nicht nur der Zweck, sondern auch der „Zeitpunkt des Vermögenseinsatzes".[998] Damit wäre es nach *Heese* nicht vereinbar, wenn der Schädiger „von sich zu seinem Vorteil ändernden Umständen profitieren" könne.[999]

Daneben sei nach *Heese* auch zu berücksichtigen, dass es sich um einen „arglistigen Eingriff in die Vermögensdispositionsfreiheit" handle. Der maßgebende Zeitpunkt sei daher mit den „Parallelwertungen des Anfechtungs- und Vertragsrechts" abzustimmen.[1000] Bei einer Anfechtung käme die Berücksichtigung nachträglicher Umstände nur ausnahmsweise in Betracht; auch die Kaufmängelgewährleistung gehe davon aus, dass ein arglistig getäuschter Käufer den eingegangenen Vertrag sofort rückabwickeln könne.[1001] Entsprechend seien nach *Heese* auch bei der Fallgruppe des ungewollten Vertrags zugunsten des Schädigers grundsätzlich „keine Umstände zu berücksichtigen, die zeitlich nach dem Vertragsschluss liegen".[1002] Eine andere Bewertung könne nach *Heese* „schon mit Blick auf das jahrelang aufrechterhaltene Täuschungsschema, die erst auf behördliches Einschreiten hin durchgeführten Maßnahmen und das seit der Aufde-

---

994 So auch *Ahrens*, VersR 2020, 933 (933); die vom VI. Zivilsenat vorgenommene Vorverlagerung des maßgeblichen Zeitpunkts für die Schadensbestimmung ebenfalls ablehnend BeckOGK/*Brand*, BGB § 249 Rn. 339.

995 Vgl. *Ahrens*, VersR 2020, 933 (933).

996 *Heese*, JZ 2020, 178.

997 *Heese*, JZ 2020, 178 (186).

998 *Heese*, JZ 2020, 178 (186 f.).

999 *Heese*, JZ 2020, 178 (187).

1000 *Heese*, JZ 2020, 178 (187).

1001 *Heese*, JZ 2020, 178 (187).

1002 *Heese*, JZ 2020, 178 (187).

ckung des Skandals an den Tag gelegte Aufklärungs- und Regulierungsverhalten nicht ernsthaft erwogen werden".[1003]

Der Ansicht *Heeses* kann nicht gefolgt werden. Schon die von *Heese* bemühten „Parallelwertungen" zum Anfechtungs- und Gewährleistungsrecht bestehen inhaltlich nicht, da bei Inanspruchnahme des Software-Updates auch über das Gewährleistungs- oder Anfechtungsrecht Vertragslösungsrechte für den Käufer nicht mehr bestünden. Aus Sicht des Sachmängelrechts läge hierdurch eine Nacherfüllung nach § 439 BGB vor, nach deren erfolgreicher Durchführung die weiteren Mängelrechte nach § 437 Nr. 2 und Nr. 3 (also insbesondere der Rücktritt vom Vertrag und die Vertragsrückabwicklung über den Schadensersatz statt der ganzen Leistung) ausgeschlossen wären. Im Anfechtungsrecht müsste man das Verlangen des Käufers nach Durchführung des Software-Updates als (konkludente) Bestätigung des Geschäfts nach § 144 Abs. 1 BGB ansehen. Denn ein Verlangen zur Nachbesserung ist nur dann zielführend, wenn der Vertrag als endgültig wirksam anerkannt wird.[1004] Die Behauptung, dass im Anfechtungs- und Gewährleistungsrecht die nachvertragliche Inanspruchnahme eines Software-Updates für ein Vertragslösungsrecht irrelevant wäre, ist damit unzutreffend.

Heeses Argumentation kann auch im Weiteren nicht beigepflichtet werden. Allein der Umstand, dass ein normativer Vermögensschaden gegeben ist, rechtfertigt nicht, den maßgeblichen Zeitpunkt für die Schadensfeststellung nach Gutdünken normativ zu bestimmen. Denn während für die normative Vermögensschadensbetrachtung eine zwingende Notwendigkeit vorhanden ist[1005], lässt sich eine solche für die Vorverlagerung des Betrachtungszeitpunkts hingegen nicht erkennen. Ganz im Gegenteil: Es stünde gerade konträr zum schadensrechtlichen Ausgleichsprinzip, wenn im Zeitpunkt der mündlichen Verhandlung ein „Risikoschaden" angenommen wird, obgleich eine Risikoverwirklichung auf gesicherter

1003 *Heese*, JZ 2020, 178 (187).
1004 BeckOGK/*Beurskens*, BGB § 144 Rn. 3; MüKoBGB/*Busche*, BGB § 144 Rn. 6.
1005 Siehe hierzu ausführlich Kap. 6, Ziff. II.

Basis bereits ausgeschlossen ist.[1006] Fehl geht auch der abschließende Rekurs *Heeses* auf ein (behauptetes) „aufrechterhaltenes Täuschungsschema" sowie das seiner Ansicht nach unzureichende „an den Tag gelegte Aufklärungs- und Regulierungsverhalten" des Fahrzeugherstellers. Bereits der historische Gesetzgeber hat klar herausgestellt, dass moralisierende Gesichtspunkte bei der Bestimmung der zivilrechtlichen Folgen deliktischen Verhaltens keine Berücksichtigung finden dürfen.[1007] Mag ein Verhalten auch noch so sozial-ethisch verwerflich sein, so ist dennoch kein Schaden zu ersetzen, wo ein solcher nicht vorhanden ist.[1008] Insbesondere kann ein „Nachtatverhalten" des Fahrzeugherstellers nicht maßgebend dafür sein, ob eine Schadensersatzpflicht bejaht oder verneint wird. Bei anderer Betrachtung würde der Schadensersatzanspruch allein Sanktionszwecken dienen, was den zentralen Wertungen des zivilrechtlichen Schadensrechts widerstreben würde.[1009]

Die Ausführungen des BGH hätten allenfalls dann tragfähig sein können, wenn der BGH einen anderen Bezugspunkt für die Vermögensgefährdung herangezogen hätte. Denn während die Gefahr einer Nutzungsbeschränkung bzw. Stilllegung durch das Software-Update sicher gebannt war, soll – jedenfalls nach Ansicht verschiedener Instanzgerichte[1010] – dennoch die Gefahr bestehen, dass das Fahrzeug allein wegen seiner Betroffenheit vom „Diesel-Skandal" bei einem späteren Weiterverkauf einen geringeren Verkaufspreis einbringen könnte. Konkret geht es also um das Risiko eines merkantilen Minderwerts aufgrund einer – auch nach dem Software-Update bestehen bleibender – „Bemakelung".

1006 Nicht überzeugend ist auch der Einwand von *Heese*, JZ 2020, 178 (186), dass der Zeitpunkt der letzten mündlichen Verhandlung auch deswegen nicht unverrückbar sei, weil auch die nach einer mündlichen Verhandlung eintretenden materiell-rechtlichen Änderungen – über die Vollstreckungsgegenklage (§ 767 Abs. 1 ZPO) – zu berücksichtigen seien. Hierbei handelt es sich jedoch um ein allgemeines Risiko, das schlicht darin begründet ist, dass das Gericht nur aufgrund der bekannten, gegenwärtigen Sachlage entscheiden kann. Daraus kann jedoch keine Rechtfertigung folgen, im Zeitpunkt der mündlichen Verhandlung sehenden Auges einen (Risiko-)Schaden zuzusprechen, wo ein Risiko nicht mehr vorhanden ist.

1007 Mot. II, S. 18 = *Mugdan* II, S. 10.

1008 Zutreffend *Riehm*, NJW 2019, 1105 (1106).

1009 *Kehrberger/Roggenkemper*, EWiR 2019, 145 (146); *Riehm*, NJW 2019, 1105 (1111).

1010 LG Ravensburg, Urteil vom 09.01.2018 – 2 O 171/17 = BeckRS 2018, 358; LG Hagen, Urteil vom 16.06.2017 – 8 O 218/16 = BeckRS 2017, 127625; LG Darmstadt, Urteil vom 16.01.2018 – 10 O 571/16 = BeckRS 2018, 45969.

Teilweise wurde ein solcher merkantiler Minderwert oder jedenfalls das „naheliegende Risiko“ eines solchen bejaht.[1011] Die zum Teil pauschal vorgebrachte Behauptung, der Minderwert liege in der „Natur der Sache“ oder sei „allgemein bekannt“, kann jedoch schon deshalb nicht tragfähig sein, weil eine breite Gegenmeinung in der Rechtsprechung dies dezidiert anders sieht.[1012] Der Anspruchsteller ist daher zunächst gehalten, substantiiert Anknüpfungstatsachen vorzubringen, die auf einen auf die ursprüngliche Abschalteinrichtung zurückzuführenden Preisverfall hindeuten. Soweit dies vom Anspruchsgegner bestritten wird, ist die Frage mittels Sachverständigenbeweis zu klären.[1013] Denn solange nicht feststeht, dass der Markt beim streitgegenständlichen Fahrzeugtyp gerade wegen der spezifischen Betroffenheit vom „Diesel-Skandal“ mit Preisabschlägen reagiert, ist auch keine *konkrete Gefahr* nachgewiesen, dass speziell auch beim Kläger ein entsprechender makelbedingter Minderwert verbleiben wird.

Die Entscheidung des VI. Zivilsenats zur Herstellerhaftung im „Diesel-Skandal“ kann damit nicht überzeugen.[1014] Ein Vermögensschaden ergab sich im entschiedenen Fall weder aus der Differenzhypothese noch aus der Rechtsfigur des individuellen Schadenseinschlags[1015] noch aus einer (nachgewiesenen) schadensgleichen Vermögensgefährdung.

1011 LG Ravensburg, Urteil vom 09.01.2018 – 2 O 171/17 = BeckRS 2018, 358; LG Hagen, Urteil vom 16.06.2017 – 8 O 218/16 = BeckRS 2017, 127625; LG Darmstadt, Urteil vom 16.01.2018 – 10 O 571/16 = BeckRS 2018, 45969.

1012 Siehe bspw. OLG Dresden, Urteil vom 01.03.2018 – 10 U 1561/17 = NZV 2018, 269 (271 f.) wonach bereits seit Beginn des Jahres 2017 wegen der Furcht vor Fahrverboten ein spürbarer Preisrückgang für Gebrauchtwagen mit einem Dieselmotor der Euro-5-Norm festzustellen gewesen sei, dieser Preisrückgang jedoch nicht spezifisch die vom „Abgasskandal“ betroffenen Dieselfahrzeuge betreffe, sondern gleichsam auch die Dieselfahrzeuge anderer Fahrzeughersteller; vgl. hierzu auch LG Braunschweig, Urteil vom 17.01.2018 – 3 O 1138/16 = BeckRS 2018, 143; LG Dortmund Urteil vom 12.03.2018 – 7 O 136/17 = BeckRS 2018, 13243: *„Soweit der Kläger in diesem Zusammenhang ergänzend behauptet, dass auch im Falle einer Nachbesserung ein merkantiler Minderwert zu erwarten sei, rechtfertigt auch dies keine abweichende Einschätzung. Diese Behauptung beruht letztlich ebenfalls auf einer reinen Spekulation des Klägers.“*

1013 OLG Dresden, Urteil vom 01.03.2018 – 10 U 1561/17 = NZV 2018, 269 (271 f.); LG Braunschweig, Urteil vom 17.01.2018 – 3 O 1138/16 = BeckRS 2018, 143; LG Dortmund Urteil vom 12.03.2018 – 7 O 136/17 = BeckRS 2018, 13243.

1014 *Ahrens* spricht FS Huber, S. 1 (1) mit gewisser Drastik gar davon, dass der Dieselskandal *„hässliche Spuren in der deutschen Deliktsrechtsprechung“* hinterlassen habe.

1015 Siehe Kap. 7, Ziff. II, Nr. 2 lit. a).

Kapitel 8: Schlussbetrachtung und Zusammenfassung

Grundvoraussetzung eines jeden Schadensersatzanspruchs ist das Vorliegen eines Schadens. Diese Feststellung ist an sich trivial, bedarf jedoch gleichwohl der Hervorhebung, da dem Tatbestandsmerkmal des Schadens bei der Informationshaftung vielfach nicht die notwendige Aufmerksamkeit geschenkt wird. Stattdessen wird oft diskussionslos und vorschnell auf die §§ 249 ff. BGB zurückgegriffen, ohne die notwendige Vorfrage des Schadens überhaupt zu thematisieren. Haftungsbegründung und Haftungsausfüllung sind jedoch streng auseinanderzuhalten.

Ausgehend vom natürlichen Schadensbegriff stellt der illegitime Eingriff in die Dispositionsfreiheit zwar einen immateriellen Schaden dar. Zu trennen sind jedoch das Vorliegen eines Schadens einerseits und dessen Ausgleichsfähigkeit andererseits. Beim Vertragsabschlussschaden bedarf es sorgfältiger und durchdachter Betrachtung, ob dieser auch tatsächlich einer Ausgleichung zugänglich ist.

Aus dieser Überprüfung folgt, dass beim (rein) ungewollten Vertrag eine Vertragsrückabwicklung qua Schadensersatz ausscheiden muss. Denn das Gesetz hält mit den Anfechtungsvorschriften einen eigenen Regelungskomplex vor, der die (bloße) Störung der rechtsgeschäftlichen Willensfreiheit – also den immateriellen Vertragsabschlussschaden – abschließend erfasst. Zudem wären bei einem „Willensschutz durch Schadensersatz" auch die (erheblich) strengeren Anfechtungsvoraussetzungen letztlich in die Obsoleszenz geführt. Damit das Spezialitätsverhältnis des Anfechtungsrechts nicht mehr greifen kann, bedarf es somit eines „weitergehenden" Schadens. Aufgrund der zweispurigen Schadenskonzeption des BGB – aufgeteilt in Nichtvermögensschäden und Vermögensschäden – kann dies dogmatisch zwingend nur ein Vermögensschadenserfordernis bedeuten.

Indessen sprechen auch weitere Argumente für die Unausweichlichkeit eines Vermögensschadens der Informationshaftung: Schaden und Schadenskausalität sind zwei eigenständige tatbestandliche Haftungsvoraussetzungen. Wenn man den (ersatzfähigen) Schaden in der bloßen Beeinträchtigung der Entscheidungsfreiheit sähe, ließe sich dieser nicht mehr zum Merkmal der Kausalität abgrenzen. Das für einen jeden Schadensersatzanspruch zentrale Merkmal des Schadens verlöre seine eigenständige Bedeutung und würde mit dem Kausalitätskriterium „verschleifen". Da die Rechtsprechung bei einer fehlenden oder unzureichenden Information zudem – rechtspraktisch kaum widerlegbar – vermutet, dass die vertragliche Bindung „ungewollt“ ist, würde letztlich jeder (auch noch so periphere) Aufklärungsmangel für die schadensrechtliche Rückabwicklung eines Vertrags ausreichen. Der für das Zivilrecht zentrale Pfeiler der Vertragstreue wäre durch ein faktisches „Reuerecht“ ausgehebelt.

Dogmatische Inkonsistenzen ergäben sich bei einem Verzicht auf einen Vermögensschaden ferner, wenn dem Geschädigten nach Invollzugsetzung des Vertrags bereits materielle Vorteile zugeflossen sind. Bei der schadensrechtlich notwendigen Vorteilsausgleichung wäre dann ein „immaterieller Nachteil“ mit „materiellen Vorteilen“ aufzuwiegen, was dem Postulat der sachlichen Kongruenz von Vor- und Nachteil bei der Vorteilsausgleichung zuwiderliefe.

Weitere Friktionen ergäben sich schließlich bei der Beurteilung von Zwei-Personen-Verhältnissen einerseits und Drei-Personen-Verhältnissen andererseits. Bei Letzteren kann eine Aufhebung des täuschungsbedingt geschlossen Transaktionsvertrags im Wege der Naturalrestitution nach § 249 Abs. 1 BGB regelmäßig nicht erfolgen, da der Täuschende an diesem Vertragsverhältnis nicht beteiligt ist. In diesen Fällen findet stattdessen § 251 Abs. 1 BGB Anwendung, der unstreitig einen Vermögensschaden fordert. Bei Verzicht auf einen Vermögensschaden bei § 249 Abs. 1 BGB ergäben sich damit nicht rechtfertigbare Unterschiede zur Haftungsausfüllung in Mehrpersonenverhältnissen.

Zusammengefasst ist das Schadenserfordernis bei der Informationshaftung damit gleichbedeutend mit einem Vermögensschadenserfordernis.

Der Frage, unter welchen Prämissen ein Vertragsschluss einen Vermögensschaden darstellen kann, wird in der strafrechtlichen Diskussion größere Aufmerksamkeit geschenkt, als dies im Zivilrecht der Fall ist. Hierbei ist weitgehend anerkannt, dass eine rein saldierende Vermögensschadensbetrachtung, die die wirtschaftliche Dispositionsfreiheit des Einzelnen vollständig ignoriert, einen umfassenden Vermögensschutz nicht gewährleisten kann. Ausprägungen von diesem normativen Vermögensschadensverständnis sind der individuelle Schadenseinschlag und der Gefährdungsschaden. In der Zivilrechtsdogmatik erfolgt die Herangehensweise für die Bestimmung eines Vermögensschadens grundsätzlich parallel. Auch hier gilt zwar im Ausgangspunkt das Primat der objektiven Differenzbetrachtung. Doch wie im Strafrecht hat sich auch im Zivilrecht die gleichlautende Erkenntnis durchgesetzt, dass sich nicht alle schadensrechtlichen Problemfelder mit einer wertungsunabhängigen – den subjektiven Dispositionsschutz ausklammernden – Subtraktion lösen lassen. Sowohl beim strafrechtlichen „Eingehungsschaden“ als auch beim zivilrechtlichen „Vertragsabschlussschaden" gilt es den Spagat zwischen einer unzureichenden Objektivierung und einer zu extensiven Subjektivierung des Vermögensschadens zu meistern. In beiden Rechtbereichen werden letztlich die identischen Problemfelder in „unterschiedlichem Gewand" diskutiert.

Für die zivilrechtliche Prüfung, wann bei einem ungewollten Vertrag ein Vermögensschaden vorliegt, lassen sich dogmatische Leitlinien aus der Grundsatzentscheidung des Großen Senats für Zivilsachen beim BGH[1016] zur Kommerzialisierung von Nutzungsvorteilen fruchtbar machen. Spätestens seit dieser Entscheidung ist auch für die Rechtspraxis geklärt, dass der Begriff des Vermögens nicht nur die Interessen des homo oeconomicus, sondern auch die des homo consumptus zu umfassen hat. Der BGH hat jedoch klargestellt, dass dieser funktionale Vermögensschutz nicht schrankenlos gelten kann, sondern zur Vermeidung einer Ausuferung von Schadensersatzansprüchen und zur Abgrenzung der Vermögenssphäre von der Persönlichkeitssphäre einschränkender Kriterien bedarf.

Es liegt nahe, zur Lösung der zivilrechtlichen Problematik des „Vertragsabschlussschadens" auf die fein austarierten Grundsätze des individuellen Schadenseinschlags und des Gefährdungsschadens zurückzugreifen. Denn beide Fallgruppen gewähren zwar einen subjektiven Dispositionsschutz, schränken diesen jedoch wiederum durch bestimmte objektive Kriterien ein. Beim individuellen Schadenseinschlag liegt das objektive Korrektiv darin, dass es für die Vermögensschadensbestimmung nicht die Sichtweise des Getäuschten, sondern auf die „Auffassung eines sachlichen Beurteilers" anzukommen hat. Das Korrektiv beim Gefährdungsschaden ergibt sich daraus, dass nicht jeder unerwünschte – weil mit Risiken behaftete – Vertrag für einen Vermögensschaden ausreichend ist, sondern dieses Risiko bereits (objektiv) handgreiflich bzw. hinreichend konkret sein muss.

Die Fallgruppen des individuellen Schadenseinschlags und des Gefährdungsschadens fügen sich damit mit ihrer Konzeption in das Vermögensschadensverständnis des Großen Senats für Zivilsachen ein. Die Transformation der beiden Fallgruppen in die zivilrechtliche Informationshaftung begegnet bei richtiger Anwendung auch keinen dogmatischen Bedenken. Weder wird damit das schadensrechtliche Ausgleichsprinzip missachtet noch werden Strafzwecke in das Privatrecht verlagert.

Mit seiner Leitentscheidung vom 26.09.1997[1017] hat der BGH den individuellen Schadenseinschlag daher richtigerweise auch für die zivilrechtliche Schadensersatzhaftung anerkannt. Stets zu beachten ist bei Anwendung

1016 BGH, Beschluss vom 09.07.1986 – GSZ 1/86 = NJW 1987, 50.

1017 BGH, Urteil vom 26.09.1997 – V ZR 29/96 = NJW 1998, 302 (304).

des individuellen Schadenseinschlags, dass damit keine zügellose Subjektivierung des Vermögensschadens verbunden ist. Tendenzen, wie sie sich insbesondere im Kapitalanlagerecht oder speziell bei § 826 BGB finden, einen jeden ungewollten Vertragsschluss eo ipso als Vermögensschaden zu begreifen, sind abzulehnen. Stattdessen bedarf es einer konkret feststellbaren „Unbrauchbarkeit“ der Vertragsleistung, die sich in einem wirtschaftlichen Nachteil niederschlagen muss. Die Praxis neigt vielfach dazu, dieses restringierende Merkmal zu wenig zu beachten und voreilig zu bejahen.

Wie beim strafrechtlichen Eingehungsschaden können auch innerhalb der zivilrechtlichen Informationshaftung Vermögensgefährdungen in bestimmten Fällen einem Vermögensschaden gleichgestellt werden. Die aus dem Strafrecht bekannten Kriterien der „Konkretheit“ des Risikos oder der nicht mehr vorhandenen „Vermeidemacht“ eines endgültigen Vermögensverlusts können je nach Einzelfall eine sachgerechte Abgrenzung zwischen dem reinen „Dispositionsschaden“ und dem „Vermögensdispositionsschaden“ ermöglichen. Zu beachten ist beim Gefährdungsschaden stets, dass jedenfalls dann kein Platz mehr für die Gewährung von Schadensersatz ist, wenn sicher feststeht, dass sich ein Risiko nicht mehr wird realisieren können. Denn eine gegenteilige Praxis – wie sie zuletzt bei der Grundsatzentscheidung des BGH zur Herstellerhaftung im „Diesel-Skandal“ zutage getreten ist[1018] – würde tatsächlich das schadensrechtliche Ausgleichprinzip konterkarieren und sachfremde Sanktionszwecke in das Schadensrecht implementieren.

1018 BGH, Urteil vom 25.05.2020 – VI ZR 252/19 = NJW 2020, 1962 (1967 ff.).

Literaturverzeichnis

Ahrens, Hans-Jürgen, Erstes Dieselskandal-Urteil des BGH – Schadensersatz als Privatstrafe für sittenwidriges Handeln? – zugleich Anmerkung zum Urteil des BGH v. 25.5.2020 – VI ZR 252/19, VersR 2020, S. 933 ff.

ders., Gefahr der Sachentziehung – ein deliktischer Schaden? – Seltsame Blüten der Rechtsprechung zum Dieselskandal, in: Deutsches, Österreichisches und internationales Schadensersatzrecht – Festschrift für Christian Huber, München 2020 (zit. *Ahrens,* FS Huber).

Armbrüster, Christian, Herstellerhaftung für abgasmanipulierte Fahrzeuge – zugleich Besprechung von OLG Braunschweig v. 19.2.2019 – 7 U 134/17, ZIP 2019, S. 837 ff.

Arnold, Stefan, Schuldrecht BT: Kein Schadensersatzanspruch bei Gebrauchtwagenkauf nach Aufdeckung des Dieselskandals, JuS 2020, S. 1076 ff.

ders., Die arglistige Täuschung im BGB, JuS 2013, S. 865 ff.

Assmann, Heinz-Dieter/Schütze, Rolf/Buck-Heeb, Petra (Hrsg.), Handbuch des Kapitalanlagerechts, 5. Auflage, München 2020 (zit. Assmann/Schütze/Buck-Heeb/*Bearbeiter,* KapAnlR-HdB).

Ballerstedt, Kurt, Zur Haftung für culpa in contrahendo bei Geschäftsabschluß durch Stellvertreter, AcP 151 (1950/1951), S. 501 ff.

Barczak, Tristan, Rechtsbegriffe – Elementarteilchen juristischer Methodik und Dogmatik, JuS 2020, S. 905 ff.

Barnert, Thomas, Mängelhaftung beim Unternehmenskauf zwischen Sachgewährleistung und Verschulden bei Vertragsschluss im neuen Schuldrecht, WM 2003, S. 416 ff.

ders., Deliktischer Schadensersatz bei Kursmanipulation de lege lata und de lege ferenda – Zugleich eine Besprechung zu den Urteilen LG Augsburg vom 24.9.2001 = WM 2001, 1944 und LG Augsburg vom 9.1.2002 = WM 2002, 592, WM 2002, S. 1473 ff.

ders., Die formelle Vertragsethik des BGB im Spannungsverhältnis zum Sonderprivatrecht und zur judikativen Kompensation der Vertragsdisparität – zugleich ein Befund judikativer Entwicklungsphasen materieller Vertragsethik im Interzessionsrecht, Heidelberg 1999 (zit. *Barnert,* Vertragsethik).

Baumbach, Adolf (Begr.)/Hopt, Klaus/Kumpan, Christoph u.a., Handelsgesetzbuch, 40. Auflage, München 2021 (zit. Baumbach/Hopt/*Bearbeiter*).

Becker, Christian, Gefährdungsschaden und betriebswirtschaftliche Vermögensbewertung – Eine Kritik der objektiv-wirtschaftlichen Schadenslehre, Tübingen 2019.

ders., Urteilsanmerkung zu BGH, Beschluss vom 20.09.2016 – 2 StR 497/15, NStZ 2017, S. 31 f.

ders., Paradigmenwechsel in der Schadensdogmatik oder "Viel Lärm um nichts"? – Zur aktuellen Kontroverse um die sog. "schadensgleiche Vermögensgefährdung", HRRS 2009, S. 334 ff.

Becker, Christian/Rönnau, Thomas, Grundwissen – Strafrecht: Der Gefährdungsschaden bei Betrug (§ 263 StGB) und Untreue (§ 266 StGB) – Teil 1, JuS 2017, S. 499 ff.

dies., Grundwissen – Strafrecht: Der objektiv-individuelle Schadensbegriff beim Betrug (§ 263 StGB) – Teil 2, JuS 2017, S. 975 ff.

Benecke, Martina/Pils, Michael Johannes, Der Ersatz des Nutzungsinteresses – Nutzungsersatz für eigenwirtschaftlich genutzte Gegenstände als Schwäche der Differenzmethode, JA 2007, S. 241 ff.

Binding, Karl, Lehrbuch des Gemeinen Deutschen Strafrechts Besonderer Teil, 1. Band, 2. Auflage, Leipzig 1902 (zit. *Binding*, BT).

Bockelmann, Paul, Zum Begriff des Vermögensschadens beim Betrug, JZ 1952, S. 461 ff.

Bork, Reinhard, Allgemeiner Teil des Bürgerlichen Gesetzbuchs, 4. Auflage, Tübingen 2016.

Bosch, Nikolaus, Entscheidungsbesprechung von BGH, Beschluss vom 26.01.2006 – 5 StR 334/05, JA 2006, S. 492 ff.

Brand Christian/Hotz, Dominik, Der „VW-Skandal“ unter wirtschaftsstrafrechtlichen Vorzeichen, NZG 2017, 976 ff.

Brand, Oliver, Schadensersatzrecht, 3. Auflage, München 2021.

Brox, Hans (Begr.)/Walker, Wolf-Dietrich, Allgemeiner Teil des BGB, 44. Auflage, München 2020 (zit. *Brox/Walker*, BGB AT).

dies., Allgemeines Schuldrecht, 45. Auflage, München 2021 (zit. *Brox/Walker*, SchuldR AT).

dies., Besonderes Schuldrecht, 45. Auflage, München 2021 (zit. *Brox/Walker*, SchuldR BT).

Brüning, Janine, Entscheidungsbesprechung – BGH, Beschl. v. 12.6.2018 – 3 StR 171/17, ZJS 2019, S. 143 ff.

dies., Zur Frage der Schadensbestimmung beim Betrug im Falle eines Risikogeschäfts, ZJS 2009, S. 300 ff.

Bruns, Jan, Aktuelles zur Haftung wegen vorsätzlicher sittenwidriger Schädigung im Diesel-Skandal, NJW 2019, S. 2211 ff.

Buck-Heeb, Petra, Der Anlageberatungsvertrag – Die Doppelrolle der Bank zwischen Fremd- und Eigeninteresse, WM 2012, S. 625 ff.

Buck-Heeb, Petra/Dieckmann, Andreas, Haftung bei Prospektverwendung – Zum Verhältnis von Prospekthaftung und Anlageberater-/Anlagevermittlerhaftung, BKR 2020, S. 425 ff.

Burghardt, Boris/Bröckers, Boris, Bezahlung von Schwarzarbeit und Untreuestrafbarkeit – Zugleich Überlegungen zu den Grenzen eines normativierten Vermögensbegriffs, NJW 2015, S. 903 ff.

Canaris, Claus-Wilhelm, Die Reform des Rechts der Leistungsstörungen, JZ 2001, S. 499 ff.

ders., Wandlungen des Schuldvertragsrechts – Tendenzen zu seiner „Materialisierung", AcP 200 (2000), S. 273 ff.

ders., Die Vertrauenshaftung im deutschen Privatrecht, München 1971 (zit. *Canaris*, Vertrauenshaftung).

Ceffinato, Tobias, Besiegeltes Schicksal oder Renaissance der personalen Schadenslehre?, NZWiSt 2015, S. 90 ff.

Dannecker, Gerhard, Die strafrechtsautonome Bestimmung der Untreue als Schutzgesetz i.R.d. § 823 II BGB – Kommentar zu OLG Dresden, NZG 2000, S. 259 -, NZG 2000, S. 243 ff.

Dauner-Lieb, Barbara/Langen, Werner (Hrsg.), Bürgerliches Gesetzbuch: BGB, Band 2: Schuldrecht, 4. Auflage, Baden-Baden 2021 (zit. NK-BGB/*Bearbeiter*).

Denga, Nikolaus, Die Zivilrechtsakzessorietät von Vermögensdelikten, JA 2018, S. 833 ff.

Diederichsen, Angela, Neues Schadensersatzrecht: Fragen der Bemessung des Schmerzensgeldes und seiner prozessualen Durchsetzung, VersR 2005, S. 433 ff.

Dreier, Horst (Hrsg.), Grundgesetz – Kommentar, Band 3: Artikel 83–146, 3. Auflage, Tübingen 2018 (zit. Dreier/*Bearbeiter*, GG).

Drescher, Ingo/Fleischer, Holger/Schmidt Karsten (Hrsg.), Münchener Kommentar zum Handelsgesetzbuch, Band VI, Bankvertragsrecht, 4. Auflage, München 2019 (zit. MüKoHGB/*Bearbeiter*).

Eckert, Jörn, Der Begriff Freiheit im Recht der unerlaubten Handlungen, JuS 1994, S. 625 ff.

Ebert, Ina, Pönale Elemente im deutschen Privatrecht – Von der Renaissance der Privatstrafe im deutschen Recht, Tübingen 2004.

Einsiedler, Mark, Schadensersatzanspruch bei nichtverwirklichtem Risiko? – Eine Problemstellung aus dem Bereich der Kapitalanlageberatung, NJ 2015, S. 51 ff.

Eisele, Jörg/Bechtel, Alexander, Der Schadensbegriff bei den Vermögensdelikten, JuS 2018, S. 97 ff.

Elzer, Oliver, Urteilsanmerkung zu BGH, Urteil vom 06.07.2021 – VI ZR 40/20, FD-ZVR 2021, 441830.

Engelhardt, Florian, Vertragsabschlussschaden oder Differenzschaden bei der Haftung des Emittenten für fehlerhafte Kapitalmarktinformationen, BKR 2006, S. 443 ff.

Epping Volker/Hillgruber, Christian (Hrsg.), Beck`scher Online-Kommentar Grundgesetz, 47. Edition, München 2021 (zit. BeckOK GG/*Bearbeiter*).

Erman, Walter/Westermann, Harm Peter/Maier-Reimer, Georg (Hrsg.), BGB, 16. Auflage, Köln 2020 (zit. Erman/*Bearbeiter*, BGB).

Eser, Albin, Strafrecht IV Schwerpunkt Vermögensdelikte, 4. Auflage, München 1983 (zit. *Eser*, StrafR IV).

Esser, Robert/Rübenstahl, Markus/Saliger, Frank u.a. (Hrsg.), Wirtschaftsstrafrecht – Kommentar mit Steuerstrafrecht und Verfahrensrecht, Köln 2017 (zit. ERST-WirtschaftsstrR/*Bearbeiter*).

Ewers, Antonius, Die neueste BGH-Rechtsprechung zur Verkäuferhaftung für unrichtige Angaben über finanzielle Belastungen beim Immobilienerwerb, DStR 1999, S. 421 ff.

Fehling, Michael/Faust Florian/Rönnau, Thomas, Durchblick: Grund und Grenzen des Eigentums- und Vermögensschutzes, JuS 2006, S. 18 ff.

Fervers, Matthias/Gsell, Beate, Vorteilsausgleich und Nutzungsvorteil bei manipulierten Dieselfahrzeugen, NJW 2020, S. 1393 ff.

Fischer, Detlev, Die neue Rechtsprechung des Bundesgerichtshofs zur zivilrechtlichen Haftung der Rechtsanwälte und steuerlichen Berater, WM 2019 Heft 14 Sonderbeilage 1, S. 3 ff.

Fischer, Thomas, Strafgesetzbuch – Kommentar, 68. Auflage, München 2021.

Fischer, Thomas/Hoven, Elisa/Huber, Hans-Peter u.a. (Hrsg.), Dogmatik und Praxis des strafrechtlichen Vermögensschadens, Baden-Baden 2015 (zit. *Autor,* in: Dogmatik und Praxis des strafrechtlichen Vermögensschadens).

Fleischer, Holger, Konkurrenzprobleme um die culpa in contrahendo – Fahrlässige Irreführung versus arglistige Täuschung – zugleich eine Besprechung von BGH, Urteil vom 26.9.1997 – V ZR 29/96, NJW 1998, 302, AcP 200 (2000), S. 91 ff.

Förster, Christian, Schadensrecht – Systematik und neueste Rechtsprechung, JA 2015, S. 801 ff.

Francuski, Ramona, Zivilrechtsakzessorische Tatbestände in der strafrechtlichen Fallbearbeitung, JuS 2014, S. 886 ff.

Fuchs, Andreas/Dühn, Matthias, Deliktische Schadensersatzhaftung für falsche Ad-hoc-Mitteilungen – Zugleich Besprechung des Urteils des OLG München, BKR 2002, 1096, BKR 2002, S. 1063 ff.

Fuchs, Maximilian/Pauker, Werner/Baumgärtner, Alex, Delikts- und Schadensersatzrecht, 9. Auflage, Berlin 2017.

Funck, Michael, Täuschungsbedingter Betrugsschaden – bei Abschluss eines in Manipulations- oder Täuschungsabsicht abgeschlossenen Vertrags mit bedingtem Leistungsanspruch, Baden-Baden 2018 (zit. *Funck,* Täuschungsbedingter Betrugsschaden).

Geerds, Detlev, Schadensprobleme beim Betrug, Jura 1994, S. 309 ff.

Geibel, Stefan, Der Kapitalanlegerschaden, Tübingen 2002 (zit. *Geibel,* Kapitalanlegerschaden).

Gierke, Otto von, Der Entwurf eines bürgerlichen Gesetzbuchs und das deutsche Recht, Berlin 1889.

Grigoleit, Hans Christoph, Der Haftungsausfüllungstatbestand in „Dieselklagen", ZIP 2021, S. 1993 ff.

ders., Neuere Tendenzen zur schadensrechtlichen Vertragsaufhebung, NJW 1999, S. 900 ff.

ders., Vorvertragliche Informationshaftung – Vorsatzdogma, Rechtsfolgen, Schranken, München 1997.

Grunewald, Barbara, Die Loslösung vom nicht erwartungsgerechten Vertrag, in: Festschrift für Herbert Wiedemann zum 70. Geburtstag, S. 75 ff., München 2002 (zit. *Grunewald,* FS Wiedemann).

Gsell, Beate/Krüger Wolfgang/Lorenz, Stephan u.a. (Hrsg.), Beck'scher Online-Großkommentar zum Zivilrecht, Stand: 01.08.2021, München 2021 (zit. BeckOGK/*Bearbeiter*).

Gsell, Beate, Grenzen der deliktsrechtlichen Haftung der Herstellerin in den VW-Diesel-Fällen, JZ 2020, S. 1142 ff.

Gutmann, Alexander, Der Vermögensschaden beim Betrug im Licht der neueren höchstrichterlichen Rechtsprechung (I), MDR 1963, S. 3 ff.

Habersack, Mathias, Vertragsfreiheit und Drittinteressen – eine Untersuchung zu den Schranken der Privatautonomie unter besonderer Berücksichtigung der Fälle typischerweise gestörter Vertragsparität, Berlin 1992.

Hagen, Horst, Funktionale und dogmatische Zusammenhänge zwischen Schadens- und Bereicherungsrecht, in: Festschrift für Karl Larenz zum 70. Geburtstag, München 1973, S. 867 ff. (zit. *Hagen,* FS Larenz).

Hager, Johannes, Grundrechte im Privatrecht, JZ 1994, S. 373 ff.

Hahn, Anna, Umfang und Inhalt der vorvertraglichen Aufklärungspflicht des Franchisegebers – Eine rechtsvergleichende Untersuchung des deutschen, englischen und französischen Rechts, Baden-Baden 2019 (zit. *Hahn*, Aufklärungspflicht).

Harke, Jan Dirk, Herstellerhaftung im Abgasskandal, VuR 2017, S. 83 ff.

Hau, Wolfgang/Poseck, Roman (Hrsg.), Beck'scher Online-Kommentar BGB, 59. Edition, München, 2021 (zit. BeckOK BGB/*Bearbeiter*).

dies., Beck'scher Online-Kommentar BGB, 39. Edition, München, 2011 (zit. BeckOK BGB/*Bearbeiter,* 39. Edition).

Häublein, Martin, Der Beschaffenheitsbegriff und seine Bedeutung für das Verhältnis der Haftung aus culpa in contrahendo zum Kaufrecht, NJW 2003, S. 388 ff.

Hauck, Pierre, Betrug und Untreue als konkrete Gefährdungsdelikte de lege lata und de lege ferenda, ZIS 2011, S. 919 ff.

Haug, Richard, Naturalrestitution und Vermögenskompensation (Teil 1) – Der Stand der Rechtsprechung im Hinblick auf die geplante Gesetzesänderung, VersR 2000, S. 1329 ff.

Hecker, Bernd, Strafrecht BT: Spendenbetrug, JuS 2014, S. 561 ff.

Heese, Michael, Sachaufklärung im Dieselskandal – Probleme und Abhilfen, NJW 2021, S. 887 ff.

ders., Wiederaufnahme: Herstellerhaftung für manipulierte Diesel-Kraftfahrzeuge – Ein Streifzug durch die Rechtsprechung der Oberlandesgerichte, JZ 2020, S. 178 ff.

ders., Was der Dieselskandal über die Rechtsdurchsetzung, deren Protagonisten und die Funktion des Privatrechts verrät, NZV 2019, S. 273 ff.

ders., Herstellerhaftung für manipulierte Diesel-Kraftfahrzeuge, NJW 2019, S. 257 ff.

ders., Beratungspflichten, Tübingen 2015.

Heier, Norbert, Zur Existenz eines einheitlichen Schadensbegriffs im Sinne der Differenzhypothese unter besonderer Berücksichtigung des Dispositionsinteresses, Hamburg 2001 (zit. *Heier,* Schadensbegriff).

Heintschel-Heinegg, Bernd von (Hrsg.), Beck'scher Online-Kommentar StGB, 50. Edition, München, 2021 (zit. BeckOK StGB/*Bearbeiter*).

Henrich, Dieter, Die unbewußte Irreführung, AcP 162 (1962), S. 88 ff.

Herberger Maximilian/Martinek Michael/Rüßmann, Helmut u.a. (Hrsg.), juris-Praxiskommentar BGB – Band 2 – Schuldrecht, 9. Auflage, Saarbrücken 2020 (zit. *Bearbeiter*, in: jurisPK-BGB).

Heßeler, Benjamin/Kleinhenz, Holger Michael, Der kaufrechtliche Anspruch auf Schadensersatz für Weiterfresserschäden, JuS 2007, S. 706 ff.

Heusel, Matthias, Die Haftung für fehlerhafte Anlageberatung, JuS 2013, S. 109 ff.

Hirsch, Christoph, Schuldrecht Allgemeiner Teil, Baden-Baden 2018 (zit. *Hirsch,* SchuldR, AT).

ders., Schadensersatz statt oder neben der Leistung – Aktuelle Fragen der Abgrenzung, JuS 2014, S. 97 ff.

Hoffmann-Holland, Klaus (Hrsg.), Strafrecht Besonderer Teil, Tübingen 2015 (zit. Hoffmann-Holland/*Bearbeiter,* StrafR BT).

Honsell, Heinrich, Römisches Recht, 8. Auflage, Berlin 2015.

ders., Herkunft und Kritik des Interessebegriffs im Schadensersatzrecht, JuS 1973, S. 69 ff.

Honsell, Heinrich/Harrer, Friedrich, Schaden und Schadensberechnung, JuS 1991, S. 441 ff.

Horn, Norbert, Ein Jahrhundert Bürgerliches Gesetzbuch, NJW 2000, S. 40 ff.

ders., Culpa in contrahendo, JuS 1995, S. 377 ff.

Ihering, Rudolf von, Das Schuldmoment im römischen Privatrecht – eine Festschrift von Dr. Rudolf Ihering, Gießen 1867.

ders., Culpa in contrahendo oder Schadensersatz bei nichtigen oder nicht zur Perfection gelangten Verträgen in: Jahrbücher für die Dogmatik des heutigen römischen und deutschen Privatrechts, Band 4, 1861, S. 1 ff.

Imping, Andreas, Urteilsanmerkung zu BGH, Urteil vom 26.09.1997 – V ZR 29/96, MDR 1998, S. 27 f.

Isfen, Osman, Mehr Schein als Sein – die VW-Abgasaffäre aus strafrechtlicher Sicht, JA 2016, S. 1 ff.

Jacoby Florian/Von Hinden, Michael, Studienkommentar BGB, 17. Auflage, München 2020 (zit. *Jacoby/von Hinden*, BGB).

Jaensch, Michael, Schadensersatz wegen vorsätzlicher sittenwidriger Schädigung mit Vorteilsausgleichung im VW-Abgasskandal, jM 2020, S. 322 ff.

Jäger, Alexander, Nutzungsausfall für alle – zum Ausfallschaden gewerblich genutzter Kraftfahrzeuge, VersR 2020, S. 257 ff.

Jäger, Christian, Examens-Repetitorium Strafrecht Besonderer Teil, 9. Auflage, Heidelberg 2021 (zit. *Jäger,* StrafR BT).

ders., Der untreue Notar, JA 2014, S. 875 ff.

Jakobs, Günther, Die objektiv-individuelle Schadensermittlung beim Betrug, JuS 1977, S. 228 ff.

Jauernig, Othmar (Begr.), Bürgerliches Gesetzbuch, 18. Auflage, München 2021 (zit. Jauernig/*Bearbeiter*).

Joecks, Wolfgang/Miebach, Klaus (Hrsg.), Münchener Kommentar zum StGB, 5. Band, 3. Auflage, München 2019 (zit. MüKoStGB/*Bearbeiter*).

Jörs, Paul/Kunkel Wolfgang u.a., Römisches Recht, 4. Auflage, Berlin 1987.

Kaiser, Dagmar, Die Rückabwicklung gegenseitiger Verträge wegen Nicht- und Schlechterfüllung nach BGB, Tübingen 2000 (zit. *Kaiser*, Rückabwicklung).

Kargl, Walter, Der strafrechtliche Vermögensbegriff als Problem der Rechtseinheit, JA 2001, S. 714 ff.

Kehrberger, Roman/Roggenkemper, Daniel, Kaufpreisrückerstattung durch Hersteller eines Pkw mit Abgasmanipulationssoftware wegen sittenwidriger Schädigung des Käufers – Urteilsanmerkung zu LG Augsburg v. 14.11.2018 21 O 4310/16, EWiR 2019, S. 145 f.

Keilmann, Annette, Oft unterschätzt: Allgemeines Schadensrecht, JA 2005, S. 700 ff.

Kersting, Christian, Die Rechtsfolge vorvertraglicher Informationspflichtverletzungen – Vertragsaufhebungsanspruch oder Minderung aus cic?, JZ 2008, S. 714 ff.

Keuk, Brigitte, Vermögensschaden und Interesse, Bonn 1972.

Kindhäuser, Urs, Abhandlungen zum Vermögensstrafrecht, Baden-Baden 2018 (zit. *Kindhäuser,* Vermögensstrafrecht).

Kindhäuser, Urs/Böse, Martin, Strafrecht Besonderer Teil II – Straftaten gegen Vermögensrechte, 11. Auflage, Baden-Baden 2021.

Kindhäuser, Urs/Hilgendorf, Eric, Strafgesetzbuch – Lehr- und Praxiskommentar, 8. Auflage, Baden-Baden 2020 (zit. *Kindhäuser/Hilgendorf,* LPK-StGB).

Kindhäuser, Urs/Neumann, Ulfried/Paeffgen, Hans-Ullrich, Strafgesetzbuch, 5. Auflage, Baden-Baden 2017 (zit. NK-StGB/*Bearbeiter).*

Kindhäuser, Urs/Nikolaus, Sonja, Der Tatbestand des Betrugs (§ 263 StGB), Teil 1, JuS 2006, S. 193 ff.

dies., Der Tatbestand des Betrugs (§ 263 StGB), Teil 2, JuS 2006, S. 293 ff.

Knobbe-Keuk, Brigitte, Möglichkeiten und Grenzen abstrakter Schadensberechnung, VersR 1976, S. 401 ff.

Koch, Jens, § 311 Abs. 3 BGB als Grundlage einer vertrauensrechtlichen Auskunftshaftung, AcP 204 (2004), S. 59 ff.

Köhler, Helmut, BGB Allgemeiner Teil, 45. Auflage, München 2021 (zit. *Köhler,* BGB AT).

Kohler, Josef/Ring, Viktor/Oertmann, Paul (Hrsg.), Archiv für Bürgerliches Recht, Band 12, Berlin 1897 (zit. *Autor,* in: Archiv für Bürgerliches Recht, Band 12).

Kräft, David, Urteilsanmerkung zu BGH, Urteil vom 08.11.2018 – III ZR 628/16, NJW 2019, S. 358 f.

Krüger, Ulrich, Aufklärung und Beratung bei Kapitalanlagen – Nebenpflicht statt Beratungsvertrag, NJW 2013, S. 1845 ff.

Krüger, Wolfgang, Vertragsrückabwicklung im Wege des Schadensersatzes, in: Recht und Risiko – Festschrift für Hellmut Kollhosser zum 70. Geburtstag, Band II Zivilrecht, Karlsruhe 2004, S. 329 ff. (zit. *Krüger,* FS Kollhosser).

Kudlich, Hans, Strafrecht Allgemeiner Teil, 6. Auflage, München 2021 (zit. *Kudlich,* StrafR AT).

Lackner, Karl/Kühl, Kristian/Heger, Martin u.a., Strafgesetzbuch – Kommentar, 29. Auflage, München 2018 (zit. Lackner/Kühl/ *Bearbeiter,* StGB).

Landau, Herbert, Die jüngere Rechtsprechung des Bundesverfassungsgerichts zu Strafrecht und Strafverfahrensrecht, NStZ 2015, S. 665 ff.

Lange, Herrmann/Schiemann Gottfried, Schadensersatz, 3. Auflage, Tübingen 2003.

Larenz, Karl, Lehrbuch des Schuldrechts Band I: Allgemeiner Teil, 14. Auflage München, 1987 (zit. *Larenz,* SchuldR AT).

Larenz, Karl/Canaris, Claus-Wilhelm, Lehrbuch des Schuldrechts, Band 2, Halbband 2, Besonderer Teil, 13. Auflage, München 1994.

Laufhütte, Wilhelm/Rissing-van Saan, Ruth Tiedemann Klaus u.a. (Hrsg.), Leipziger Kommentar Strafgesetzbuch, Band 9/1: §§ 263 bis 266b, 12. Auflage, Berlin 2012 (zit. LK-StGB/*Bearbeiter*).

Legner, Sarah, Deliktische Schadensersatzansprüche gegen den Fahrzeughersteller im VW-Abgasskandal, VuR 2018, S. 251 ff.

Lehmann, Michael, Vertragsanbahnung durch Werbung, München 1981.

Lempp, Volker, Abgasskandal – Keine Herstellerhaftung – Urteilsbesprechung von LG Braunschweig, Urteil vom 29.12.2016 – 1 O 2084/15 (249), NZV 2017, S. 189.

Leipold, Dieter, BGB I: Einführung und Allgemeiner Teil, 10. Auflage, Tübingen 2019 (zit. *Leipold,* BGB AT).

Leitmeier, Lorenz, Neubewertung des „Lebens als Schaden"?, NJW 2020, S. 2844 ff.

Lieb, Manfred, Culpa in contrahendo und rechtsgeschäftliche Entscheidungsfreiheit, in: Festschrift für Dieter Medicus zum 70. Geburtstag, S. 337 ff., Köln 1999 (zit. *Lieb,* FS Medicus).

ders., Vertragsaufhebung oder Geldersatz? – Überlegungen über die Rechtsfolgen von culpa in contrahendo in: Festschrift der Rechtswissenschaftlichen Fakultät zur 600-Jahr-Feier der Universität Köln, S. 251 ff., Köln 1988.

ders., Wegfall der Arbeitskraft und normativer Schadensbegriff, JZ 1971, S. 358 ff.

Lipp, Martin, Eigene Mühewaltung bei außergerichtlicher Rechtsverfolgung – ersatzfähige Einbuße oder Nachteil im eigenverantwortlichen Pflichtenkreis des Betroffenen? NJW 1992, S. 1913 ff.

Looschelders, Dirk, Schuldrecht Allgemeiner Teil, 19. Auflage, München 2021 (zit. *Looschelders,* SchuldR AT).

ders., Schuldrecht Besonderer Teil, 16. Auflage, München 2021 (zit. *Looschelders,* SchuldR BT).

Looschelders, Dirk/Makowsky, Mark, Relativität der Schuldverhältnisse und Rechtsstellung Dritter, JA 2012, S. 721 ff.

Lorenz, Stephan, Roma locuta, causa finita – Die „Dieselskandal"-Entscheidung des BGH, NJW 2020, S. 1924 ff.

ders., Grundwissen – Zivilrecht: Haftung aus § 826 BGB, JuS 2020, S. 493 ff.

ders., Grundwissen – Zivilrecht: Deliktsrecht – Haftung aus § 823 II BGB, JuS 2020, S. 12 ff.

ders., Grundwissen – Zivilrecht: Culpa in contrahendo (§ 311 II, III BGB), JuS 2015, S. 398 ff.

ders., Grundwissen – Zivilrecht: Schadensarten bei der Pflichtverletzung (§ 280 II, III BGB), JuS 2008, S. 203 ff.

ders., Rücktritt, Minderung und Schadensersatz wegen Sachmängeln im neuen Kaufrecht – Was hat der Verkäufer zu vertreten?, NJW 2002, S. 2497 ff.

ders., Vertragsaufhebung wegen culpa in contrahendo: Schutz der Entscheidungsfreiheit oder des Vermögens?, ZIP 1998, S. 1053 ff.

ders., Vertrauensschaden des Wohnungskäufers bei Verschweigen der Sozialbindung und falschen Finanzierbarkeitsangaben – Was schützt die culpa in contrahendo?, NZM 1998, S. 359 ff.

ders., Der Schutz vor dem unerwünschten Vertrag – eine Untersuchung von Möglichkeiten und Grenzen der Abschlußkontrolle im geltenden Recht, München 1997 (zit. *Lorenz,* Der Schutz vor dem unerwünschten Vertrag).

Lutter, Marcus, Zivilrechtlich korrekt und doch strafbar? Das kann nicht sein, NZG 2010, S. 601 ff.

Magnus, Ulrich, Schaden und Ersatz – Eine rechtsvergleichende Untersuchung zur Ersatzfähigkeit von Einbußen, Tübingen 1987.

Mankowski, Peter, Beseitigungsrechte – Anfechtung, Widerruf und verwandte Institute, Tübingen 2003.

Mansdörfer, Marco, Die Vermögensgefährdung als Nachteil im Sinne des Untreuetatbestandes, JuS 2009, S. 114 ff.

Martens, Sebastian, Schadensersatz für entgangene Theaterfreuden?, AcP 209 (2009), S. 445 ff.

Maurach, Reinhart (Begr.)/Schroeder, Friedrich-Christian/Maiwald, Manfred u.a., Strafrecht, Besonderer Teil /Teilband 1: Straftaten gegen Persönlichkeits- und Vermögenswerte, 11. Auflage, Baden-Baden 2019.

Medicus, Dieter, Allgemeiner Teil des BGB, 10. Auflage, Heidelberg 2010 (zit. *Medicus,* BGB AT, 10. Auflage).

ders., Das Luxusargument im Schadensersatzrecht, NJW 1989, S. 1889 ff.

ders., Verschulden bei Vertragsverhandlungen – Empfiehlt sich eine Normierung der Lehre vom Verschulden bei Vertragsverhandlungen und eine Neuregelung vorvertraglicher Rechte und Pflichten im BGB? Können Widerrufsrechte und ähnliche sondergesetzliche Regelungen zum Schutz vor nachteiligen Vertragsbindungen im BGB geregelt werden?, Gutachten und Vorschläge zur Überarbeitung des Schuldrechts, Band I, Köln 1981, S. 479 ff. (zit. *Medicus*, Gutachten und Vorschläge zur Überarbeitung des Schuldrechts).

ders., Normativer Schaden, JuS 1979, S. 233 ff.

ders., Grenzen der Haftung für culpa in contrahendo, JuS 1965, S. 209 ff.

Medicus, Dieter (Begr.)/Petersen, Jens, Bürgerliches Recht, 27. Auflage, München 2019 (zit. *Medicus/Petersen*, BürgerlR).

Merkel, Adolf, Kriminalistische Abhandlungen: Zur Lehre von den Grundeintheilungen des Unrechts und seiner Rechtsfolgen. Die Lehre vom strafbaren Betruge, Leipzig 1867 (zit. *Merkel,* Kriminalistische Abhandlungen).

Mertens, Bernd, Culpa in contrahendo beim zustande gekommenen Kaufvertrag nach der Schuldrechtsreform, AcP 203 (2003), S. 818 ff.

Mertens, Hans-Joachim, Der Begriff des Vermögensschadens im Bürgerlichen Recht, Stuttgart 1967 (zit. *Mertens*, Vermögensschaden).

Milanin, Georg, Die informationelle Fahrlässigkeitshaftung in England und in Deutschland, Baden-Baden 2017 (zit. *Milanin,* Informelle Fahrlässigkeitshaftung).

Möller, Cosima, Aktuelle Entwicklungen beim Schutz von Verbrauchern im Kreditrecht, insbesondere zu Sorgfaltspflichten vor Vertragsschluss, VuR 2017, S. 283 ff.

Möllers, Thomas, Die unterlassene Ad-hoc-Mitteilung als sittenwidrige Schädigung gem. § 826 BGB, WM 2003, S. 2393 ff.

Möllers, Thomas/Leisch, Franz Clemens, Haftung von Vorständen gegenüber Anlegern wegen fehlerhafter Ad-hoc-Meldungen nach § 826 BGB, WM 2001, S. 1648 ff.

Mommsen, Friedrich, Beiträge zum Obligationenrecht – Zur Lehre von dem Interesse, Braunschweig 1855 (zit. *Mommsen*, Lehre von dem Interesse).

Mugdan, Benno, Die gesamten Materialien zum Bürgerlichen Gesetzbuch für das Deutsche Reich, Band I, Einführungsgesetz und Allgemeiner Teil, Berlin 1899 (zit. *Mugdan* I).

ders., Die gesamten Materialien zum Bürgerlichen Gesetzbuch für das Deutsche Reich, Band II, Recht der Schuldverhältnisse, Berlin 1899 (zit. *Mugdan* II).

Musielak, Hans-Joachim, Vertragsfreiheit und ihre Grenzen, JuS 2017, S. 949 ff.

Neuner, Jörg, Allgemeiner Teil des Bürgerlichen Rechts, 12. Auflage, München 2020.

ders., Der privatrechtliche Schutz der Persönlichkeit, JuS 2015, S. 961 ff.

ders., Das Schmerzensgeld, JuS 2013, S. 577 ff.

Neuner, Robert, Interesse und Vermögensschaden, AcP 133 (1931), S. 279 ff.

Nickel, Carsten, Die Rechtsfolgen der culpa in contrahendo, Berlin 2004 (zit. *Nickel,* Rechtsfolgen der c.i.c.).

Niederländer, Hubert, Hypothetische Schadensereignisse, JZ 1959, S. 617 ff.

Oechsler, Jürgen, Rückabwicklung des Kaufvertrags gegenüber Fahrzeugherstellern im Abgasskandal, NJW 2017, S. 2865 ff.

Oetker, Hartmut, Urteilsanmerkung zu BGH, Urteil v. 21. 12. 2004 – VI ZR 306/03, LMK 2005, S. 86 ff.

Otto, Harro, Submissionsbetrug und Vermögensschaden, ZRP 1996, S. 300 ff.

Palandt, Otto (Begr.), Bürgerliches Gesetzbuch, 80. Auflage, München 2021 (zit. Palandt/*Bearbeiter*).

Paschke, Marian/Wolfram, Frank, Vermögensschaden, Beeinträchtigungen von vermögensrechtlicher Relevanz, Vermögensgefährdung – Zur deliktsrechtlichen Haftung bei gefälschter Giroüberweisung nach dem BGH-Urteil vom 31.05.1994, DZWir 1994, S. 485 ff.

Pauge, Bernhard, Vorteilsausgleich bei Sach- und Personenschäden, VersR 2007, S. 569 ff.

Peterek, Jörg, Kaufpreiserstattung im Dieselskandal trotz Veräußerung des Fahrzeugs, NJW 2021, S. 1425 ff.

Pfeiffer, Thomas, Dieselschaden durch Zweckverfehlung?, NJW 2019, S. 3337 ff.

Pöschke, Moritz, Art und Umfang des Schadensersatzes – die Systematik der §§ 249 ff. BGB, JA 2010, S. 257 ff.

Pohlmann, Andre, Die Haftung wegen Verletzung von Aufklärungspflichten – ein Beitrag zur culpa in contrahendo und zur positiven Forderungsverletzung unter Berücksichtigung der Schuldrechtsreform, Berlin 2002 (zit. *Pohlmann,* Aufklärungspflichten).

Popp, Andreas, Strafbarkeit des regelwidrigen Mitbietens bei so genannten Internetauktionen?, JuS 2005, S. 689 ff.

Prölss, Erich (Begr.)/Martin, Anton/Armbrüster Christian u.a., Versicherungsvertragsgesetz mit Nebengesetzen, Vertriebsrecht und Allgemeinen Versicherungsbedingungen, 31. Auflage, München 2021 (zit. Prölls/Martin/*Bearbeiter*, VVG).

Ransiek, Andreas/Reichling, Tilman, Entscheidungsanmerkung zu BGH, Beschl. v. 18.02.2009 – 1 StR 731/08, ZIS 2009, S. 315 ff.

Regenfus, Thomas, Informationsverschaffung und Rechtsfolgen falscher Informationen, NJW 2018, S. 2225 ff.

ders., „Schadens“ersatzrechtliche Rückabwicklung von Kapitalanlagen und Investitionsgeschäften trotz positiver Vermögensentwicklung, VersR 2017, S. 977 ff.

Reiff, Peter, Die Unverhältnismäßigkeit als Grenze der Naturalrestitution, NZV 1996, S. 425 ff.

Reimer, Franz, Juristische Methodenlehre, 2. Auflage, Baden-Baden 2020.

Rengier, Rudolf, Strafrecht Allgemeiner Teil, 12. Auflage, München 2020 (zit. *Rengier*, StrafR AT).

ders., Strafrecht Besonderer Teil I – Vermögensdelikte, 23. Auflage, München 2021 (zit. *Rengier*, StrafR BT I).

Riehm, Thomas, Der deliktische Herausgabeanspruch in „Diesel-Fällen“, NJW 2021, S. 1625 ff.

ders., Deliktischer Schadensersatz in den „Diesel-Abgas-Fällen“, NJW 2019, S. 1105 ff.

Ring, Gerhard, Der Bundesgerichtshof zur vorsätzlichen sittenwidrigen Schädigung von Fahrzeugkäufern im Diesel-Abgasskandal – Roma locuta, causa finita?, NZV 2020, S. 385 ff.

Rixecker, Roland, Anmerkung zu einer Entscheidung des BGH, Urteil vom 30.11.2017 (I ZR 143/16) – Zu den Pflichten des Versicherungsmaklers und Obliegenheiten des Versicherungsnehmers, NJW 2018, S. 1162 ff.

Roberto, Vito, Schadensrecht, Basel 1997.

Röhl, Hans-Christian, Das Risiko einer Nicht-Zulassung und Betriebsuntersagung von Fahrzeugen, NZV 2020, S. 183 ff.

Römer, Wolfgang, Zu den Informationspflichten der Versicherer und ihrer Vermittler, VersR 1998, S. 1313 ff.

Rönnau, Thomas, Grundwissen – Strafrecht: Vermögensdelikte im weiteren und engeren Sinne, JuS 2016, S. 114 ff.

Rostalski, Frauke, Der Vermögensschaden als Tatbestandsmerkmal im Schatten des "Verschleifungsverbots", HRRS 2016, S. 73 ff.

Roussos, Kleanthis, Schaden und Folgeschaden, Köln 1992.

Rudolphi, Hans-Joachim/Horn, Eckard/Samson, Erich (Begr.), SK-StGB – Systematischer Kommentar zum Strafgesetzbuch Band 5, §§ 242–302 StGB, 9. Auflage, Köln 2019 (zit. SK-*Bearbeiter*, StGB).

Rübenstahl, Markus, Urteilsanmerkung zu BGH, Beschluss vom 18. 2. 2009 – 1 StR 731/08, NJW 2009, S. 2392 f.

Rüffer, Wilfried/Halbach, Dirk/Schimikowski, Peter (Hrsg.), Versicherungsvertragsgesetz – Handkommentar, 4. Auflage, Baden-Baden 2020 (zit. HK-VVG/*Bearbeiter*).

Sachs, Michael (Hrsg.), Grundgesetz – Kommentar, 9. Auflage, München 2021 (zit. Sachs/*Bearbeiter*, GG).

Sack, Rolf, Folgeverträge unlauteren Wettbewerbs, GRUR 2004, S. 625 ff.

Säcker, Jürgen, Rixecker, Roland/Oetker, Hartmut u.a. (Hrsg.), Münchener Kommentar zum Bürgerlichen Gesetzbuch, Band I, 8. Auflage, München 2018 (zit. MüKoBGB/*Bearbeiter*).

dies., Münchener Kommentar zum Bürgerlichen Gesetzbuch, Band II, 8. Auflage, München 2020 (zit. MüKoBGB/*Bearbeiter*).

dies., Münchener Kommentar zum Bürgerlichen Gesetzbuch, Band III, 8. Auflage, München 2019 (zit. MüKoBGB/*Bearbeiter*).

dies., Münchener Kommentar zum Bürgerlichen Gesetzbuch, Band IV, 8. Auflage, München 2019 (zit. MüKoBGB/*Bearbeiter*).

dies., Münchener Kommentar zum Bürgerlichen Gesetzbuch, Band VI, 8. Auflage, München 2018 (zit. MüKoBGB/*Bearbeiter*).

dies., Münchener Kommentar zum Bürgerlichen Gesetzbuch, Band VII, 8. Auflage, München 2020 (zit. MüKoBGB/*Bearbeiter*).

Saliger, Frank, Grenzen normativer Auslegung im Strafrecht, JZ 2012, S. 723 ff.

ders., Juristischer und wirtschaftlicher Schaden, HRRS 2012, S. 363 ff.

Saliger Frank/Rüsse, Theresa, Wider einen subjektiven Schadensbegriff im Strafrecht – Zur Abgrenzung des Vermögensschadens im Zivil- und Strafrecht, NStZ 2021, S. 513 ff.

Satzger, Helmut/Schluckebier, Wilhelm/Widmeier, Gunter (Hrsg.), StGB – Strafgesetzbuch, 5. Auflage, Hürth 2021 (zit. SSW-StGB/*Bearbeiter)*

Savigny, Friedrich Carl von, System des heutigen Römischen Rechts, Band I, Berlin 1840.

Schäfers, Dominik, Einführung in die Methodik der Gesetzesauslegung, JuS 2015, S. 875 ff.

Schaub, Renate, Die Abgasproblematik – Möglichkeiten und Grenzen von § 826 BGB, NJW 2020, S. 1028 ff.

Schiemann, Gottfried, Schadensersatz aus vorsätzlich sittenwidrigem Verhalten im „Diesel-Abgas-Skandal", Urteilsanmerkung zu BGH, Urteil vom 20.05.2020 – VI ZR 252/19, LMK 2020, 432155

Schilling, Hellen, Diskrepanzen beim Vermögensschaden – Eine Analyse der aktuellen Rechtsprechung des Bundesgerichtshofs, NStZ 2018, S. 316 ff.

Schindler, Thomas, Rechtsgeschäftliche Entscheidungsfreiheit und Drohung – Die englische duress-Lehre in rechtsvergleichender Perspektive, Tübingen 2005.

Schlösser, Jan, Einschränkungen der Lehre vom persönlichen Schadenseinschlag – Zur Umsetzung der verfassungsgerichtlichen Vorgaben in der Rechtsprechung des 5. Strafsenats und weiteren Aspekten des Beschlusses vom 2. Juli 2014 (5 StR 182/14), HRRS 2014, S. 395 ff.

ders., Der Schaden der Siemens-Entscheidung – Zum Begriff des endgültigen Schadens bei der Untreue durch Führung verdeckter Kassen im Bereich privater Unternehmungen – Zugleich Besprechung von BGH, Urteil vom 29.08 2008 – 2 StR 587/07, HRRS 2009, S. 19 ff.

Schmidt, Heiner Christian, Persönlicher Schadenseinschlag bei Betrug und Untreue, NJW 2015, S. 284 ff.

Schnauder, Franz, Delikts- und bereicherungsrechtliche Haftung bei gefälschter Giroüberweisung – Zugleich eine Besprechung des BGH-Urteils vom 31. Mai 1994, ZIP 1994, 1098, ZIP 1994, S. 1069 ff.

Schönke, Adolf (Begr.)/Schröder Horst/Eser, Albin u.a., Strafgesetzbuch – Kommentar, 30. Auflage, München 2019 (zit. Schönke/Schröder/*Bearbeiter*, StGB).

Schubert, Werner, Unredliches Verhalten Dritter bei Vertragsschluß, AcP 168 (1968), S. 470 ff.

Schulze, Reiner, Nutzungsausfallentschädigung – Zu Funktion und Grenzen des § 253 BGB, NJW 1997, S. 3337 ff.

Schulze, Reiner/Dörner, Heinrich/Ebert, Ina u.a., Bürgerliches Gesetzbuch – Handkommentar, 10. Auflage, Baden-Baden 2019 (zit. HK-BGB/*Bearbeiter*).

Schumacher, Rolf, Vertragsaufhebung wegen fahrlässiger Irreführung unerfahrener Vertragspartner, Bonn 1979 (zit. *Schumacher*, Vertragsaufhebung).

Schwab, Martin, Die Vermutung aufklärungsrichtigen Verhaltens bei mehreren hypothetischen Entscheidungsmöglichkeiten, NJW 2012, S. 3274 ff.

ders., Grundfälle zu culpa in contrahendo, Sachwalterhaftung und Vertrag mit Schutzwirkung für Dritte nach neuem Schuldrecht, Teil 1, JuS 2002, S. 773 ff.

ders., Grundfälle zu culpa in contrahendo, Sachwalterhaftung und Vertrag mit Schutzwirkung für Dritte nach neuem Schuldrecht Teil 2, Die Einbeziehung Dritter nach § 311 III BGB, JuS 2002, S. 872 ff.

Schwarze, Roland, Vorvertragliche Verständigungspflichten, Tübingen 2001.

Sickor, Jens Andreas, Die sog. "schadensgleiche Vermögensgefährdung" bei Betrug und Untreue, JA 2011, S. 109 ff.

Soergel, Theodor (Begr.), Bürgerliches Gesetzbuch mit Einführungsgesetz und Nebengesetzen, Band 3/2: Schuldrecht 1/2: §§ 243–304, 13. Auflage, Stuttgart 2014 (zit. Soergel/*Bearbeiter*, BGB).

ders., Bürgerliches Gesetzbuch mit Einführungsgesetz und Nebengesetzen, Band 5/1a, Schuldrecht 3/1a: §§ 311, 311a-c, 313, 314 BGB, 13. Auflage, Stuttgart 2014 (zit. Soergel/*Bearbeiter*, BGB).

Spickhoff, Andreas, Zivilrechtliche Wertungen und strafrechtlicher Vermögensbegriff, JZ 2002, S. 970 ff.

Spindler, Gerald, Kausalität im Zivil- und Wirtschaftsrecht, AcP 208 (2008), S. 283 ff.

Staudinger, Ansgar/Ewert, Thomas, Täuschung durch den Verkäufer, JA 2010, S. 241 ff.

Staudinger, Julius von (Begr.), BGB, Buch 1: Allgemeiner Teil. §§ 90–124; §§ 130–133, 16. Auflage, Berlin 2016 (zit. Staudinger/*Bearbeiter*, 16. Auflage, BGB).

ders., BGB, Buch 2: Recht der Schuldverhältnisse. BGB §§ 241–243, Neubearbeitung 2019, Berlin 2019 (zit. Staudinger/*Bearbeiter*, Neubearbeitung 2019, BGB).

ders., BGB, Buch 2: Recht der Schuldverhältnisse. BGB §§ 243–254, 12. Auflage, Berlin, 1983 (zit. Staudinger/*Bearbeiter*, 12. Auflage, BGB).

ders., BGB, Buch 2: Recht der Schuldverhältnisse. BGB §§ 249–254, Neubearbeitung 2017, Berlin 2017 (zit. Staudinger/*Bearbeiter*, Neubearbeitung 2017, BGB).

ders., BGB, Buch 2: Recht der Schuldverhältnisse. §§ 311, 311a -311c, 17. Auflage, Berlin 2018 (zit. Staudinger/*Bearbeiter*, 17. Auflage, BGB).

ders., BGB, Buch 2: Recht der Schuldverhältnisse. §§ 662–675b, Neubearbeitung 2017, Berlin 2017 (zit. Staudinger/*Bearbeiter*, Neubearbeitung 2017, BGB).

ders., BGB, Buch 2: Recht der Schuldverhältnisse. §§ 826–829; ProdHaftG, 18. Auflage, Berlin 2018 (zit. Staudinger/*Bearbeiter*, 18. Auflage, BGB).

Steffen, Erich, Der normative Verkehrsunfallschaden, NJW 1995, S. 2057 ff.

Steindorff, Ernst, Abstrakte und konkrete Schadensberechnung, AcP 158 (1959/1960), S. 431 ff.

Stöber, Michael, Rücktritt und großer Schadensersatz nach erklärter Minderung, NJW 2018, S. 2834 ff.

ders., Das Verhältnis der Minderung zu Rücktritt und Schadensersatz im Kaufgewährleistungsrecht, NJW 2017, S. 2785 ff.

Stoll, Hans, Schädigung durch Vertragsschluß, in: Festschrift für Erwin Deutsch zum 70. Geburtstag, Köln 1999, S. 361 ff. (zit. *Stoll*, FS Deutsch).

ders., Haftungsfolgen im bürgerlichen Recht – eine Darstellung auf rechtsvergleichender Grundlage, Heidelberg 1993.

ders., Haftungsfolgen fehlerhafter Erklärungen beim Vertragsschluß, in: Ius inter nationes – Festschrift für Stefan Riesenfeld aus Anlass seines 75. Geburtstages, Heidelberg 1983, S. 275 ff. (zit. *Stoll*, FS Riesenfeld).

ders., Begriff und Grenzen des Vermögensschadens, Karlsruhe 1973.

Ströfer, Joachim, Die Höhe des Schadensersatzanspruchs wegen Nichterfüllung bei immateriellen Beeinträchtigungen – Grenzen eines übersteigerten Anspruchsdenkens, VersR 1982, S. 1113 ff.

Teichmann, Christoph, Haftung für fehlerhafte Informationen am Kapitalmarkt, JuS 2006, S. 953 ff.

Texeira, Adriano, Der individuelle Schadenseinschlag beim Betrug, ZIS 2016, S. 307 ff.

Thon, August, Rechtsnorm und subjectives Recht – Untersuchungen zur allgemeinen Rechtslehre, Weimar 1878.

Thüsing, Georg, Das Schadensrecht zwischen Beständigkeit und Wandel – 5 Thesen zur Fortentwicklung der §§ 249 ff. BGB, ZRP 2001, S. 126 ff.

Tiedtke, Klaus, Urteilsanmerkung zu BGH, Urteil vom 26.09.1997 – V ZR 29/96, DNotZ 1998, S. 355 ff.

Trüg, Gerron, Urteilsanmerkung zu BGH, Beschluss vom 02.07.2014 – 5 StR 182/14, NStZ 2014, S. 520 f.

Varwig, Marianne, Zum Tatbestandsmerkmal des Vermögensschadens (§ 263 StGB) – Eine kritische Untersuchung mittels der vier klassischen Auslegungsmethoden, Frankfurt am Main 2011.

Wabnitz, Heinz-Bernd/Janovsky Thomas/Schmitt, Lothar (Hrsg.), Handbuch Wirtschafts- und Steuerstrafrecht, 5. Auflage, München 2020 (zit. Wabnitz/Janovsky/Schmitt/*Bearbeiter*, WirtschaftsStrafR-HdB).

Wächter, Gerhard/Wollny, Christoph, Schadensersatz post M&A bei c.i.c oder Delikt und Garantieverletzungen, NZG 2019, S. 801 ff.

Wank, Rolf, Juristische Methodenlehre – Eine Anleitung für Wissenschaft und Praxis, München 2020.

Wassermann, Rudolf (Hrsg.), Alternativkommentar – Kommentar zum Bürgerlichen Gesetzbuch, Band 2, Allgemeines Schuldrecht, Neuwied 1980 (zit. AK-BGB/*Bearbeiter*).

Waszcynski, Dominik, Klausurrelevante Problemfelder des Vermögensschadens bei § 263 StGB, JA 2010, S. 251 ff.

Wagner, Gerhard, Neue Perspektiven im Schadensersatzrecht – Kommerzialisierung, Strafschadensersatz, Kollektivschaden – Gutachten A zum 66. Deutschen Juristentag, Stuttgart 2006.

Weber, Kathrin, Sanktionen bei vorvertraglicher Informationspflichtverletzung – eine Untersuchung am Beispiel des elektronischen Geschäftsverkehrs sowie sonstiger Fernabsatzverträge, Tübingen 2019 (zit. *Weber*, Sanktionen).

Weiler, Frank, Schuldrecht Allgemeiner Teil, 5. Auflage, Baden-Baden 2019 (zit. *Weiler*, SchuldR AT).

ders., Der Vertrag als Schaden in VW-Abgasverfahren gegen den Hersteller, NZV 2019, S. 545 ff.

Weiss, Alexander, Neujustierung im Rücktrittsrecht, NJW 2014, S. 1212 ff.

Wendehorst, Christiane, Anspruch und Ausgleich – Theorie einer Vorteils- und Nachteilsausgleichung im Schuldrecht, Tübingen 1999.

Wessels, Johannes/Beulke, Werner/Satzger, Helmut, Strafrecht Allgemeiner Teil – Die Straftat und ihr Aufbau, 50. Auflage, Heidelberg 2020 (zit. *Wessels/Beulke/Satzger*, StrafR AT).

Wessels, Johannes/Hillenkamp, Thomas/Schuhr, Jan, Strafrecht Besonderer Teil 2 – Straftaten gegen Vermögenswerte, 43. Auflage, Heidelberg 2020 (*Wessels/Hillenkamp/Schuhr*, StrafR BT II).

Weyer, Friedhelm, Werkvertraglicher Schadensersatz nur in Höhe der tatsächlichen Mangelbeseitigungskosten?, NZBau 2013, S. 269 ff.

Wiedemann, Herbert, Urteilsanmerkung zu BGH, Urteil vom 26.09.1997 – V ZR 29/96, JZ 1998, S. 1176 f.

Wollny, Christoph, Wer den Schaden hat, muss für die Bewertung sorgen – Unternehmensbewertung zur Ermittlung von Schadensersatzansprüchen, DStR 2013, S. 2132 ff.

Wolter, Udo, Das Prinzip der Naturalrestitution in 249 BGB – Herkunft, historische Entwicklung und Bedeutung, Berlin 1985.

Zebisch, Thorsten/Kubik, Alexander, Zur Frage der Bestimmbarkeit des Gefährdungsschadens – dem Grunde und der Höhe nach, NStZ 2017, S. 322 ff.

Zenker, Wolfgang/Paulus, Christoph, Grenzen der Privatautonomie, JuS 2001, S. 1 ff.

Zeuner, Albrecht, Zur Problematik eines Geldersatzes für entgangene Gebrauchsvorteile, JZ 1986, S. 395 ff.

ders., Schadensbegriff und Ersatz von Vermögensschäden, AcP 163 (1963), S. 380 ff.

Zwirlein, Susanne, Die Rechtsprechung zur Ersatzfähigkeit des abstrakten Nutzungsausfallschadens, JuS 2013, S. 487 ff.

Rechtsprechungsverzeichnis

Bundesverfassungsgericht

BVerfG, Beschluss vom 19.07.2017 – 2 BvL 4/17 –, juris.
BVerfG, Beschluss vom 07.12.2011 – 2 BvR 2500/09 = NJW 2012, 907.
BVerfG, Beschluss vom 23.06.2010 – 2 BvR 2559/08 = NJW 2010, 3209.
BVerfG, Beschluss vom 20.05.1998 – 2 BvR 1385–95 = NJW 1998, 2589.
BVerfG, Beschluss vom 12.11.1997 – 1 BvR 479/92 u. 1 BvR 307/94 = NJW 1998, 519.
BVerfG, Beschluss vom 19.10.1993 – 1 BvR 567/89 = NJW 1994, 36.
BVerfG, Urteil vom 28.05.1993 – 2 BvF 2/90 = NJW 1993, 1751.
BVerfG, Beschluss vom 23.04.1991 – 1 BvR 1443/87 = NJW 1991, 3139.
BVerfG, Beschluss vom 07.02.1990 – 1 BvR 26/84 = NJW 1990, 1469.
BVerfG, Beschluss vom 13.05.1986 – 1 BvR 1542/84 = NJW 1986, 1859.
BVerfG, Beschluss vom 04.06.1985 – 1 BvL 12/84 = NJW 1986, 243.
BVerfG, Beschluss vom 14.02.1973 – 1 BvR 112/65 = NJW 1973, 1221.
BVerfG, Beschluss vom 24.02.1971 – 1 BvR 435/68 = NJW 1971, 1645.
BVerfG, Beschluss vom 10.06.1964 – 1 BvR 37/63 = NJW 1964, 1715.
BVerfG, Urteil vom 15.01.1958 – 1 BvR 400/57 = NJW 1958, 257.

Reichsgericht

RG, Urteil vom 09.04 1940 – 1 D 161/40 = RGSt 74, 167.
RG, Urteil vom 19.06.1936 – 4 D 402/36 = RGSt 70, 251.
RG, Urteil vom 19.02.1930 – I 248/29 = RGZ 127, 245.
RG, Urteil vom 07.07.1925 – II 494/24 = RGZ 111, 233
RG, Urteil vom 10.11.1921 – VI 195/21 = RGZ 103, 154.
RG, Beschluss vom 14.12.1910 – II 1214/10 = RGSt 44, 230.
RG, Urteil vom 09.01.1905 – VI 104/04 = RGZ 60, 12.
RG, Urteil vom 27.02.1904 – I 418/03 = RGZ 58, 24.
RG, Urteil vom 27.10.1902 – VI 201/02 = RGZ 52, 365.
RG, Urteil vom 11.04.1901 – VI 443/00 = RGZ 48, 114.
RG, Urteil vom 20.04.1887 – 2237/86 = RGSt 16, 1.
RG, Urteil vom 16. 06.1883 – I 242/261/81 = RGZ 11, 100.
RG, Urteil vom 02.02.1881 – 3240/80 = RGSt 3, 332.

Bundesgerichte

BGH, Urteil vom 16.09.2021 – VII ZR 190/20 = WM 2021, 2108.
BGH, Urteil vom 27.07.2021 – VI ZR 151/20 = WM 2021, 1661.
BGH, Urteil vom 20.07.2021 – VI ZR 533/20 = WM 2021, 1817.
BGH, Urteil vom 06.07.2021 – VI ZR 40/20 = WM 2021, 1652.
BGH, Urteil vom 30.07.2020 – VI ZR 5/20 = NJW 2020, 2798.
BGH, Urteil vom 30.07.2020 – VI ZR 367/19 = NJW 2020, 2804.
BGH, Urteil vom 14.07.2020 – VI ZR 208/19 = BeckRS 2020, 22976.
BGH, Urteil vom 25.05.2020 – VI ZR 252/19 = NJW 2020, 1962.
BGH, Beschluss vom 23.04.2020 – 1 StR 559/19 = NStZ-RR 2020, 349.
BGH, Beschluss vom 13.03.2020 – V ZR 33/19 = ZfBR 2020, 552.
BGH, Urteil vom 06.08.2019 – X ZR 128/18 = NJW 2020, 40.
BGH, Urteil vom 02.04.2019 – VI ZR 13/18 = NJW 2019, 1741.
BGH, Beschluss vom 08.01.2019 – VIII ZR 225/17 = NJW 2019, 1133.
BGH, Urteil vom 08.11.2018 – III ZR 628/16 = NJW 2019, 356.
BGH, Urteil vom 18.10.2018 – III ZR 497/16 = NJW 2019, 215.
BGH, Beschluss vom 19.09.2018 – 1 StR 194/18 = NJW 2019, 378.
BGH, Urteil vom 30.08.2018 – VII ZR 243/17 = NJW 2018, 3380.
BGH, Urteil vom 19.07.2018 – VII ZR 19/18 = ZfBR 2018, 775.
BGH, Urteil vom 17.07.2018 – II ZR 13/17 = BKR 2018, 520.
BGH, Urteil vom 11.07.2018 – IV ZR 243/17 = NJW 2018, 3389.
BGH, Urteil vom 10.07.2018 – II ZR 24/17 = NZG 2018, 1189.
BGH, Beschluss vom 12.06.2018 – 3 StR 171/17 = NStZ-RR 2018, 283.
BGH, Urteil vom 22.02.2018 – VII ZR 46/17 = NJW 2018, 1463.
BGH, Urteil vom 23.01.2018 – VI ZR 57/17 = NJW 2018, 1393.
BGH, Urteil vom 13.12.2017 – IV ZR 353/15 = NJOZ 2018, 101.
BGH, Urteil vom 28.06.2017 – IV ZR 440/14 = NJW 2017, 3387.
BGH, Beschluss vom 20.06.2017 – 4 StR 234/17 = NStZ 2017, 694.
BGH, Urteil vom 26.04.2017 – VIII ZR 80/16 = NJW 2017, 2817.
BGH, Urteil vom 05.04.2017 – IV ZR 437/15 = BKR 2017, 342.
BGH, Urteil vom 21.02.2017 – 1 StR 296/16 = NJW 2018, 177.
BGH, Urteil vom 22.11.2016 – VI ZR 40/16 = r+s 2017, 162.
BGH, Beschluss vom 20.09.2016 – 2 StR 497/15 = NStZ 2017, 30.
BGH, Urteil vom 15.07.2016 – V ZR 168/15 = NZG 2017, 542.
BGH, Urteil vom 29.06.2016 – VIII ZR 191/15 = NJW 2016, 3015.
BGH, Urteil vom 28.06.2016 – VI ZR 536/15 = NJW 2017, 250.
BGH, Urteil vom 16.06.2016 – 1 StR 20/16 = NJW 2016, 3543.
BGH, Urteil vom 15.06.2016 – VIII ZR 134/15 = NJW 2016, 2874.

BGH, Urteil vom 03.05.2016 – II ZR 311/14 = NJW 2017, 886.
BGH, Urteil vom 21.04.2016 – 1 StR 456/15 = NStZ 2016, 674.
BGH, Urteil vom 24.03.2016 – 2 StR 344/14 = NStZ-RR 2016, 341.
BGH, Urteil vom 11.12.2015 – V ZR 26/15 = ZfBR 2016, 351.
BGH, Urteil vom 10.12.2015 – IX ZR 56/15 = NZG 2016, 238.
BGH, Urteil vom 06.11.2015 – V ZR 78/14 = NJW 2016, 1815.
BGH, Urteil vom 16.07.2015 – IX ZR 197/14 = NJW 2015, 3447.
BGH, Beschluss vom 20.05.2015 – IV ZR 127/14 = BeckRS 2015, 10851.
BGH, Urteil vom 05.02.2015 – IX ZR 167/13 = NJW 2015, 1373.
BGH, Urteil vom 28.10.2014 – VI ZR 15/14 = NJW-RR 2015, 275.
BGH, Urteil vom 24.10.2014 – V ZR 45/13 = NJW 2015, 619.
BGH, Urteil vom 30.09.2014 – X ZR 126/13 = NJW 2015, 553.
BGH, Beschluss vom 02.07.2014 – 5 StR 182/14 = NStZ 2014, 517.
BGH, Urteil vom 08.04.2014 – XI ZR 341/12 = NJW 2014, 2348.
BGH, Urteil vom 20.02.2014 – VII ZR 172/13 = NJW 2014, 1374.
BGH, Beschluss vom 19.02.2014 – 5 StR 510/13 = NStZ 2014, 318.
BGH, Urteil vom 11.02.2014 – II ZR 273/12 –, juris.
BGH, Urteil vom 19.11.2013 – VI ZR 336/12 = NJW 2014, 383.
BGH, Urteil vom 16.07.2013 – VI ZR 442/12 = NZG 2014, 835.
BGH, Urteil vom 06.06.2013 – IX ZR 204/12 = NJW 2013, 2345.
BGH, Urteil vom 04.06.2013 – VI ZR 293/12 = BeckRS 2013, 11217.
BGH, Urteil vom 04.06.2013 – VI ZR 288/12 = NZG 2013, 992.
BGH, Urteil vom 25.04.2013 – IX ZR 65/12 = NJW-RR 2013, 1212.
BGH, Urteil vom 19.04.2013 – V ZR 113/12 = NJW 2013, 1948.
BGH, Urteil vom 19.03.2013 – XI ZR 431/11 = NJW 2013, 3293.
BGH, Urteil vom 01.03.2013 – V ZR 279/11= NJW 2013, 1873.
BGH, Urteil vom 26.02.2013 – XI ZR 498/11 = VuR 2013, 177.
BGH, Urteil vom 07.02.2013 – IX ZR 138/11 = NJW 2013, 1591.
BGH, Urteil vom 30.11.2012 – V ZR 25/12 = NJW 2013, 1671.
BGH, Beschluss vom 22.11.2012 – 1 StR 537/12 = NJW 2013, 1750.
BGH, Urteil vom 13.11.2012 – XI ZR 334/11 = NJW 2013, 450.
BGH, Urteil vom 11.10.2012 – VII ZR 179/11 = NJW 2013, 370.
BAG, Urteil vom 26.09.2012 – 10 AZR 370/10 = NJW 2013, 331.
BGH, Urteil vom 18.09.2012 – VI ZR 291/10 = NJW 2012, 3645.
BGH, Urteil vom 11.07.2012 – IV ZR 164/11 = NJW 2012, 3647.
BGH, Urteil vom 14.06.2012 – IX ZR 145/11 = NJW 2012, 3165.
BGH, Urteil vom 08.05.2012 – XI ZR 262/10 = NJW 2012, 2427.
BGH, Urteil vom 23.04.2012 – II ZR 211/09 = VuR 2012, 403.
BGH, Beschluss vom 13.04.2012 – 5 StR 442/11 = NJW 2012, 2370.

BGH, Urteil vom 16.03.2012 – V ZR 18/11 = NJW-RR 2012, 1078.
BGH, Urteil vom 15.02.2012 – IV ZR 194/09 = NJW 2012, 2113.
BGH, Beschluss vom 25.01.2012 – 1 StR 45/11 = NJW 2012, 1377.
BGH, Urteil vom 18.01.2012 – I ZR 187/10 = NJW 2012, 2034.
BGH, Urteil vom 13.12.2011 – XI ZR 51/10 = NJW 2012, 1800.
BGH, Urteil vom 27.09.2011 – VI ZR 135/10 = NJW 2011, 3573.
BGH, Beschluss vom 21.09.2011 – IV ZR 38/09 = BeckRS 2011, 25937.
BGH, Beschluss vom 05.07.2011 – 3 StR 444/10 = NStZ-RR 2011, 312.
BGH, Urteil vom 28.06.2011 – KZR 75/10 = NJW 2012, 928.
BGH, Urteil vom 24.03.2011 – III ZR 81/10 = NJW-RR 2011, 842.
BGH, Urteil vom 22.03.2011 – XI ZR 33/10 = NJW 2011, 1949.
BGH, Urteil vom 17.02.2011 – III ZR 144/10 = NJW-RR 2011, 910
BGH, Urteil vom 18.01.2011 – VI ZR 325/09 = NJW 2011, 1962.
BGH, Urteil vom 12.01.2011 – VIII ZR 346/09 = NJW-RR 2011, 462.
BGH, Urteil vom 05.11.2010 – V ZR 228/09 =NJW 2011, 1217.
BGH, Urteil vom 11.08.2010 – XII ZR 192/08 = NJW 2010, 3362.
BGH, Urteil vom 08.07.2010 – III ZR 249/09 = NJW 2010, 3292.
BGH, Urteil vom 16.04.2010 – V ZR 171/09 = NJW 2010, 1808.
BGH, Urteil vom 14.08.2009 – 3 StR 552/08 = NJW 2009, 3448.
BGH, Urteil vom 14.07.2009 – XI ZR 152/08 = NJW 2009, 3429.
BGH, Urteil vom 27.03.2009 – V ZR 30/08 = NJW 2009, 2120.
BGH, Beschluss vom 18.02.2009 – 1 StR 731/08 = NJW 2009, 2390.
BGH, Urteil vom 09.02.2009 – II ZR 292/07 = NJW 2009, 2127.
BGH, Urteil vom 05.02.2009 – IX ZR 6/06 = NJW 2009, 1591.
BGH, Urteil vom 18.12.2008 – IX ZR 12/05 = NJW 2009, 141.
BGH, Urteil vom 16.10.2008 – IX ZR 135/07 = NJW 2009, 685.
BGH, Urteil vom 09.10.2008 – VII ZR 80/07 = NJW 2009, 354.
BGH, Urteil vom 29.08.2008 – 2 StR 587/07 = NJW 2009, 89.
BGH, Beschluss vom 02.04.2008 – 5 StR 354/07 = NJW 2008, 1827.
BGH, Beschluss vom 20.03.2008 – 1 StR 488/07 = NStZ 2008, 457.
BGH, Urteil vom 03.03.2008 – II ZR 310/06 = NZG 2008, 386.
BGH, Urteil vom 15.02.2008 – V ZR 17/07 = NZM 2008, 377.
BGH, Urteil vom 07.02.2008 – IX ZR 149/04 = NJW 2008, 2041.
BGH, Urteil vom 17.01.2008 – IX ZR 172/06 = NJW-RR 2008, 786.
BGH, Urteil vom 17.01.2008 – III ZR 224/06 = NJW-RR 2008, 564.
BGH, Urteil vom 09.11.2007 – V ZR 281/06 –, juris.
BGH, Urteil vom 30.10.2007 – X ZR 101/06 = NJW 2008, 576.
BGH, Urteil vom 25.10.2007 – VII ZR 205/06 = NJW-RR 2008, 258.
BGH, Urteil vom 25.09.2007 – XI ZR 320/06 = BKR 2008, 199.

BGH, Urteil vom 28.06.2007 – VII ZR 81/06 = NJW 2007, 2695.
BGH, Beschluss vom 25.04.2007 – 2 StR 25/07 = BeckRS 2007, 09154.
BGH, Urteil vom 19.04.2007 – III ZR 75/06 = NJW-RR 2007, 1271.
BGH, Urteil vom 30.03.2007 – V ZR 89/06 –, juris.
BGH, Urteil vom 22.03.2007 – III ZR 218/06 = NJW-RR 2007, 925.
BGH, Urteil vom 19.12.2006 – XI ZR 56/05 = NJW 2007, 1876.
BGH, Urteil vom 18.10.2006 – 2 StR 499/05 = NJW 2007, 1760.
BGH, Urteil vom 31.03.2006 – V ZR 51/05 = NJW 2006, 1582.
BGH, Urteil vom 21.03.2006 – XI ZR 63/05 = NJW 2006, 2041.
BGH, Urteil vom 07.03.2006 – 1 StR 379/05 = NJW 2006, 1679.
BGH, Beschluss vom 26.01.2006 – 5 StR 334/05 = NStZ 2006, 624.
BGH, Urteil vom 10.01.2006 – XI ZR 169/05 = NJW 2006, 845.
BGH, Urteil vom 09.05.2005 – II ZR 287/02 = NJW 2005, 2450.
BGH, Urteil vom 08.03.2005 – XI ZR 170/04 = NJW 2005, 1579.
BGH, Urteil vom 21.12.2004 – VI ZR 306/03 = NJW-RR 2005, 611.
BGH, Urteil vom 19.07.2004 – II ZR 402/02 = NJW 2004, 2971.
BGH, Urteil vom 19.07.2004 – II ZR 217/03 = NJW 2004, 2668.
BGH, Urteil vom 06.07.2004 – VI ZR 266/03 = NJW 2004, 3324.
BGH, Beschluss vom 09.06.2004 – 5 StR 136/04 = NStZ 2004, 557.
BGH, Urteil vom 18.11.2003 – VI ZR 385/02 = NJW 2004, 356.
BGH, Urteil vom 05.11.2003 – 1 StR 287/03 = NStZ 2004, 264.
BGH, Urteil vom 07.10.2003 – 1 StR 212/03 = NJW 2003, 3717.
BGH, Urteil vom 10.04.2003 – VII ZR 251/02 = NJW-RR 2003, 878.
BGH, Urteil vom 07.02.2003 – V ZR 25/02 = NJW-RR 2003, 772.
BGH, Urteil vom 21.02.2002 – IX ZR 127/00 = NJW 2002, 1414.
BGH, Urteil vom 18.09.2001 – X ZR 107/00 = NJW-RR 2002, 308.
BGH, Urteil vom 17.09.2001 – II ZR 178/99 = NJW 2001, 3622.
BGH, Urteil vom 06.04.2001 – V ZR 394/99 = NJW 2001, 2875.
BGH, Urteil vom 06.12.2000 – IV ZR 28/00 = NJW-RR 2001, 314.
BGH, Urteil vom 07.09.2000 – VII ZR 443/99 = NJW 2001, 436.
BGH, Beschluss vom 06.09.2000 – 3 StR 326/00 = NStZ-RR 2001, 41.
BGH, Urteil vom 06.07.2000 – IX ZR 198/99 = NJW 2001, 673.
BGH, Urteil vom 17.02.2000 – IX ZR 436/98 = NJW 2000, 1498.
BGH, Urteil vom 13.01.2000 – III ZR 62/99 = NJW-RR 2000, 998.
BGH, Urteil vom 28.10.1999 – VII ZR 115/97 = NJW-RR 2000, 309.
BGH, Urteil vom 11.03.1999 – III ZR 292–97 = NJW 1999, 1540.
BGH, Beschluss vom 09.03.1999 – 1 StR 50–99 = NStZ 1999, 555.
BGH, Urteil vom 08.12.1998 – VI ZR 66–98 = NJW 1999, 500.
BGH, Urteil vom 14.07.1998 – XI ZR 173–97 = NJW 1998, 3345.

BGH, Urteil vom 09.06.1998 – XI ZR 220–97 = NJW-RR 1998, 1271.
BGH, Urteil vom 27.05.1998 – VIII ZR 362–96 = NJW 1998, 2901.
BGH, Urteil vom 12.02.1998 – IX ZR 190–97 = NJW-RR 1998, 742.
BGH, Urteil vom 19.12.1997 – V ZR 112/96 = NJW 1998, 898.
BGH, Urteil vom 11.11.1997 – VI ZR 376/96 = NJW 1998, 810.
BGH, Urteil vom 26.09.1997 – V ZR 29/96 = NJW 1998, 302.
BGH, Urteil vom 25.10.1996 – V ZR 158/95 = NJW 1997, 520.
BGH, Urteil vom 24.10.1996 – VII ZR 98/94 = NJW-RR 1997, 339.
BGH, Urteil vom 20.09.1996 – V ZR 173/95 = NJW 1997, 938.
BGH, Urteil vom 12.07.1996 – V ZR 117/95 = NJW 1996, 2652.
BGH, Urteil vom 20.11.1995 – II ZR 209/94 = NJW 1996, 1051.
BGH, Urteil vom 12.05.1995 – V ZR 34/94 = NJW 1995, 2361.
BGH, Urteil vom 07.02.1995 – X ZR 32/93 = NJW 1995, 2039.
BGH, Beschluss vom 13.12.1994 – 1 StR 622/94 = NStZ 1995, 233.
BGH, Urteil vom 29.11.1994 – VI ZR 93/94 = NJW 1995, 781.
BGH, Urteil vom 15.11.1994 – VI ZR 56/94 = NJW 1995, 861.
BGH, Urteil vom 10.11.1994 – 4 StR 331/94 = NJW 1995, 539.
BGH, Urteil vom 31.05.1994 – VI ZR 12/94 = NJW 1994, 2357.
BAG, Beschluss vom 27.09.1994 – GS 1/89 = NZA 1994, 1083.
BGH, Urteil vom 16.11.1993 – XI ZR 214/92 = DStR 1994, 329.
BGH, Urteil vom 16.11.1993 – VI ZR 105/92 = NJW 1994, 788.
BGH, Urteil vom 30.09.1993 – IX ZR 73/93 = DStR 1994, 227.
BAG, Urteil vom 30.09.1993 – 7 AZR 268/93 = NJW 1994, 1021.
BGH, Urteil vom 06.07.1993 – XI ZR 12/93 = NJW 1993, 2433.
BGH, Urteil vom 24.06.1993 – IX ZR 216/92 = NJW 1993, 2747.
BGH, Urteil vom 16.02.1993 – VI ZR 29/92 = NJW 1993, 1531.
BGH, Urteil vom 02.07.1992 – IX ZR 268/91 = NJW 1992, 2766.
BGH, Urteil vom 04.06.1992 – IX ZR 149/91 = NJW 1992, 3096.
BGH, Urteil vom 15.10.1991 – VI ZR 314/90 = NJW 1992, 302.
BGH, Urteil vom 26.09.1991 – VII ZR 376/89 = NJW 1992, 228.
BGH, Urteil vom 17.06.1991 – II ZR 171/9 = NJW-RR 1991, 1241.
BGH, Urteil vom 26.04.1991 – V ZR 165/89 = NJW 1991, 2556.
BAG, Urteil vom 21.02.1991 – 2 AZR 449/90 = NJW 1991, 2723.
BGH, Urteil vom 03.04.1990 – XI ZR 206/88 = NJW 1990, 1907.
BGH, Urteil vom 08.12.1989 – V ZR 259/87 = NJW 1990, 1661.
BGH, Urteil vom 17.10.1989 – XI ZR 173/88 = NJW 1990, 506.
BGH, Urteil vom 27.06.1989 – XI ZR 52/88 = NJW 1989, 2882.
BGH, Urteil vom 08.06.1989 – III ZR 63/88 = NJW 1989, 2945.
BGH, Urteil vom 13.12.1988 – VI ZR 235/87 = NJW 1989, 974.

BGH, Urteil vom 23.11.1988 – VIII ZR 247/87 = NJW 1989, 218.

BGH, Urteil vom 22.11.1988 – VI ZR 126/88 = NJW 1989, 766.

BGH, Urteil vom 11.10.1988 – X ZR 57/87 –, juris.

BGH, Urteil vom 07.06.1988 – IX ZR 245/86 = NJW 1988, 2599.

BGH, Beschluss vom 28.04.1987 – 5 StR 566/86 = NStZ 1987, 407.

BGH, Urteil vom 10.12.1986 – VIII ZR 349/85 = NJW 1987, 831.

BGH, Urteil vom 06.11.1986 – 1 StR 327/86 = NJW 1987, 1710.

BGH, Beschluss vom 09.07.1986 – GSZ 1/86 = NJW 1987, 50.

BGH, Urteil vom 17.04.1986 – III ZR 246/84 = NJW-RR 1987, 59.

BGH, Beschluss vom 22.11.1985 – V ZR 237/84 = NJW 1986, 2037.

BGH, Urteil vom 13.06.1985 – 4 StR 213/85 = NJW 1985, 2280.

BGH, Urteil vom 22.05.1985 – IV a ZR 190/83 = NJW 1985, 2595.

BGH, Beschluss vom 11.04.1985 – 4 StR 162/85 = NJW 1985, 2428.

BGH, Urteil vom 16.01.1985 – VIII ZR 317/83 = NJW 1985, 1769.

BGH, Urteil vom 03.07.1984 – VI ZR 264/82 = NJW 1985, 128.

BGH, Urteil vom 06.06.1984 – VIII ZR 83/83 = NJW 1984, 2938.

BGH, Urteil vom 13.07.1983 – VIII ZR 112/8 = NJW 1983, 2697.

BGH, Urteil vom 13.07.1983 – VIII ZR 142/82 –, juris.

BGH, Urteil vom 30.03.1983 – VIII ZR 3/82 = NJW 1984, 1552.

BGH, Urteil vom 30.06.1982 – 1 StR 757/81 = NJW 1982, 2453.

BGH, Beschluss vom 23.02.1982 – 5 StR 685/81 = NJW 1982, 1165.

BGH, Urteil vom 30.11.1979 – V ZR 214/77 = NJW 1980, 775.

BGH, Urteil vom 28.11.1979 – VIII ZR 302/78 = NJW 1980, 777.

BGH, Urteil vom 11.05.1979 – V ZR 75/78 = NJW 1979, 1983.

BGH, Urteil vom 22.03.1979 – VII ZR 259/77 = NJW 1979, 1449.

BGH, Urteil vom 08.06.1978 – III ZR 48/76 = NJW 1978, 1802.

BGH, Urteil vom 21.04.1978 – V ZR 235/77 = NJW 1978, 1805.

BGH, Urteil vom 04.03.1977 – V ZR 236/75 = NJW 1978, 262.

BGH, Urteil vom 05.07.1973 – VII ZR 12/73 = NJW 1973, 1688.

BGH, Urteil vom 16.03.1973 – V ZR 118/71 = NJW 1973, 1234.

BGH, Urteil vom 14.06.1972 – VIII ZR 75/71 = NJW 1972, 1462.

BGH, Urteil vom 19.11.1971 – V ZR 103/69 = NJW 1972, 152.

BGH, Urteil vom 05.04.1971 – VII ZR 163/69 = NJW 1971, 1309.

BGH, Beschluss vom 16.07.1970 – 4 StR 505/69 = NJW 1970, 193.

BGH, Urteil vom 05.05.1970 – VI ZR 212/68 = NJW 1970, 1411.

BGH, Urteil vom 16.04.1969 – VIII ZR 176/66 = NJW 1969, 1171.

BGH, Urteil vom 20.09.1968 – V ZR 137/65 = NJW 1968, 2139.

BGH, Beschluss vom 09.07.1968 – GSZ 2/67 = NJW 1968, 1823.

BGH, Urteil vom 20.06.1968 – III ZR 32/66 = BeckRS 1968, 31169581.

BGH, Urteil vom 15.04.1966 – VI ZR 271/64 = NJW 1966, 1260.
BGH, Urteil vom 20.02.1962 – 1 StR 496/61 = NJW 1962, 973.
BGH, Urteil vom 31.01.1962 – VIII ZR 120/60 = NJW 1962, 1196.
BGH, Beschluss vom 16.08.1961 – 4 StR 166/61 = NJW 1962, 309.
BGH, Urteil vom 03.06.1960 – 4 StR 121/60 = NJW 1961, 182.
BGH, Urteil vom 21.04.1959 – 1 StR 504/58 = NJW 1959, 1230.
BAG, Beschluss vom 25.09.1957 – GS 4 (5)/56 = NJW 1958, 235.
BGH, Urteil vom 07.05.1956 – III ZR 243/54 = NJW 1956, 1234.
BGH, Urteil vom 19.04.1956 – III ZR 26/55= NJW 1956, 1027.
BGH, Beschluss vom 06.07.1955 – GSZ 1/55 –, juris.
BGH, Urteil vom 13.11.1953 – I ZR 140/52 = NJW 1954, 229.
BGH, Urteil vom 29.10.1952 – II ZR 283/51 = NJW 1953, 60.
BGH, Urteil vom 10.07.1952 – 5 StR 358/52 = NJW 1952, 1062.
BGH, Urteil vom 10.07.1952 – 5 StR 358/52 –, juris,

Oberlandesgerichte

OLG Rostock, Beschluss vom 28.09.2021 – 1 UH 9/21 = BeckRS 2021, 28786.
OLG Brandenburg, Beschluss vom 24.03.2021 – 11 U 109/20 = BeckRS 2021, 7530.
OLG Stuttgart, Urteil vom 29.09.2020 – 12 U 449/19 = NJW-RR 2021, 212.
OLG Düsseldorf, Urteil vom 28.08.2020 – I-4 U 57/19 –, juris.
OLG Brandenburg, Urteil vom 24.06.2020 – 4 U 147/19 = BeckRS 2020, 17103.
OLG Karlsruhe, Urteil vom 27.05.2020 – 13 U 510/19 = BeckRS 2020, 24355.
BayObLG, Beschluss vom 27.05.2020 – 205 StRR 2332/19 –, juris.
OLG München, Beschluss vom 29.04.2020 – 21 U 50/20 = BeckRS 2020, 7302.
OLG München, Urteil vom 22.04.2020 – 13 U 3807/19 = BeckRS 2020, 25626.
OLG Dresden, Urteil vom 07.04.2020 – 9a U 2423/19 = BeckRS 2020.
OLG Hamm, Urteil vom 01.04.2020 – 30 U 33/19 = BeckRS 2020, 11615.
OLG Schleswig Urteil vom 25.03.2020 – 12 U 162/19 = ZfBR 2020, 669.
OLG Karlsruhe, Beschluss vom 06.03.2020 – 13 U 416/19 = BeckRS 2020, 22638.
OLG Frankfurt a. M., Beschluss vom 24.02.2020 – 19 U 151/19 = BeckRS 2020, 6263.
OLG Oldenburg, Urteil vom 21.02.2020 – 6 U 286/19 = BeckRS 2020, 6830.
OLG Stuttgart Urteil vom 19.02.2020 – 4 U 149/19 = BeckRS 2020, 6588.
OLG Celle, Urteil vom 19.02.2020 – 7 U 424/18 = BeckRS 2020, 6243.
OLG Köln, Beschluss vom 05.12.2019 – 19 U 158/19 = BeckRS 2019, 47633.
OLG Schleswig, Urteil vom 22.11.2019 – 17 U 70/19 = BeckRS 2019, 29885.
OLG Koblenz, Urteil vom 20.11.2019 – 10 U 731/19 Rn. 90 –, juris.
OLG München, Urteil vom 15.10.2019 – 24 U 797/19 = BeckRS 2019, 25424.
OLG Naumburg, Urteil vom 27.09.2019 – 7 U 24/19 = BeckRS 2019, 24547.
KG, Urteil vom 26.09.2019 – 4 U 77/18 = BeckRS 2019, 22712.

OLG Stuttgart, Urteil vom 24.09.2019 – 10 U 11/19 = BeckRS 2019, 23215.
OLG Hamm, Beschluss vom 03.09.2019 – I-32 SA 54/19 = NJW-RR 2020, 60.
OLG Koblenz, Urteil vom 12.06.2019 – 5 U 1318/18 = NJW 2019, 2237.
OLG Karlsruhe, Beschluss vom 05.03.2019 – 13 U 142/18 = BeckRS 2019, 3395.
OLG Köln, Urteil vom 01.03.2019 – 16 U 146/18 = BeckRS 2019, 5545.
OLG Braunschweig, Urteil vom 19.02.2019 – 7 U 134/17 = BeckRS 2019, 2737.
BayObLG, Beschluss vom 22.01.2019 – 1 AR 23/18 = BeckRS 2019, 5991.
OLG Frankfurt a. M., Urteil vom 31.08.2018 – 25 U 17/18 = NJW-RR 2019, 114.
OLG Dresden, Urteil vom 01.03.2018 – 10 U 1561/17 = NZV 2018, 269.
OLG München, Urteil vom 03.07.2017 – 21 U 4818/16 = NJW-RR 2017, 1238.
OLG München, Urteil vom 09.06.2016 – 23 U 2661/15 = BeckRS 2016, 10947.
OLG Köln, Urteil vom 31.01.2014 – I-20 U 156/13= VersR 2014, 1238.
OLG Frankfurt a.M., Urteil vom 30.01.2014 – 12 U 146/12 = BeckRS 2014, 9479.
OLG Hamburg, Urteil vom 14.10.2013 – 13 U 27/13 = BeckRS 2014, 20701.
OLG Frankfurt a. M., Urteil vom 18.07.2013 – 16 U 191/12 = NZG 2013, 1111.
OLG Frankfurt a.M., Urteil vom 08.07.2013 – 23 U 246/12 = BKR 2013, 433.
OLG Düsseldorf, Urteil vom 19.04.2013 – I-4 U 151/11 –, juris.
OLG Hamm, Urteil vom 19.11.2012 – I-2 U 71/12 = BeckRS 2013, 4858.
OLG Hamm, Urteil vom 25.06.2012 – 6 U 67/11 = BeckRS 2012, 15313.
OLG Düsseldorf, Urteil vom 04.05.2012 – I-23 U 80/11 = BauR 2012, 1259.
OLG Brandenburg, Urteil vom 17.01.2012 – 6 U 96/10 = BeckRS 2012, 4236.
OLG Karlsruhe, Urteil vom 15.09.2011 – 12 U 56/11 = VuR 2012, 40.
OLG Hamm, Urteil vom 28.09.2010 – 19 U 35/10 = BeckRS 2011, 28767.
OLG München, Urteil vom 02.02.2009 – 21 U 4127/08 = BeckRS 2010, 5480.
OLG Naumburg, Urteil vom 06.11.2008 – 1 U 30/08 = BeckRS 2008, 25864.
OLG Celle, Urteil vom 21.08.2008 – 8 U 49/08 = NJOZ 2009, 3778.
OLG Naumburg, Urteil vom 13.03.2008 – 1 U 44/07 = NJW 2008, 2511.
OLG Hamm, Urteil vom 23.10.2007 – 19 U 8/07 –, juris.
OLG Celle, Urteil vom 06.04.2006 – 11 U 191/05 –, juris.
OLG München, Urteil vom 09.03.2006 – 6 U 4082/05 = BeckRS 2006, 05360.
OLG Hamm, Urteil vom 14.10.2005 – 20 U 100/05 = NJW-RR 2006, 530.
OLG Hamm, Urteil vom 03.03.2005 – 28 U 125/04 –, juris.
OLG Saarbrücken, Urteil vom 14.12.2004 – 4 U 478/02 –, juris.
OLG Bremen, Urteil vom 09.07.2004 – 4 U 64/03 = BauR 2005, 1679.
OLG Hamm, Urteil vom 28.01.2004 – 25 U 144/02 –, juris.
OLG Celle, Beschluss vom 23.01.2004 – 14 W 51/03 = NJW 2004, 1185.
LAG München, Urteil vom 16.10.2003 – 2 Sa 283/03 –, juris.
OLG München, Urteil vom 01.10.2002 – 30 U 855/01 = NJW 2003, 144.
OLG München, Urteil vom 17.11.2000 – 23 U 2136/99 = NZG 2001, 910.

OLG München, Urteil vom 17.09.1999 – 23 U 1514/98 –, juris.
OLG Hamm, Urteil vom 05.02.1998 – 27 U 161–97 = NJW 1998, 2292.
OLG München, Urteil vom 21.04.1994 – 32 U 2088/94 = NJW 1995, 2566.
OLG Köln, Urteil vom 18.03.1994 – 6 U 184/93 = NJW-RR 1995, 51.
OLG Düsseldorf, Urteil vom 01.02.1994 – 2 Ss 150/93 – 57/93 II = NJW 1994, 3366.
OLG Hamm, Urteil vom 28.09.1993 – 7 U 110/92 = NJW-RR 1995, 205.
OLG Koblenz, Urteil vom 07.02.1991 – U 1725/90 = NJW-RR 1991, 944.
OLG Düsseldorf, Beschluss vom 01.02.1991 – 2 Ws 541/90 = NJW 1991, 1841.
BayObLG, Beschluss vom 26.03.1987 – RReg. 5 St 14/87 = NJW 1987, 2452.
OLG Karlsruhe, Urteil vom 16.04.1982 – 1 U 170/81 –, juris.
OLG Stuttgart, Urteil vom 16.11.1979 – 4 Ss (15) 702/79 = NJW 1980, 1177.
OLG Köln, Urteil vom 27.01.1976 – Ss 288/75 = NJW 1976, 1222.
OLG Düsseldorf, Urteil vom 12.03.1974 – 4 U 120/73 = NJW 1974, 1289.
OLG Köln, Urteil vom 02.11.1971 – 15 U 77/71 = NJW 1972, 497.
OLG Hamm, Urteil vom 05.01.1968 – 3 Ss 1188/67 = NJW 1968, 903.
OLG München, Urteil vom 26.10.1966 – 7 U 1530/66 = NJW 1967, 158.
OLG Frankfurt, Urteil vom 05.03.1963 – 5 U 232/62 = NJW 1964, 256.

Landgerichte

LG Passau, Urteil vom 26.06.2020 – 1 O 997/19 = BeckRS 2020, 16627.
LG Bonn, Urteil vom 18.03.2020 – 10 O 301/19 = BeckRS 2020, 5908.
LG Koblenz, Urteil vom 04.12.2019 – 15 O 215/18 = BeckRS 2019, 31425.
LG Hannover, Urteil vom 13.05.2019 – 1 O 129/18 = BeckRS 2019, 10926.
LG Bayreuth, Urteil vom 31.01.2019 – 21 O 238/18 = BeckRS 2019, 33859.
LG Traunstein, Urteil vom 21.01.2019 – 3 O 1296/18 = BeckRS 2019, 34174.
LG Siegen, Urteil vom 09.01.2019 – 1 O 36/18 = BeckRS 2019, 4038.
LG Traunstein, Urteil vom 23.11.2018 – 6 O 1194/18 = BeckRS 2018, 43570.
LG Ellwangen, Urteil vom 19.09.2018 – 5 O 161/18 = BeckRS 2018, 45886.
LG Hof, Urteil vom 23.07.2018 – 22 O 149/17 = BeckRS 2018, 45887.
LG Braunschweig, Urteil vom 06.07.2018 – 11 O 3017/17 = BeckRS 2018, 14999.
LG Dortmund, Urteil vom 12.03.2018 – 7 O 136/17 = BeckRS 2018, 13243.
LG Hamburg, Urteil vom 07.03.2018 – 329 O 105/17 = BeckRS 2018, 2981.
LG Bonn, Urteil vom 07.03.2018 – 19 O 327/17 = BeckRS 2018, 3169.
LG Braunschweig, Urteil vom 14.02.2018 – 3 O 1915/17 (155) = BeckRS 2018, 1421.
LG Augsburg, Urteil vom 29.01.2018 – 082 O 4497/16 = NJW-RR 2018, 1073.
LG Braunschweig, Urteil vom 17.01.2018 – 3 O 1138/16 = BeckRS 2018, 143.
LG Darmstadt, Urteil vom 16.01.2018 – 10 O 571/16 = BeckRS 2018, 45969.
LG Wuppertal, Urteil vom 16.01.2018 – 4 O 295/17 = BeckRS 2018, 1446.
LG Braunschweig, Urteil vom 10.01.2018 – 3 O 622/17 = BeckRS 2018, 27.

LG Ravensburg, Urteil vom 09.01.2018 – 2 O 171/17 = BeckRS 2018, 358.
LG Köln, Urteil vom 18.07.2017 – 22 O 59/17 = BeckRS 2017, 124393.
LG Hagen, Urteil vom 16.06.2017 – 8 O 218/16 = BeckRS 2017, 127625.
LG Arnsberg, Urteil vom 14.06.2017 – 1 O 25/17= BeckRS 2017, 114382.
LG Mönchengladbach, Urteil vom 01.06.2017 – 10 O 84/16 = BeckRS 2017, 132861.
LG Neuruppin, Urteil vom 24.05.2017 – 1 O 170/16 = BeckRS 2017, 149178.
LG Kleve, Urteil vom 31.03.2017 – 3 O 252/16 = VuR 2017, 232.
LG Marburg, Urteil vom 02.03.2017 – 5 O 49/16 –, juris.
LG Hildesheim, Urteil vom 17.01.2017 – 3 O 139/16 = VuR 2017, 111.
LG Braunschweig, Urteil vom 29.12.2016 – 1 O 2084/15 = BeckRS 2016, 111293.
LG München I, Urteil vom 14.04.2016, – 23 O 23033/15 = VuR 2016, 433.
LG Arnsberg, Urteil vom 10.11.2011 – 1 O 526/10 –, juris.
LG Köln, Urteil vom 25.10.2011 – 21 O 902/10 –, juris.
LG Frankfurt/Oder, Urteil vom 20.07.2010 – 13 O 100/10 = BeckRS 2014, 7892.
LG Bonn, Urteil vom 23.03.2005 – 2 O 341/04 = BeckRS 2006, 01701.
LG Hof, Urteil vom 13.01.2004 – 11 O 436/03 = BKR 2004, 489.
LG Bonn, Urteil vom 30.10.2003 – 10 O 27/03 = NJW 2004, 74.

FSC
www.fsc.org
MIX
Papier | Fördert
gute Waldnutzung
FSC® C083411

Kolibri 360 GmbH
Ferdinand-Jühlke-Straße 7
99095 Erfurt, Deutschland
produktsicherheit@kolibri360.de